问题青少年教育矫正管理丛书 主编◎苏春景

EDUCATION,CORRECTION AND MANAGEMENT OF PROBLEM YOUTH SERIES

被忽视的家庭关系
——同胞关系对个体心理和
行为发展的影响

董颖红◎著

中国社会科学出版社

图书在版编目（CIP）数据

被忽视的家庭关系：同胞关系对个体心理和行为发展
的影响/董颖红著. —北京：中国社会科学出版社，2018.5
ISBN 978 - 7 - 5203 - 2685 - 8

Ⅰ.①被…　Ⅱ.①董…　Ⅲ.①家庭关系—研究—中国
Ⅳ.①D669.1

中国版本图书馆 CIP 数据核字(2018)第 132141 号

出 版 人　赵剑英
责任编辑　张　林
特约编辑　宋英杰
责任校对　周晓东
责任印制　戴　宽

出　　版　中国社会科学出版社
社　　址　北京鼓楼西大街甲 158 号
邮　　编　100720
网　　址　http://www.csspw.cn
发 行 部　010 - 84083685
门 市 部　010 - 84029450
经　　销　新华书店及其他书店

印　　刷　北京明恒达印务有限公司
装　　订　廊坊市广阳区广增装订厂
版　　次　2018 年 5 月第 1 版
印　　次　2018 年 5 月第 1 次印刷

开　　本　710×1000　1/16
印　　张　14.25
插　　页　2
字　　数　221 千字
定　　价　66.00 元

问题青少年教育矫正管理丛书

主　　编：苏春景
副　主　编：郑淑杰　张济洲
编委会名单：（按姓氏笔画为序）
　　　　　　王　丹　王陵宇　孔海燕　苏春景
　　　　　　李克信　张济洲　郑淑杰　单爱慧
　　　　　　梁　静　董颖红

目　　录

第一编　同胞关系的特点及其作用

第二编 我国同胞关系的特点及影响因素

第 一 章

引 言

一 本书的研究背景

（一）独生子女时代

新中国成立以来，由于卫生工作的进步和人民生活条件的改善，人口死亡率尤其是婴儿死亡率大大降低。但是，我国长期对人口出生率没有适当控制，致使人口增长过快，使全国人民在吃饭、穿衣、住房、交通、教育、卫生、就业等方面，都遇到越来越多的困难。因此从 20 世纪60 年代开始我国采取了一系列政策抑制人口的过快增长。简要介绍如下：

（1）1962—1969 年：限制生育政策提出，并在部分市、县试行。1962 年 12 月中共中央和国务院发出关于认真提倡计划生育的批示。一年之后中共中央和国务院明确提出，大力提倡晚婚，并对不利于计划生育的规定进行了修改。1964 年国务院成立了计划生育委员会，节制生育的实际工作在城市展开，农村约有五分之一的县不同程度地开展了计划生育工作。

（2）1970—1980 年：计划生育政策逐步形成并全面推行。1970 年开始实行计划生育政策，人口计划正式纳入了国民经济发展计划。1973 年明确了"晚、稀、少"的方针，经过逐步发展，政策明确要求，一对夫妇生育子女数最好一个，最多两个，生育间隔三年以上。

（3）1980—1984 年：计划生育政策进一步趋紧。1980 年 9 月，中共中央、国务院提出，要普遍提倡一对夫妇只生育一个孩子。在此情况下，计划生育政策一度趋紧。地方政府最终把"提倡"当作"政治任务"来抓，基本只准生一个孩子。这形成了中国生育政策与家庭个人生育需求之间的重大反差。1982 年把计划生育作为基本国策。

（4）1984 年至今：计划生育政策调整并稳定下来。在农村放宽了生育二胎的条件，并且各省、市、自治区先后制定了本地区的计划生育条例，实现了区别对待、多元化的生育政策，缓和了计生矛盾。这一政策在主流稳定的基础上不断开展奖励扶助制度、"少生快富"扶贫工程和"关爱女孩行动"以及"婚育新风进万家活动"等各项试点服务。

除政策引导之外，国家还推行了一系列相关法律法规解决人口问题。如《中华人民共和国宪法》明确规定："国家推行计划生育，使人口的增长同经济和社会发展计划相适应。"实行计划生育有两方面的途径：一是未婚青年实行晚婚；二是已婚夫妇采用科学的方法做到有计划地生育子女，"夫妻双方有实行计划生育的义务，提倡一对夫妇生育一个孩子"。而《婚姻法》则将计划生育作为一个基本原则确立在总则之中。《中共中央、国务院关于全面加强人口和计划生育工作统筹解决人口问题的决定》指出，人口问题始终是制约中国全面协调可持续发展的重大问题，是影响经济社会发展的关键因素。

在相关政策条文和法律法规的约束下，我国进入了持续 30 多年的计划生育时代，独生子女成为这个时代社会科学研究者们关注的重点研究对象。心理学、教育学、社会学和人口学等多个学科开始关注独生子女的心理和行为发展特点，研究主题集中于独生子女的家庭教育和亲子关系，独生子女的心理健康和社会适应问题，以及独生子女和非独生子女在心理和行为发展上的比较等。

（二）同胞关系时代

计划生育这一基本国策自 1966 年 1 月 28 日制定以来，对中国的人口问题和发展问题的积极作用不可忽视，有效遏制了我国人口过快增长的势头。目前，我国的人口增长率已经降到 0.5% 以下，远远低于发达国家的 2%。也就是说，在 13 亿人的基数上，每年出生人口 1600 万，净增加人数 650 万左右，平均每个妇女生育的孩子数降到了 1.5 至 1.6 个的水平。30 多年来，计划生育累计少生了 4 亿多人，极大地缓解了人口对资源环境的压力，推动了经济发展和人民生活水平及人口素质的提高。但是也应看到，计划生育一味地控制人口数量，忽略世代更替，造成国家严重的老龄化，以及未富先老的格局。今天的人口形势已经发生了重大变化，生育率持续低于更替水平，人口老龄化加速发展，劳动力长期供给呈现短缺趋势，出生性别比失衡，这些导致家庭养老比例和抵御风险能力大大降低。为了适应已经变化了的人口形势，促进人口长期均衡发展，需要对计划生育政策做出完善和调整。

因此，2010 年 1 月 6 日，国家人口计生委下发的《国家人口发展"十二五"规划思路（征求意见稿）》提到要"稳妥开展实行'夫妻一方为独生子女的家庭可以生育第二个孩子'的政策试点工作"。2013 年 11 月 15 日，十八届三中全会通过的《中共中央关于全面深化改革若干重大问题的决定》对外发布，其中提到"坚持计划生育的基本国策，启动实施一方是独生子女的夫妇可生育两个孩子的政策"，这标志着"单独二孩"政策将正式实施。2015 年 10 月 29 日，中国共产党第十八届中央委员会第五次全体会议通过的《中国共产党第十八届中央委员会第五次全体会议公报》中指出，"促进人口均衡发展，坚持计划生育的基本国策，完善人口发展战略，全面实施一对夫妇可生育两个孩子政策，积极开展应对人口老龄化行动"。2016 年 1 月 1 日，修订后的《中华人民共和国人口和计划生育法》第十八条第一款规定："国家提倡一对夫妻生育两个子女"，施行了 30 多年的独生子女政策自此终止。

从这个时候开始，另一种重要但是被长期忽视的家庭关系——同胞关系，得到了研究者们越来越多的关注。CNKI 文献检索发现二孩政策实施以来，以同胞心理和行为发展、同胞关系为主题的研究呈现出逐年增长的态势[1]。2017 年《心理科学进展》期刊有两篇文章对同胞关系进行了详细的分析：《同胞关系及其与儿童青少年社会性发展的关系》[2] 和《手足之情：同胞关系的类型、影响机制及对儿童心理发展的作用机制》[3]，足可见研究者们对同胞关系的重视。

---

① http：//kns. cnki. net/kns/brief/default_ result. aspx.

② 赵凤青、俞国良：《同胞关系及其与儿童青少年社会性发展的关系》，《心理科学进展》2017 年第 5 期。

③ 陈斌斌、赵语、韩雯等：《手足之情：同胞关系的类型、影响机制及对儿童心理发展的作用机制》，《心理科学进展》2017 年第 12 期。

二 本书的结构安排

本书中的"同胞"主要指核心家庭中的兄弟姐妹，"同胞关系"则是指在核心家庭中孩子之间通过相互作用和相互影响而形成的心理和情感关系。同胞关系具有区别于其他人际关系的独特特点，使得其对于个体的心理健康和行为发展至关重要。本书在结构上共分为四编十三章。

第一章即引言，基于我国的计划生育政策、单独和全面二孩政策，根据研究的重点分为独生子女和同胞关系两个时代，并指出了目前同胞关系研究的必要性和重要意义。在此基础上，介绍本书的结构安排与研究重点和特点。

本书的主要内容分为四编，其中第一编以文献综述和理论分析为主，第二、三和四编在此基础上展开了相关的实证研究，而这三编的实证研究分别与第一编的理论分析对应，具体关系见图1—1。图1—1对本书的结构进行了详细解释，从图中可以看出，本书第二、三、四编是实证研究部分，其中第二编对应第一编中的同胞关系的特点及影响因素，第三编和第四编分别对第一编中的同胞关系的作用进行了实证研究。

第一编是理论综述，对同胞关系的特点及其作用进行了全面的文献总结。这一编一共包括四章。第二章从同胞、同胞关系的概念入手，介绍同胞关系的维度和类型，以及同胞关系的影响因素，对同胞关系的特点进行了全面的理论分析。第三章主要介绍同胞关系的理论观点，同胞关系的理论观点主要有亲缘选择理论、依恋理论、家庭系统理论、社会学习和社会比较理论等，但是缺乏一个专门针对同胞关系的理论观点。整合理论框架将所有理论观点进行整合，试图对同胞关系的影响因素和作用机制进行全面的理论分析，但是缺乏实证研究的效度检验。第四章根据同胞关系的积极和消极维度进行划分，从同胞关系的理论观点入手，探讨同胞的积极和消极关系对个体的心理健康和社会适应的作用，并分析了相关成果之间存在矛盾的原因——可能是受到了同胞的结构变量和同胞的互动方式等调节变量的影响。第五章梳理分析了近几年我国同胞关系的研究进展，二孩政策后研究者们对同胞关系的研究兴趣逐渐增加，分别从理论和实证两方面对同胞关系展开研究，但是相关研究成果还较

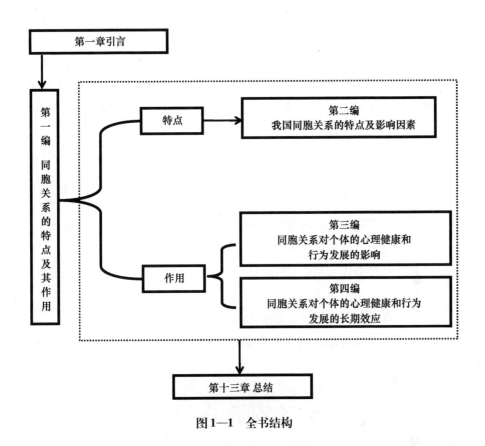

图1—1 全书结构

为零散，缺乏系统性，还存在较大的发展空间。

第二编基于同胞关系的特点和影响因素分析，对我国同胞关系的特点及其影响因素进行了实证研究，这一编一共包括三章内容。第六章采用问卷调查的方法分析了同胞结构因素，如同胞的年龄差距、性别组合、出生顺序以及父母的文化程度和经济水平对同胞关系的影响。第七章采用问卷调查的方法对不同年龄段的同胞关系的类型和特点进行了比较研究，发现初中生和大学生的同胞关系的潜在类型之间存在一定的差异。第八章采用问卷调查的方法探讨了家庭功能，包括家庭适应性和家庭亲密度对个体与同胞之间的亲密关系的影响。

第三编基于同胞关系对个体当期的心理健康和行为发展的作用分析，探讨了我国的同胞关系对个体的心理和行为发展的影响，这一编一共包括两章。第九章以中学生为被试，采用问卷调查的方法，分析同胞之间的亲密和冲突关系对中学生学业自我效能感的影响，以及自尊在其中发挥的重要中介作用。第十章以大学新生作为被试，采用问卷调查的方法，探讨了同胞关系对大学新生的适应和孤独感的影响，以及被试性别、同胞年龄差距、同胞性别组合等因素在其中发挥的重要调节作用。

第四编基于同胞关系对个体的心理健康和行为发展的长远效应的分析，探讨了童年期的同胞关系对个体心理和行为发展的长期影响，这一编一共包括两章内容。第十一章采用回溯式设计，通过让被试回忆童年期与同胞的关系质量，分析童年期的同胞关系对个体当前的道德同一性、道德脱离和社会排斥的影响。第十二章也采用回溯式设计，分析了童年期的同胞关系对个体替代性攻击的影响，以及自我控制在其中发挥的重要中介作用。

第十三章对全书进行了总结与展望，指出全书得到的主要观点，并对其进行了分析和讨论，指出全书研究的意义和不足，以及今后的研究进展和重点。

三　本书的特点分析

（一）既有理论分析，又有实证研究

本书的第一个特点是兼具理论分析和实证研究。书中第一编分四章从三个方面——同胞关系的维度和影响因素、同胞关系的作用、同胞关系的研究进展——对国内外同胞关系的相关研究进行了全面的文献总结。本书第二、三章对同胞关系的特点及其影响因素进行了全面的理论分析。同胞关系在个体一生中持续时间最长，是一种斜向交叉关系，成分复杂。同胞关系受到同胞年龄差距、性别组合、出生顺序等结构性因素的影响，同时与家庭结构如父母的教养方式、家庭功能等因素有关。同胞之间的关系还会因同胞之间的互动方式不同而不同。同胞关系既包含爱和亲密，也包括冲突和竞争，还兼有出生顺序等因素造成的不平等成分，因此对个体社会心理发展的影响异常复杂。第四章对同胞关系的作用进行了全面解读。同胞关系属于依恋关系的一种，对同胞的积极依恋使个体对自我和社会形成良好的印象，拥有积极健康同胞关系的个体将兄弟姐妹视为支持者、指导者和陪伴者，有助于促进个体今后的健康生活，能够显著预测适应的发展，而且作为一种保护性因素能够降低心理和行为问题发生的可能性；而消极的同胞依恋使个体倾向于将自己视为无价值的，出现行为不良、物质滥用和攻击性行为的可能性较大。第五章对同胞关系的研究进展进行了分析，目前研究者主要从依恋理论、社会学习和社会比较理论等对同胞关系的作用进行分析，而没有专门针对同胞关系的理论观点；而且随着我国全面二孩政策的实施，同胞关系的本土化研究越来越多，2014 年开始关于同胞关系的文章呈逐年增加的趋势；鉴于同胞积极和消极关系对个体心理和行为发展的重要作用，学者们致力于培养同胞之间的积极亲密关系，而对消极冲突关系则进行干预和矫正。然后本书分三编对同胞关系进行了实证研究。

（二）实证研究既包括对同胞关系当前作用的分析，又有对长期效应的探讨

从实证分析的部分可以看出，本书的第二个特点是既探讨了同胞关系对个体当前心理和行为发展的影响，又分析了同胞关系所具有的长期和预测效应。第二编对应第一编中的第二章，主要探讨我国同胞关系的本土化特点，以及家庭功能对同胞关系的影响，发现性别、文化程度、父母文化程度及同胞类型对于同胞冲突有显著影响。第三编对应第二编的第四章，探讨了积极和消极的同胞关系对于青少年心理和行为发展的重要作用，发现同胞关系对中学生学业效能感有显著影响，而自尊在其中发挥重要中介作用；同胞关系还会影响大学新生的适应水平，并受到同胞结构变量等因素的调节作用。第四编则从同胞关系所具有的长期效应方面探讨了同胞关系对个体心理和行为发展的影响，让被试回忆童年时期与同胞的关系，发现童年期的同胞关系对于个体大学时期的问题行为有重要影响。

（三）研究对象年龄跨度较大，涵盖了青少年发展的多个时期

本书的研究对象年龄范围较大，既有中学生，也有大学生，涵盖了青少年发展的各个阶段。虽然在研究方法和研究结果上还存在着一些不足和问题，但是本书系统地对我国家庭中一种长期受到忽视的关系——同胞关系进行了全面分析，为研究者们继续开展同胞关系的相关研究奠定了基础。

第一编

同胞关系的特点及其作用

第 二 章

同胞关系的特点

一　同胞及同胞关系的概念

"同胞"一词在我国古代有两种解释。《汉书·东方朔传》[①]："同胞之徒，无所容居，其故何也。"颜师古注引苏林[②]曰："胞音胞胎之胞也，言亲兄弟。"清蒲松龄[③]在《聊斋志异·娇娜》中说："此兄良友，不啻胞也，妹子好医之。"这些语句中的"同胞"皆指"同父母所生的兄弟姐妹"。"同胞"的另一种解释是同一民族，共享同一种语言和文化的人民。如宋代张载[④]在《西铭》中曰："民吾同胞，物吾与也。"孙中山的《救国之急务》："四万万同胞乎！救吾民国，惟有两途。"毛泽东在《中国人民大团结万岁》中说："全国同胞们，我们应当进一步组织起来。"

维基百科中将"同胞"一词翻译为"sibling"[⑤]，意指父母一方或父母双方相同的几个人。西方国家对"同胞"的界定有不同的标准。如根据宗系或生物标准对同胞进行界定，"全同胞"指的是父母双方都相同，

---

① 东方朔（公元前154—前93年），本姓张，字曼倩，西汉平原郡厌次县（今山东省德州市陵城区）人，西汉时期著名的文学家。本句引自东方朔所著《答客难》。

② 颜师古（581—645年），名籀，字师古，雍州万年人。唐初儒家学者，经学家、训诂学家、历史学家。苏林，字孝友，陈留外黄人，生卒年不详。此句引自颜师古《汉书注》，该书是一本集注性质的本子。

③ 蒲松龄（1640—1715年），字留仙，一字剑臣，别号柳泉居士，世称聊斋先生，现山东省淄博市淄川区洪山镇蒲家庄人。

④ 张载（1020—1077年），字子厚，凤翔郿县（今陕西眉县）横渠镇人，北宋思想家、教育家、理学创始人之一。

⑤ https：//en. wikipedia. org/wiki/Sibling.

而"半同胞"则是只有父母一方相同。除此之外,还可以根据法律关系对同胞进行界定,如继同胞或抚养的同胞。甚至还有以情感或行为作为标准,比如拜把子兄弟等。而非工业化国家通常以血缘关系或根据宗系之外的其他标准对"同胞"进行界定。有些国家指父母均相同的全同胞,有些国家还包括父母同胞的孩子,还有的国家指生活在同一个地区姓氏相同的所有人。基于以上分析,本书将"同胞"界定为核心家庭中的兄弟姐妹,包括父母双方均相同的全同胞,也包括父母只有一方相同的半同胞。

百度百科[①]将同胞关系(sibling relationship)界定为同一亲本的子代个体间的关系。本书认为同胞关系是指核心家庭中孩子之间通过相互作用和影响而形成的心理和情感关系,对于个体的心理和行为发展至关重要。美国心理学家布朗芬布伦纳(Bronfen brenner)提出的生态学模型,认为个体的行为不仅受到生活事件的影响,而且还受到社会环境的影响[②]。而个体所处的社会环境从小到大可以分为四个子系统,分别是微系统、中系统、外系统和宏系统。社会环境层次的最里层是微系统,指个体活动和交往的直接环境,这个环境是不断变化和发展着的。对于大多数的婴儿来说,微系统仅限于家庭,亲子关系和同胞关系是微系统中最重要的两种关系。随着婴儿的不断成长,活动范围逐渐扩大到学校,同伴关系纳入到个体的微系统中来。而系统中各种关系的积极联系对于个体的心理和行为的正常发展至关重要。

我国自古以来十分重视同胞关系,如《诗经》中的"兄弟阋于墙,外御其侮"和"兄弟既翕,和乐且湛",《史记·五帝本纪》中的"兄友弟恭",《七步诗》中的"本是同根生,相煎何太急"。然而受长期计划生育政策的影响,我国对同胞关系的研究并不多见,在中国知网上以"同胞""同胞关系"作为主题词进行文献检索,相关的文献仅十多篇。目前能够查到的同胞关系的文献主要来自国外。

---

① https://baike.baidu.com/item/%E5%90%8C%E8%83%9E%E5%85%B3%E7%B3%BB/5583640? fr = aladdin.

② Bronfenbrenner, U. , *Two Worlds of Childhood: U. S. and U. S. S. R.* , Russell Sage Foundation, 1970, p. 20.

国外对同胞关系的研究可以追溯至阿德勒的个体心理学。阿德勒认为任何一个家庭中的孩子之间都不会处于完全相同的情境，因此每个孩子都会表现出为适应情境而形成的独特的生活方式，而这种自我独特的生活方式可能影响其性格、工作等生活的方方面面。例如，长子经常遭受失败的命运，害怕竞争；次子则喜欢竞争，具有强烈的反抗性；最后出生的儿童常受到娇惯，长大后可能会出现问题，但也可能发展成异乎寻常的性格。

二 同胞关系的结构

（一）维度说

同胞关系是一种复杂的多维度情感关系，但是对于同胞的维度构成研究者们之间存在一定的分歧。Furman 和 Buhrmester（1985）最早通过主成分分析指出儿童和青少年时期的同胞关系包括亲密、冲突、竞争和权利对比四个维度[①]。

（1）亲密维度

相同的血缘和共同的成长环境，使得同胞关系相比于同伴关系更加亲密。同胞关系是陪伴我们一生最长的一种关系，总有一天父母会离我们而去，另一半也无法见证我们年少的时光，只有同胞，是陪我们最长的人，朝夕相处使得我们相互依赖、相互陪伴，相同的基因使得我们更加默契。即使有冲突和竞争也不同于其他人。甚至同胞之间的相互争吵也是手足间最亲密的表达，相互影响是最潜移默化的成长，困难会考验最暖的陪伴，时间会沉淀最真的情感，所以同胞间是亲密的。同胞亲密表现为同胞之间的友爱、亲密、崇拜、养育、相似、相互欣赏和亲社会行为。

（2）冲突维度

在家庭中，同胞之间的冲突是不可避免的。他们经常会发生冲突，小到争夺一块糖果，大到争夺父母的爱。特别是长子，在享受过一段时

---

① Furman, W. , & Buhrmester, D. , "Children's perceptions of the personal relationships in their social networks", *Developmental Psychology*, Vol. 56, 1985, pp. 448 – 461.

期的独生子生活后，突然有一个人出现了，要来分享他的一切，包括父母的关爱，而且父母一般会更偏向幼子，在这种心理落差下，就不免会发生冲突了。从小在一个家庭中长大，血浓于水，在这种生理和外在条件的作用下，同胞之间的冲突不是连续性的冲突，而是断断续续的冲突。同胞冲突表现为争吵和敌对情绪，包括建设性的同胞冲突和破坏性的同胞冲突。儿童和青少年时期的同胞冲突主要涉及平等和公平，侵犯个人领域等方面（Campione-Barr & Smetana，2010）①，此外它也包括内在伤害、关系冲突等方面（Campione-Barr，Greer，Schwab，Kruse，2014）②。

（3）竞争维度

对于竞争的定义是多种多样的。美国社会心理学家霍曼斯提出，竞争是为了实现有利于自己的目的而进行的活动，通常这种活动趋向于否定其他人的利益。竞争包括两个主要成分，第一是竞争双方或多方都有一个共同的目标，但这个目标不可能同时满足双方或者多方的要求，只能使得一方达到目标。第二，竞争双方或多方为达到有利于自己的目标而相互斗争和限制。

弟弟妹妹的出现，分走了父母大部分的注意，为了重新获得父母之前的关注水平，许多孩子会表现出退行性行为，比如父母在帮弟弟妹妹穿衣服的时候，自己也要父母帮忙穿衣服，也会经常地制造一些小麻烦，而这样做的目的都是为了引起父母的关注，跟弟弟妹妹竞争父母的关心。有时候同胞之间的竞争也不完全是消极的，良性的竞争可以促使同胞共同进步。

（4）权利对比维度

同胞关系中的权利对比主要源于同胞之间的出生顺序和年龄差距等先天因素造成的同胞之间关系的不平等。年长的孩子对弟弟妹妹有绝对的指挥权和控制权，不管是智力还是体力上，年幼的孩子都无法与年长

---

① Campione-Barr, N., & Smetana, J. G., "Who said you could wear my sweater? Adolescent siblings' conflicts and associations with relationship quality", *Child Development*, Vol. 81, 2010, pp. 464 – 471.

② Campione-Barr, N., Greer, K. B., Schwab, K., & Kruse, A., "Differing domains of actual sibling conflict discussions and associations with conflict styles and relationship quality", *Social Development*, Vol. 23, 2014, pp. 666 – 683.

的孩子充分地抗衡。年长的孩子会指导或者安排年幼的孩子做一些事情。对于有着弟弟或者妹妹的男孩，更是有着绝对的领导权。但是同胞之间的权利对比具有很强的年龄发展性，年幼时期同胞之间更多的是支配与被支配、控制与被控制关系，但随着年龄的增长，同胞之间的关系逐渐趋于平等。

此后，一些研究者对同胞关系的维度结构继续进行探索，Kramer 和 Kowal（2005）认为同胞关系包含卷入、亲密、敌对、控制和竞争五个维度[①]；Lecce，Pagnin 和 Pinto（2009）则认为冲突、情感和竞争是同胞关系的三个主要维度[②]。Campione-Barr 和 Smetana（2010）则认为冲突、信任和沟通是同胞关系的主要维度[③]；还有研究者认为同胞关系主要包括亲密、冲突和控制三个维度（McHale，Whiteman，Kim，Crouter，2007）[④]。然而更多研究者认为积极和消极两个维度就能够对同胞关系进行准确描述（Gamble，Yu，Kuehn，2011[⑤]；Kim，McHale，Osgood，Crouter，2006）[⑥]，并具有良好的信效度（Derkman，Scholte，Van der Veld，Engels，2010）[⑦]。积极和消极在同胞关系中同时存在，又相互独立。积极的同胞关系包括亲密、亲社会行为、合作、喜爱、相似、尊敬等方面；消极的同胞关系

① Kramer, L., & Kowal, A. K., "Sibling relationship quality from birth to adolescence: the enduring contributions of friends", *Journal of Family Psychology*, Vol. 19, 2005, pp. 503 – 511.

② Lecce, S., Pagnin, A., & Pinto, G., "Agreement in children's evaluation of their relationships with siblings and friends", *European Journal of Developmental Psychology*, Vol. 6, 2009, pp. 153 – 169.

③ Campione-Barr, N., & Smetana, J. G., "Who said you could wear my sweater? Adolescent siblings' conflicts and associations with relationship quality", *Child Development*, Vol. 81, 2010, pp. 464 – 471.

④ McHale, S. M., Whiteman, S. D., Kim, J. Y., & Crouter, A. C., "Characteristics and correlate of sibling relationships in two-parent African American family", *Journal of Family Psychology*, Vol. 21, 2007, pp. 227 – 235.

⑤ Gamble, W. C., Yu, J. J., & Kuehn, E. D., "Adolescent sibling relationship quality and adjustment: sibling trustworthiness and modeling, as factors directly and indirectly influencing these associations", *Social Development*, Vol. 20, 2011, pp. 605 – 623.

⑥ Kim, J., McHale, S. M., Osgood, D. W., & Crouter, A. C., "Longitudinal course and family correlates of sibling relationships from childhood through adolescence", *Child Development*, Vol. 77, 2006, pp. 1746 – 1761.

⑦ Derkman, M. M., Scholte, R. H., Van der Veld, W. M., & Engels, R. C., "Factorial and construct validity of the Sibling Relationship Questionnaire", *European Journal of Psychological Assessment*, Vol. 26, 2010, pp. 277 – 283.

含有争吵、敌对和竞争等成分。

除了亲密和冲突以及积极和消极的同胞关系外，同胞关系还存在同胞界限侵犯，即同胞之间传递信息和资源的内隐关系规则失常的现象（Bascoe, Davies, Cummings, 2012）①。大多数的同胞关系都处于僵化和模糊界限的中点，表示同胞之间拥有比较清楚的界限，但是也有部分同胞之间存在界限黏结和界限疏离的问题。界限黏结的同胞关系指的是以正常的个性和社会性发展为代价，与同胞过分得亲密、过多的情感卷入。同胞之间的这种互动模式表现为个体替代父母的责任对同胞予以照顾，或者严重依附于同胞关系以达到某种目标等。在这种同胞关系下，同胞之间固然能体会到较强的温暖，但是年幼同胞也会深深地感受到来自年长同胞的控制感。相反，界限疏离的同胞关系则是同胞之间具有较为严苛的界限，彼此之间几乎没有温暖、互动和支持等。这种同胞关系会使同胞彼此之间体会到较强的心理距离，导致同胞之间形成冷漠、忽视等氛围。可以看出，界限黏结反映了同胞之间的控制与被控制感，而界限疏离则反映了同胞之间缺乏互动和相互支持，都不是温暖的同胞关系所具有的特点。而且实证研究也发现同胞界限疏离和界限黏结与同胞亲密关系显著负相关，而与同胞冲突关系显著正相关（Bascoe, Davies, Cummings, 2012）②。因此，可以认为同胞界限疏离和界限黏结也属于消极的同胞关系。

（二）类型说

需要注意的是，同胞关系是一种复杂的情感矛盾关系，既包含亲密温暖又含有相互竞争和冲突的成分，因此同胞的亲密和冲突关系并不是完全对立的。同胞温暖和冲突两个维度经过组合可以形成四种不同的同胞关系类型，分别是温暖和谐型（Harmonious，高亲密低冲突）、敌意冲突型（Hostile，低亲密高冲突）、情感紧张型（Affect-intense，高亲密高冲

---

① Bascoe, S. M., Davies, P. T., & Cummings, E. M., "Beyond warmth and conflict: The developmental utility of a boundary conceptualization of sibling relationship process", *Child Development*, Vol. 83, 2012, pp. 2121–2138.

② Ibid..

突）以及关系疏离型（Uninvolved，低亲密低冲突）（Derkman，2011）[1]。

（1）温暖和谐型

研究发现约 36.5% 的同胞关系属于温暖和谐型。同胞之间存在着 50% 的基因相似性，因此进化心理学家从基因相似性的角度提出家庭中的同胞关系具有合作性的特点。一般来说，比起同龄朋友或者其他熟人，个体对与自己有血缘关系的同胞产生的主观心理距离最近，表现出愿意为对方投入社会支持和利他行为（Lu & Chang，2009）[2]。拥有和谐同胞关系的儿童善于用妥协而不是敌对的方式解决彼此的冲突和矛盾，利于其观点采择能力和建设性问题解决策略的发展（Recchia & Howe，2009）[3]。

（2）敌意冲突型

研究发现约 20.7% 的同胞关系是敌意冲突的类型。近些年同胞之间出现矛盾甚至骇人听闻的信息不绝于耳，如头胎辱骂甚至杀死二胎等。可见同胞之间除了温暖关爱之外，还存在冲突敌意的关系，正如曹植所言"本是同根生，相煎何太急"。同胞之间的冲突和敌意首先表现为同胞之间的互相攻击（Tippett & Wolke，2015）[4]，采用潜在增长模型的研究显示同胞之间相互攻击的年龄越早，同胞之间随年龄增长发生冲突的概率就越大（Buist，2010）[5]。除了相互攻击之外，同胞之间的嫉妒也是同胞冲突的一种重要表现形式。在二孩家庭中，头胎和二胎之间在争夺父母"爱"和"关注"等方面存在较强的竞争关系。在二孩出生前，头胎往往占有了父母全面的关爱和注意，但是二胎的出现使得父母将部分甚至是大部分的精力都转移到年幼的孩子身上，此时头胎就会表现出较强的对

① Derkman, M. S., *Siblings: the implications of siblings for adolescents' adjustment and parent-child relationships*, Doctoral dissertation, 2011.

② Lu, H. J., & Chang, L., "Kinship effect on subjective temporal distance of autobiographical memory", *Personality and Individual Difference*, Vol. 47, 2009, pp. 595 – 598.

③ Recchia, H. E., & Howe, N., "Associations between social understanding, sibling relationship quality, and siblings' conflict strategies and outcomes", *Child Development*, Vol. 80, 2009, pp. 1564 – 1578.

④ Tippett, N., & Wolke, D., "Aggression between siblings: Associations with the home environment and peer bullying", *Aggressive Behavior*, Vol. 41, 2015, pp. 14 – 24.

⑤ Buist, K. L., "Sibling relationship quality and adolescent delinquency: a latent growth curve approach", *Journal of Family Psychology*, Vol. 24, 2010, pp. 400 – 410.

二胎的嫉妒（Volling，2012）①。研究发现同胞之间的嫉妒情绪不利于同胞之间的相互帮助行为，反而会增加彼此间的攻击性（Buist et al.，2013）②。然而同胞之间的敌对冲突并不总是消极的，同胞从彼此的冲突过程中也能学会冲突处理的能力，提高情绪识别的能力，因而同胞冲突有时也能发挥积极的作用。

（3）情感紧张型

现实生活中，同胞之间既不可能始终都是温暖积极的，也不可能一直是消极冲突的。在同胞互动中，既有相互合作，又不可避免地出现冲突，因此同胞关系往往是和谐与冲突共存的，研究发现情感紧张型的同胞关系占比最大，约为40.8%（Buist & Vermande，2014）③。他们的各种心理和行为发展指标处于两种典型的同胞关系——和谐型和敌意型——之间。

（4）关系疏离型

从名称上即可以看出，疏离型的同胞关系表现为同胞之间的关系疏远和远离。研究发现前三种模式常见于儿童期，最后一种疏离型的模式则更多存在于年长的青少年中（Buist & Vermande，2014）④。随着年龄的增长，同胞之间的关注点和兴趣逐渐转移到了家庭之外的其他人际关系上，因此同胞之间疏离的可能性变得越来越大。由此可见，同胞关系具有很强的年龄发展性。另一方面，文化和家庭观念的差异也是导致同胞关系不同的重要原因，因此不同文化中出现同胞疏离关系的可能性并不相同，在后面部分会重点介绍同胞关系的文化差异性。

三 同胞关系的影响因素

同胞关系在个体一生中持续时间最长，而且既包含亲密和关爱，又

---

① Volling, B. L., "Family transitions following the birth of a sibling: An empirical review of changes in the firstborn's adjustment", *Psychological Bulletin*, Vol. 138, 2012, pp. 497 – 528.

② Buist, K. L., Deković, M., & Prinzie, P., "Sibling relationship quality and psychopathology of children and adolescents: a meta-analysis", *Clinical Psychology Review*, Vol. 33, 2013, pp. 97 – 106.

③ Buist, K. L., & Vermande, M., "Sibling relationship patterns and their associations with child competence and problem behavior", *Journal of Family Psychology*, Vol. 28, 2014, pp. 529 – 537.

④ Ibid. .

含有敌对和争吵的成分，因此异常复杂，受到同胞结构、家庭环境、同胞互动及文化差异等多种因素的影响（McHale，Updegraff，Whiteman，2012）[1]。

（一）同胞结构因素

同胞关系研究的复杂性在于存在很多的结构性特征如年龄、性别等导致同胞关系存在很大的差异性。对同胞结构的探讨主要集中于同胞性别组合、年龄差距及年龄发展阶段等方面。

（1）同胞性别组合

同胞性别组合（Gender Constellation）包括三种：男男组合、女女组合和男女组合，概括起来主要是同性别组合和异性别组合两类，这些都为儿童提供了独特的同胞结构特征，对他们的社会化过程存在着特别的影响。由于生物学上的差异，不同性别的孩子在性别角色化和社会化的过程中发展出不同的认知和行为特点，导致他们在问题应对和处理上存在较大的差异。研究发现相同性别组合比不同性别组合的个体更容易获得同胞的情感支持（Eriksen & Gerstel，2002）[2]。这与 Buist（2010）的研究结果相似，同性别（尤其是姐妹之间）比异性别（兄妹或姐弟之间）的同胞关系更亲密[3]。Voorpostel 等（2007）以荷兰 7126 个同胞作为研究对象，发现在控制了父母关系、教育程度和同胞年龄等变量后，姐妹组合在家务活动和给予建议两个因素上显示出更紧密的联系[4]。关系最差的同胞关系常常出现在兄妹之间（Aguliar，O'Brien，August，Aoun，Hektner，2001）[5]。但是有

① McHale, S. M. , Updegraff, K. A. , & Whiteman, S. D. , "Sibling relationships and influences in childhood and adolescence", *Journal of Marriage and Family*, Vol. 74, 2012, pp. 913 – 930.

② Eriksen, S. , & Gerstel, N. , "A labor of love or labor itself: Care work among adult brothers and sisters", *Journal of Family Issues*, Vol. 23, 2002, pp. 836 – 856.

③ Buist, K. L. , "Sibling relationship quality and adolescent delinquency: a latent growth curve approach", *Journal of Family Psychology*, Vol. 24, 2010, pp. 400 – 410.

④ Voorpostel, M. , Van der Lippe, T. , & Dykstra, P. , "Similar or different? The importance of similarities and differences for support between siblings", *Journal of Family Issues*, Vol. 28, 2007, pp. 1026 – 1053.

⑤ Aguilar, B. , O'Brien, K. M. , August, G. J. , Aoun, S. L. , & Hektner, J. M. , "Relationship quality of aggressive children and their siblings: A multiinformant, multimeasure investigation", *Journal of Abnormal Child Psychology*, Vol. 29, 2001, pp. 479 – 489.

研究发现不同性别组合的同胞关系具有较强的情境性。对 695 名 11—15 岁少年的研究发现，姐妹在高危情境中如离婚上支持更多，而获得兄弟支持的儿童会有更积极的学习态度和更高的自尊水平（Milevsky & Levitt, 2005）[1]。但是也有研究认为同性别的组合更容易产生社会比较，从而导致焦虑和抑郁（Buist et al., 2013）[2]，尤其是年龄接近的同胞。父母和周围的人往往将两个年龄相近性别相同的孩子作为彼此比较的对象，因而可能使得同胞出现疏离和冲突的同胞关系类型。即使随着年龄增长，生活环境等的变化，同胞性别组合对成年期的同胞关系的影响也能够经受住时间的考验，不会因为情境等因素的变化而变化。在成年人中姐妹组合也比其他组合更能获得同胞的支持（Voorpostel & Blieszner, 2008）[3]。尽管存在一些个案，但是多数同胞支持都会持续到老年，对于老年人来说姐妹组合的同胞支持是老年人摆脱孤独，获得生活满意感的重要力量（White, 2001）[4]。

（2）同胞出生顺序

出生顺序（Birth Order）对个体的角色、人格的发展以及在社会中的最终地位起着重要的作用，次子由于从出生之日起就和长子一起分享着父母的爱，所以和长子相比，他们更具有合作精神，适应能力也较强，而且更愿意创新。人们认为最年长的孩子的自控能力强，同时肩负着与弟弟妹妹互动、照顾弟妹的责任。第一个出生的孩子与后出生的孩子相比，荣誉感和自控性更强，但是焦虑水平也较高。第一个出生的孩子在学业和职场中的表现比较突出，因为有了弟弟妹妹的"竞争"，他们的危机意识也更强。出生顺序的不同决定了个体在家庭中的不同地位以及不同的亲子互动和同胞互动模式。其他孩子出生以前，长子是唯一一个不

---

① Milevsky, A., & Levitt, M., "Sibling support in early adolescence: Buffering and compensation across relationships", *European Journal of Development Psychology*, Vol. 2, 2005, pp. 299 – 320.

② Buist, K. L., Deković, M., & Prinzie, P., "Sibling relationship quality and psychopathology of children and adolescents: a meta-analysis", *Clinical Psychology Review*, Vol. 33, 2013, pp. 97 – 106.

③ Voorpostel, M., & Blieszner, R., "Intergenerational solidarity and support between adult siblings", *Journal of Marriage and Family*, Vol. 70, 2008, pp. 157 – 167.

④ White, L., "Sibling relationships over the life course: A panel analysis", *Journal of Marriage and Family*, Vol. 63, 2001, pp. 555 – 568.

用和其他同胞分享父母之爱的孩子。而当弟弟或者妹妹出生时，父母需要转移多半的爱和精力来照顾更加年幼的孩子，这意味着老大不再像原来那样受到父母的关注。所以长子在弟弟妹妹出生之后，会采取各种方式试图吸引父母的注意，有的孩子会更加努力，变得优秀；有的孩子则更加调皮捣蛋，但是他们的目的都是要引起父母的注意，弟弟或者妹妹的出现，让他们有了危机感。因为弟弟妹妹年龄小，父母通常会更关心和照顾年幼的孩子。有研究表明在第二个孩子出生以后，母亲与第一个孩子之间的关系会产生一些消极的变化。母亲会给第一个孩子增加更多的限制，而与之玩耍的时间却大大减少，父母也会要求年长的孩子尽快成长而给予幼子更多的帮助和支持。尽管新生儿与相对年长的孩子相比更加需要父母的关心和照顾，但是父母对长子的期望一般会高于其他年幼的孩子。父母对老大的高要求和高标准不仅与他们的成就相联系，也与他们的一些心理问题相联系，例如焦虑和负罪感。而父母的这种教育方式的差别往往会对出生顺序不同的孩子产生不同的影响，使得孩子之间可能形成冲突的同胞关系，或者采用去同一性的方式进行互动而增加了同胞之间彼此疏离的风险。在后面部分会重点介绍父母养育方式的差异对同胞关系的影响。

（3）同胞年龄差距

同胞之间的年龄差距（Age Gap）为同胞提供了一种独特的家庭生态环境，但是同胞之间的年龄差距对同胞关系的影响结论并不一致。一些研究认为年龄差距较小的同胞关系较差（Milevsky，2005）[1]；年龄差是影响同胞冲突的主要因素之一，年龄差越小诱发外显行为问题的可能性越大（Buist et al.，2013）；也有研究发现同胞年龄差距在2—4岁是最佳的，有最大化的情感联系和最小化的冲突（Cicirelli，1994）[2]；还有研究认为

---

[1] Milevsky, A., "Compensatory patterns of sibling support in emerging adulthood: Variations in loneliness, self-esteem, depression and life satisfaction", *Journal of Social and Personal Relationships*, Vol. 22, 2005, pp. 743 – 755.

[2] Cicirelli, V. G., "Sibling relationships in cross-cultural perspective", *Journal of Marriage & Family*, Vol. 56, 1994, pp. 7 – 20.

年龄差距对同胞关系没有影响（Lee，Mancini，Maxwell，1990）[1]。还有研究认为年龄差过大或过小都不利于个体心理和行为的发展，都会导致同胞关系出现问题（Riordan，Morris，Hattie，Stark，2012）[2]。当然年龄差距对同胞的影响会随着年龄的增长而逐渐减弱，随着年龄的增长，同胞之间的友谊和积极情感会随之增进（Vandell & Wilson，1987）[3]。

（4）个体年龄

同胞关系会随着年龄发展而变化（Sanders，2004）[4]。儿童和青少年时期的同胞关系并不是完全固定的，而是表现出了稳定性与可变性相结合的特点。一方面，从儿童到青少年时期，同胞关系表现出一定的稳定性。基于对40个二胎家庭中同胞关系的追踪研究，发现年长和年幼同胞的积极和消极互动具有较强的一致性（Dunn，Slomkowski，Beardsall，1994）[5]。另一方面，随着年龄增长同胞卷入的程度和作用强度都有所下降。比如在儿童早期年长同胞会给予年幼同胞较多的情感支持，但是在中晚期之后，儿童逐渐将兴趣点转移到同伴关系中，同胞之间的互动逐渐较少；随着青春期的到来，同胞之间的关系逐渐发展成为平等的交流关系。另外，同胞年龄增长之后，随着自主性和认同的发展，他们对父母的依赖逐渐减少，同胞可能取代父母成为青少年获得信息和建议的主要来源。纵向研究发现从儿童中期到青少年早期同胞亲密度有所下降，然而青少年时期对同伴关系的重视及兴趣转移使得同胞冲突有所下降，随后同胞关系逐渐趋于稳定（Noller，2005）[6]。但是不同性别组合的同胞

---

① Lee, T. R., Mancini, J. A., & Maxwell, J. W., "Sibling relationships in adulthood: contact patterns and motivations", *Journal of Marriage and the Family*, Vol. 52, 1990, pp. 431 – 440.

② Riordan, D. V., Morris, C., Hattie, J., & Stark, C., "Interbirth spacing and offspring mental health outcomes", *Psychological Medicine*, Vol. 42, 2012, pp. 2511 – 2521.

③ Vandell, D. L., & Wilson, K. S., "Infants' interactions with mother, sibling and peer: Contrasts and relations between interaction systems", *Child Development*, Vol. 58, 1987, pp. 176 – 186.

④ Sanders, R., *Sibling relationships: Theory and issues for practice*, New York: Palgrave Macmillan, 2004, p. 30.

⑤ Dunn, J., Slomkowski, C., & Beardsall, L., "Sibling relationships from the preschool prriod through middle childhood and early adolescence", *Developmental Psychology*, Vol. 30, 1994, pp. 315 – 324.

⑥ Noller, P., "Sibling relationships in adolescence: learning and growing together", *Personal Relationships*, Vol. 12, 2005, pp. 1 – 22.

关系的发展模式不同，异性别的同胞亲密度呈 "U" 形发展，从儿童到青少年时期先降后升，而同性别的同胞亲密度变化较小（Kim，McHale，Crouter，Osgood，2007）[1]。

　　目前对同胞关系的研究主要集中在儿童和青少年时期，而同胞关系是持续一生的关系，成年后随着社会角色的转变同胞关系对于个体依然存在重要影响，但是相关研究较少。此时期的同胞关系由于个体所扮演的成人角色，个体人际互动的中心转移到朋友、爱人方面，而与父母和同胞的关系变得独立起来，呈现出完全不同的特点。White（2001）对9000 名被试的纵向研究发现，同胞支持（接近、联系、给予帮助）在成年早期有所减少，但是在成年中期，同胞之间的接近和联系比较稳定，而在 70 岁之后同胞之间的互帮互助又开始增多[2]。Scharf，Shulman，Avigad-Spitz（2005）发现，虽然成年后同胞之间的相处时间变得较少，但是他们之间的冲突也在减少，而亲密性互动逐渐增多，而且同胞之间的关系与个体和父母的关系比青少年时期更小[3]。

　　由此可见，同胞关系具有很强的年龄发展性，不同年龄段的个体与同胞之间互动的方式不同，因而可能形成不同的同胞关系类型。因此，在探讨同胞关系时必须考虑年龄特点的因素。

（二）同胞自身特点

　　在同胞自身特点方面研究最多的是同胞的气质。气质（Temperament）是表现在心理活动的强度、速度、灵活性与指向性等方面的一种稳定的心理特征。人的气质差异是先天形成的，受神经系统活动过程的特性所制约。孩子刚一落地出生时，最先表现出来的差异就是气质差异，有的孩子爱哭好动，有的孩子则平稳安静。困难型气质的头胎在自己的

---

　　① Kim, J. Y., McHale, S. M., Crouter, A. C., & Osgood, D. W., "Longitudinal linkages between sibling relationships and adjustment from middle childhood through adolescence", *Developmental Psychology*, Vol. 43, 2007, pp. 960 – 973.

　　② White, L., "Sibling relationships over the life course: A panel analysis", *Journal of Marriage and Family*, Vol. 63, 2001, pp. 555 – 568.

　　③ Scharf, M., Shulman, S., & Avigad-Spitz, I., "Sibling relationships in emerging adulthood and in adolescence", *Journal of Adolescent Research*, Vol. 20, 2005, pp. 64 – 90.

同胞出生之后，就会表现出明显的内化情绪问题和外化行为问题，并容易做出不接纳弟弟妹妹的行为（Song & Volling，2015）①。如果父母在对两个孩子的照顾方面存在较大的区别，如投入较大的精力照顾年幼的孩子，则困难型的孩子会表现出强烈的嫉妒情绪，产生问题行为的可能性更大（Hart & Behrens，2013）②。

不仅头胎的气质会影响同胞之间的关系，同胞之间的气质差异对同胞关系也存在较大的影响。研究发现两个孩子的气质差异越大，产生同胞冲突的可能性也就越大（Munn & Dunn，1989）③。

（三）家庭结构因素

（1）亲子关系

家庭系统理论认为家庭中任意两个成员间的关系都会对其他关系产生影响，最先受到关注的就是亲子关系对同胞关系的作用。亲子关系是上下两代人之间的纵向人际关系，而同胞关系则是同代人之间的横向人际关系。在心理状态方面，父母是长辈，虽然我们倡导父母与子女的关系是平等的，应该像朋友一样，但是在我们心里始终不能像在朋友面前那样地出现在父母面前，还有因为接受的教育不同，生活的时代不同，接受的信息和理念的差别，在某些时候，我们也很难站在同一角度和立场看待和处理事情。亲子关系质量对同胞关系存在影响，凝聚和谐的亲子关系对同胞关系存在积极正向影响（Jodi，Bridges，Kim，Mitchell，Chan，1999）④，相反父母的拒绝更容易产生消极的同胞关系（MacKinnon-

---

① Song, J. H., & Volling, B. L., "Coparenting and children's temperament predict firstborns' cooperation in the care of an infant sibling", *Journal of Family Psychology*, Vol. 29, 2015, pp. 130 – 135.

② Hart, S. L., & Behrens, K. Y., "Affective and behavioral features of jealousy protest: Associations with child temperament, maternal internal interaction style, and attachment", *Infancy*, Vol. 18, 2013, pp. 369 – 399.

③ Munn, P., & Dunn, J., "Temperament and the developing relationship between siblings", *International Journal of Behavioral Development*, Vol. 12, 1989, pp. 433 – 451.

④ Jodi, K., Bridges, M., Kim, J., Mitchell, A., & Chan, R., "Relations among relationships: A family systems perspective", *Monographs of the Society for Research on Child Development*, Vol. 64, 1999, pp. 150 – 183.

Lewis, Starnes, Volling, Johnson, 1997)[1]。纵向研究发现良好的母子关系与同胞亲密正相关，而父子冲突与同胞冲突正向协变 (Kim, McHale, Osgood, Crouter, 2006)[2]。父亲在二孩家庭中的作用更为重要，他们可以缓解家庭中两个孩子带来的养育压力 (Moreno, 2012)[3]。父母参与孩子的互动及对同胞冲突的解决方式对同胞关系也存在影响，如积极的冲突解决方式有利于同胞和谐关系的建立 (Siddiqui & Ross, 2004)[4]。研究表明，父母与头胎的亲子关系质量较差会增加同胞之间冲突和敌意的可能性 (Stocker & Youngblade, 1999)[5]。父母对二胎的接纳程度与同胞间亲密的关系正相关 (Kim et al., 2006)，但是头胎儿童的亲子关系质量比二胎儿童的亲子关系质量更容易影响同胞关系。

（2）养育模式

父母的养育模式在二孩家庭中非常重要，养育模式主要分为积极和消极两种。如果父母对孩子的养育模式是积极温暖的，那么有利于孩子之间和谐的同胞关系的建立 (Brody, Stonemman, McCoy, 1994)[6]。养育过程中积极的家庭情感氛围对孩子积极的同胞关系的建立十分重要，而且有利于孩子朝着积极适应的方向发展 (Jenkins, Rasbash, Leckie, Gass, Dunn, 2012)[7]。相反，如果父母采用消极的养育模式则会阻碍积极

---

[1]　MacKinnon-Lewis, C., Starnes, R., Volling, B., & Johnson, S., "Perceptions of parenting as predictors of boys' sibling and peer relations", *Developmental Psychology*, Vol. 33, 1997, pp. 1024 – 1031.

[2]　Kim, J., McHale, S. M., Osgood, D. W., & Crouter, A. C., "Longitudinal course and family correlates of sibling relationships from childhood through adolescence", *Child Development*, Vol. 77, 2006, pp. 1746 – 1761.

[3]　Moreno, L., *Father involvement and firstborn adjustment to the birth of a sibling*, University of Michigan, 2012. p. 30.

[4]　Siddiqui, A., & Ross, H., "Mediation as a method of parent intervention in children's disputes", *Journal of Family Psychology*, Vol. 18, 2004, pp. 147 – 159.

[5]　Stocker, C. M., & Youngblade, L., "Marital conflict and parental hostility: Links with children's sibling and peer relationships", *Journal of Family Psychology*, Vol. 13, 1999, pp. 598 – 609.

[6]　Brody, G. H., Stonemman, Z., & McCoy, J. K., "Forecasting sibling relationships in early adolescence from child temperaments and family processes in middle childhood", *Child Development*, Vol. 65, 1994, pp. 771 – 784.

[7]　Jenkins, J., Rasbash, J., Leckie, G., Gass, K., & Dunn, J., "The role of maternal factors in sibling relationship quality: A multilevel study of multiple dyads per family", *Journal of Child Psychology and Psychiatry*, Vol. 53, 2012, pp. 622 – 629.

同胞关系的发展，导致亲密的同胞关系的减弱（Tippett & Wolke，2015）[1]，并且导致孩子出现不适应的问题行为（Bank，Burraston，Snyder，2004）[2]。

对同胞关系影响最大的是父母的区别对待，在多子女家庭中，父母对待孩子的方式总是存在差异，没有两个孩子会经历完全一样的教养环境（Jeannin & van Leeuwen，2015）[3]。父母的区别对待是指父母在情感或物质投入或者家庭管教方面更多地偏向某个孩子的养育方式（Jensen & Whiteman，2014）[4]。社会比较理论认为个体通过与他人尤其是接近或相似他人的比较进行自我评价（Festinger，1954）[5]。因此同胞是孩子主要比较的对象，父母的区别对待使得同胞之间不断进行比较而影响同胞关系，即使在控制了亲子关系之后这种效应依然显著（McHale，Updegraff，Tucker，Crouter，2000）[6]。父母的差别对待是父母与子女关系最重要的体现，父母的差别对待越严重，同胞之间产生冲突关系的可能性越大（Jensen & Whiteman，2014）[7]。另外，父母对孩子的关爱差别比控制差异对同胞关

[1]　Tippett, N. , & Wolke, D. , "Aggression between siblings: Associations with the home environment and peer bullying", *Aggressive Behavior*, Vol. 41, 2015, pp. 14 – 24.

[2]　Bank, L. , Burraston, B. , & Snyder, J. , "Sibling conflict and ineffective parenting as predictors of adolescent boys' antisocial behavior and peer difficulties: Additive and interactional effects", *Journal of Research on Adolescence*, Vol. 14, 2004, pp. 99 – 125.

[3]　Jeannin, R. , & van Leeuwen, K. , "Associations between direct and indirect perceptions of parental differential treatment and child socio-emotional adaptation", *Journal of Child and Family Studies*, Vol. 24, 2015, pp. 1838 – 1855.

[4]　Jensen, A. C. , & Whiteman, S. D. , "Parents' differential treatment and adolescents' delinquent behaviors: Direct and indirect effects of difference score and perception based measures", *Journal of Family Psychology*, Vol. 28, 2014, pp. 549 – 559.

[5]　Festinger, L. , "A theory of social comparison processes", *Human Relations*, Vol. 7, 1954, pp. 117 – 140.

[6]　McHale, S. M. , Updegraff, K. A. , Tucker, C. J. , & Crouter, A. C. , "Step in or stay out? Parents' roles in adolescent siblings' relationships", *Journal of Marriage & Family*, Vol. 62, 2000, pp. 746 – 760.

[7]　Jensen, A. C. , & Whiteman, S. D. , "Parents' differential treatment and adolescents' delinquent behaviors: Direct and indirect effects of difference score and perception based measures", *Journal of Family Psychology*, Vol. 28, 2014, pp. 549 – 559.

系的影响更大，父母关爱差异与同胞亲密负相关而与同胞冲突正相关（Shanahan, McHale, Crouter, Osgood, 2008）[1]。值得注意的是，父母的差别对待并不总是消极的，有时鉴于两个孩子的年龄差距采用不同的对待方式反而有利于同胞关系的健康发展。研究发现父母根据子女年龄的增长而改变对子女区别对待的程度有助于增加同胞之间的温暖情绪并减少同胞的敌意和冲突（Feinberg, McHale, Crouter, Cumsille, 2003）[2]。另外，在集体主义文化中，家庭观念较为强烈，父母的区别对待对同胞关系的影响并没有如此强烈（Solmeyer, Killoren, McHale, Updegraff, 2011）[3]。

（3）家庭结构

除此之外，家庭结构对同胞关系也存在影响。婚姻关系是家庭单元的基础，对儿童发展存在重要的影响，也是影响同胞关系的重要因素之一。社会学习理论认为作为子女的第一任老师，父母在婚姻中的矛盾处理方式是孩子解决同胞冲突的学习榜样。研究发现，在有着更好婚姻关系的家庭中成长的孩子更善于调节自己的嫉妒情绪，也就是说良好的婚姻关系为儿童解决嫉妒情绪和冲突行为提供了良好的榜样（Szabo, 2012）[4]。另外，父母在婚姻中的负面情绪会直接影响同胞之间的关系，母亲更多负面情绪的表达会导致同胞之间出现更多的敌意和竞争，而母亲积极情绪的表达则能够促进更亲密的同胞关系的形成（Stocker & Youngblade, 1999）[5]。父母离异对同胞关系的影响存在两种相反的理论观点，一种是压力缓冲理论（Stress-buffer Hypothesis），该理论认为父母离

---

[1]　Shanahan, L., McHale, S. M., Crouter, A. C., & Osgood, D. W., "Linkages Between Parents' Differential Treatment, Youth Depressive Symptoms, and Sibling Relationships", *Journal of Marriage and Family*, Vol. 70, 2008, pp. 480–494.

[2]　Feinberg, M. E., McHale, S. M., Crouter, A. C., & Cumsille, P., "Sibling differentiation: Sibling and parent relationship trajectories in adolescence", *Child Development*, Vol. 74, 2003, pp. 1261–1274.

[3]　Solmeyer, A. R., Killoren, S. E., McHale, S. M., & Updegraff, K. A., "Coparenting around siblings' differential treatment in Mexican-origin families", *Journal of Family Psychology*, Vol. 25, 2011, pp. 251–260.

[4]　Szabo, N., *Families in motion: Changes with the arrival of a second child*, Utrecht University, the Netherland, 2012. p. 56.

[5]　Stocker, C. M., & Youngblade, L., "Martial conflict and parental hostility: Links with children's sibling and peer relationships", *Journal of Family Psychology*, Vol. 13, 1999, pp. 598–609.

异是一个较为严重的压力事件，父母离异后同胞之间需要从彼此获得更多的支持来应对危机，因而同胞关系会变得更为亲密（Kunz, 2001）[1]；另一种是社会学习理论（Social Learning Hypothesis），认为孩子从离异的家庭中没有理解健康关系的重要性，也没有学会基本的人际和社交技能，因而使得他们无法建立和保持满意的人际关系，包括与同胞（Nollar, Conway, Blakeley-Smith, 2008）[2]。由此可见，父母离异的时间对同胞关系的影响很大，研究者利用毕生同胞关系问卷（lifespan sibling relationship scale）对 264 名大学生进行研究，发现在儿童末期或青少年时期经历父母离异的大学生对同胞有更少的积极情感，回忆起童年时期的积极情绪、行为的可能性更小；而在童年早期和成年早期经历父母离异的人陈述时积极情绪更多（Riggo, 2001）[3]。另外，现阶段多数研究关注的是全同胞，较少涉及再婚家庭中的同胞关系如半同胞、继生同胞、再组同胞等类型。而且当同胞中的某个个体存在生理或者心理方面的缺陷或障碍时，同胞之间的关系也会产生显著的变化。这些特殊儿童由于生理和心理方面的特殊性使得同胞在更多的时候是支持者、照顾者，承担着类似父母的责任。研究发现自闭症儿童的同胞表现出较少的攻击行为和更多的回避行为（Walton & Ingersoll, 2015）[4]；患有疾病的儿童的同胞出现生活混乱和低自尊的可能性都更大（Yang, Mu, Sheng, Chen, Hung, 2016）[5]。

---

[1]　Kunz, J., "Parental divorce and children's interpersonal relationships: A meta-analysis", *Journal of Divorce & Remarriage*, Vol. 34, 2011, pp. 19 – 47.

[2]　Noller, P., & Conway, S., Blakeley-Smith, A., *Sibling relationships in adolescent and young adult twin and nontwin siblings: Managing competition and comparison.* In J. P. Forgas, J. Fitness, (ed.), *Social relationships: Cognitive, affective, and motivational processes*, New York: Psychology Press, 2008, pp. 235 – 252.

[3]　Riggio, H. R., "Relations Between Parental Divorce and the Quality of Adult Sibling Relationships", *Journal of Divorce & Remarriage*, Vol. 1 – 2, 2001, pp. 67 – 82.

[4]　Walton, K. M., & Ingersoll, B. R., "Psychosocial adjustment and sibling relationships in siblings of children with autism spectrum disorder: Risk and protective factors", *Journal of Autism and Developmental Disorders*, Vol. 45, 2015, pp. 2764 – 2778.

[5]　Yang, C., Zhang, T., Li, Z., Heeramun-Aubeeluck, A., Liu, N., Huang, N., et al., "The relationship between facial emotions recognition and executive functions in first-episode patients with schizophrenia and their siblings", *BMC Psychiatry*, Vol. 15, 2016, p. 241.

(四) 同胞互动因素

除这些结构性因素外, 同胞之间的互动方式对同胞关系的影响更大。社会学习指的是个体通过观察和强化学习新的态度、行为和技能, 因此在家庭中出生顺序不同和年龄差距大小导致年长者更可能成为年幼者的榜样而非相反 (Canale, Vieno, Grifffiths, Siciliano, Cutilli, Molinaro, 2017)[1]。实证研究发现社会学习更容易发生在同性别组合及关系较为亲密的同胞之间 (Slomkowski, Rende, Novak, Lloyd-Richardson, Niaura, 2005)[2]。去同一性 (Deidentification) 指的是同胞之间有意或无意地发展不同的个性特点以突出个体的独特性或区分彼此。去同一性使得同胞参与不同的活动, 追求不同的目标, 看重不同的成绩或荣誉, 因而增加了同胞的亲密感, 减少了同胞的冲突或敌意, 而且这种互动方式在年龄相近、性别相同的同胞之间更容易出现 (Feinberg, McHale, Crouter, Cumsille, 2003)[3]。然而 Whiteman 及其同事的研究 (Whiteman, McHale, Crouter, 2007; Whiteman & Christiansen, 2008) 却发现去同一性更容易发生在低亲密高冲突关系的同胞之间[4]。可能的原因是去同一性和同胞关系质量并非线性相关。一定程度的差异能够减少同胞间的冲突和敌意, 而且不影响同胞彼此在其他领域的共同兴趣和活动, 因而有利于提升同胞的亲密度。但是较多的差异导致同胞彼此之间很难参与共同的活动反而增加了同胞间冲突和疏离的风险 (Whiteman, Becerra, Kil-

---

[1] Canale, N., Vieno, A., Griffiths, M. D., Siciliano, V., Cutilli, A., & Molinaro, S., "I am becoming more and more like my eldest brother: the relationship between older siblings, adolescent gambling severity, and the attenuating role of parents in a large-scale nationally representative survey study", *Journal of Gambling Studies*, Vol. 33, 2017, pp. 425 – 435.

[2] Slomkowski, C., Rende, R., Novak, S., Lloyd-Richardson, E., & Niaura, R., "Sibling effects on smoking in adolescence: Evidence for social influence from a genetically informative design", *Addiction*, Vol. 100, 2005, pp. 430 – 438.

[3] Feinberg, M. E., McHale, S. M., Crouter, A. C., & Cumsille, P., "Sibling differentiation: Sibling and parent relationship trajectories in adolescence", *Child Development*, Vol. 74, 2003, pp. 1261 – 1274.

[4] Whiteman, S. D., & Christiansen, A., "Processes of sibling influence in adolescence: Individual and family correlates", *Family Relations*, Vol. 57, 2008, pp. 24 – 34.

loren，2009)①。另外同胞之间的去同一性存在较强的时间效应，短期来说可能是负面的，但是长久来看却对同胞关系存在积极促进作用（Whiteman，Bernard，McHale，2010)②。

（五）文化差异因素

不同文化中的同胞关系也不相同。西方社会中的同胞关系更多的是爱—恨，关系紧张，反映了西方社会对于竞争和个体主义的强调（Campione-Barr，Lindell，Greer，Rose，2014)③。而在集体主义文化中，同胞对于个体的生活具有重要作用，对同胞互依的规则更加强调，因而同胞关系更多的是自我验证的，相互是有责任和义务的，并持续一生（Updegraff & Umaña-Taylor，2015)④。如有研究发现印度裔青少年的同胞关系更加亲密、合作而非冲突（French，Rianasari，Pidada，Nelwan，Buhrmester，2001)⑤。而且印度裔比荷兰裔的同胞呈现出更多的权利不对等，即荷兰裔的同胞之间更多的是地位平等而非有差别的⑥。采用陌生情境法对非洲幼儿的同胞依恋关系进行研究，发现42%的孩子属于安全的同胞依恋类型，而且对同胞的依恋与亲子依恋无关（Mooya，Sichimaba，Bakermans-

---

① Whiteman, S. D., Becerra, J. M., & Killoren, S. E., "Mechanisms of sibling socialization in normative family development", *New Directions for Child and Adolescent Development*, Vol. 126, 2009, pp. 29 – 43.

② Whiteman, S. D., Bernard, J. M., & McHale, S. M., "The Nature and Correlates of Sibling Influence in Two-Parent African American Families", *Journal of Marriage and Family*, Vol. 72, 2010, pp. 267 – 281.

③ Campione-Barr, N., Lindell, A. K., Greer, K. B., & Rose, A. J., "Relational aggression and psychological control in the sibling relationship: mediators of the association between maternal psychological control and adolescents' emotional adjustment", *Development & Psychopathology*, Vol. 26, 2014, pp. 749 – 758.

④ Updegraff, K. A., & Umaña-Taylor, A. J., "What can we learn from the study of Mexican-origin families in the United States", *Family Process*, Vol. 54, 2015, pp. 205 – 216.

⑤ French, D. C., Rianasari, M., Pidada, S., Nelwan, P., & Buhrmester, D., "Social Support of Indonesian and U. S. Children and Adolescents by Family Members and Friends", *Merrill-Palmer Quarterly*, Vol. 47, 2001, pp. 377 – 394.

⑥ Buist, K. L., Metindogan, A., Coban, S., et al., "Cross-Cultural Differences in Sibling Power Balance and Its Concomitants Across Three Age Periods", *Journal of General and Family Medicine*, Vol. 156, 2017, pp. 87 – 104.

Kranenburg, 2016)①。对不同文化下的同胞关系进行聚类分析，发现在欧裔美国家庭中，和谐型、敌意型、情感紧张型和疏离型四种同胞关系类型皆会出现 (McGuire, McHale, Updegraff, 1996)②。但是在非裔美国家庭中并没有出现情感紧张型的同胞关系 (McHale, 2007)③，而墨西哥裔美国家庭更重视家庭关系，重视与同胞的共处和互动，因此更不容易出现疏离的同胞关系 (Killoren, De Jesús, Updegraff, Wheeler, 2017)④。

综上所述，同胞关系非常复杂，各种影响因素之间交互作用，因此很难得出完全一致的结论。首先，研究样本的差异导致结论不能直接进行比较，如不同年龄阶段的同胞关系不同，文化差异也比较显著；其次，多数研究主要分析同一家庭中的单个个体，通过对不同个体的比较探讨同胞结构变量的影响，然而对家庭内部两个同胞的比较研究可能得出更为准确的结论 (McHale, Crouter, Whiteman, 2003)⑤；再者，不同人对同胞关系的感知也存在差异，父母与孩子在同胞亲密的维度上感知相似，但是在冲突和敌意的判断上存在重要差别 (Howe, Karos, Aquan-Assee, 2011)⑥，因此研究对象的不同也会导致结论难以直接比较。

① Mooya, H., Sichimaba, F., & Bakermans-kranenburg, M., "Infant-mother and infant-sibling attachment in Zambia", *Attachment & Human Development*, Vol. 18, 2016, pp. 618 – 635.

② McGuire, S., McHale, S. M., & Updegraff, K., "Children's perceptions of the sibling relationship in middle childhood: connections within and between family relationships", *Personal Relationships*, Vol. 3, 1996, pp. 229 – 239.

③ McHale, S. M., Whiteman, S. D., Kim, J. Y., & Crouter, A. C., "Characteristics and correlate of sibling relationships in two-parent African American family", *Journal of Family Psychology*, Vol. 21, 2007, pp. 227 – 235.

④ Killoren, S. E., De Jesús, S. A., Updegraff, K. A., & Wheeler, L. A., "Sibling relationship quality and Mexican-origin adolescents' and young adults' familism values and adjustment", *International Journal of Behavioral Development*, Vol. 41, 2017, pp. 155 – 164.

⑤ McHale, S. M., Crouter, A. C., & Whiteman, S. D., "The family contexts of gender development in childhood and adolescence", *Social Development*, Vol. 12, 2003, pp. 125 – 148.

⑥ Howe, N., Karos, L. K., & Aquan-Assee, J., "Sibling relationship quality in early adolescence: Child and maternal perceptions and daily interactions", *Infant and Child Development*, Vol. 20, 2011, pp. 227 – 245.

第 三 章

同胞关系的理论观点

一　亲缘选择理论

亲缘选择理论（Kin Selection Theory），又称汉密尔顿法则，基本内容是亲缘关系越近，动物彼此合作的倾向和利他行为就越强烈；而亲缘关系越远，相应的表现就越弱。因此，该理论认为遗传相关性是同胞之间合作的主要原因。个体在适应环境的过程中不仅会保证将自己的基因传递下去，还会尽可能地让与自己有关的基因传递下去。因此，当外在条件相同时，个体会与遗传相关性较高的个体建立更多的合作而非冲突关系（Salmon & Hehman，2014）[1]。而同胞是与自己遗传相关性较高的个体，因此个体对同胞的帮助和利他行为是一种间接增强自己适应环境的方式。因此全同胞的亲密关系高于半同胞，更高于收养关系。当然同胞之间并非总是合作亲密的关系，也存在冲突和竞争关系。亲缘选择理论认为子女与个体的遗传相关性远远高于同胞，因此个体会更加重视自身的利益以保证基因的顺利传递，因此同胞之间会通过竞争获得更多的机会、时间和金钱等。因此在父母资源有限、同胞数量较多的家庭中，同胞之间的冲突也会更多（赵凤青、俞国良，2017）。

二　依恋理论

依恋，一般被定义为婴儿和其主要照顾者（一般为母亲）之间存在的

---

① Salmon, C. A., & Hehman, J. A., *The evolutionary psychology of sibling conflict and siblicide*, In T. K. Shackelford & R. D. Hansen（ed.），*The evolution of violence*, New York, US: Springer, 2014, pp. 137–157.

一种特殊的感情关系。它产生于婴儿与其父母的相互作用过程中，是一种感情上的联结和纽带。最初的研究者把对依恋研究的注意力放在母婴相互关系如何随婴儿的成长而丰富和变化的方面。但随后研究者发现成人也会有对同伴或者配偶的依恋关系。同样，同胞关系也属于依恋关系的一种，对同胞的积极依恋使得个体对自我和社会形成良好的印象，拥有积极健康的同胞关系的个体如同与父母建立的安全依恋关系一样，会将兄弟姐妹视为支持者、指导者和陪伴者，对于他们形成安全的内部加工模式十分有效。因此建立了积极的同胞依恋关系的个体会对自己和外部世界形成积极正向的看法，更加自信，更愿意采取积极的策略去管理情绪，处理人际关系，有助于促进个体今后的健康生活，能够显著预测适应的发展，而且积极的同胞依恋作为一种保护性因素能够降低个体心理和行为问题发生的可能性。相反，如果同胞之间无法建立安全的依恋模式，就会对自身和外部世界持有消极的看法，产生焦虑和抑郁情绪的可能性会更大。而且消极的同胞依恋使个体倾向于将自己视为无价值的，出现行为不良、物质滥用和攻击性行为的可能性较大（Fraley & Tancredy，2012）[1]。

积极的同胞依恋不仅对个体的心理和行为发展存在直接影响，还会缓冲不良社会经历给个体带来的负面效应。研究发现，积极温暖的同胞关系会缓冲压力生活事件导致儿童青少年产生内化心理问题的可能性（Waite, Shanahan, Keane, O'Brien, 2011）[2]。对于那些无法得到同胞的陪伴而且同胞冲突较高的儿童，父母的焦虑症状更容易使其产生适应问题（Keeton, Teetsel, Dull, Ginsburg, 2015）[3]。安全的依恋使得同胞学会了处理冲突和应对环境的社交技能，从而能够更加自信地应对不利环境的影

---

[1]　Fraley, R. C., & Tancredy, C. M., "Twin and sibling attachment in a nationally representative sample", *Personality & Social Psychology Bulletin*, Vol. 38, 2012, pp. 308－316.

[2]　Waite, E. B., Shanahan, L., Calkins, S. D., Keane, S. P., & O'Brien, M., "Life events, Sibling warmth, and youths' adjustment", *Journal of Marriage and Family*, Vol. 73, 2011, pp. 902－912.

[3]　Keeton, C. P., Teetsel, R. N., Dull, N. S., & Ginsburg, G. S., "Parent psychopathology and children's psychological health: Moderation by sibling relationship dimensions", *Journal of Abnormal Child Psychology*, Vol. 43, 2015, pp. 1333－1342.

响（Graham & Coplan，2012）[①]。

三　家庭系统理论

　　家庭系统理论认为家庭系统中的夫妻关系、亲子关系和同胞关系是三个相互作用的子系统。从个体角度来看，家庭系统中的个体对同胞关系存在影响。例如父亲的家庭观念可以提升同胞之间的温暖程度（Gamble & Yu，2014）[②]；母亲的消极情绪对同胞关系存在不利的影响（Jenkins，Rasbash，Leckie，Gass，Dunn，2012）[③]。母亲对待第一个孩子的方式对于两个孩子之间的关系有着重要影响。如果母亲对待两个孩子的感情、责任和控制度不同，则同胞之间更可能是冲突的关系（Brody，Stoneman，Burke，1987）[④]。对第一个孩子年龄在5—10岁，第二个孩子年龄在3—6岁的96个家庭进行研究，通过家访、对母亲的访谈和观察等方式，发现母亲的行为、孩子的性格、年龄和家庭结构四个变量能够解释同胞关系差异的22%—40%（Stocker，Dunn，Plomin，1989）[⑤]。从整个家庭系统来看，父母婚姻关系不和谐、家庭冲突频率较高的儿童，积极的同胞关系具有一定的补偿效应，而消极的同胞关系可能对个体的心理健康产生进一步的恶化作用（Keeton，Teetsel，Dull，Ginsburg，2015）[⑥]；良好的亲子关系与

[①]　Graham, A. A. , & Coplan, R. J. , "Shyness, sibling relationships and young children's socio-emotional adjustment at preschool", *Journal of Research in Childhood Education*, Vol. 26, 2012, pp. 435 – 449.

[②]　Gamble, W. C. , & Yu, J. J. , "Young children's sibling relationship interactional types: Associations with family characteristics, parenting, and child characteristics", *Early Education and Development*, Vol. 25, 2014, pp. 223 – 239.

[③]　Jenkins, J. , Rasbash, J. , Lechie, G. , Gass, K. , & Dunn, J. , "The role of maternal factors in sibling relationship quality: A multilevel study of multiple dyads per family", *Journal of Child Psychology and Psychiatry*, Vol. 53, 2012, pp. 622 – 629.

[④]　Brody, G. , Stoneman, Z. , & Burke, M. , "Child temperaments, maternal differential behavior, and sibling relationships", *Developmental Psychology*, Vol. 23, 1987, pp. 354 – 362.

[⑤]　Stocker, C. , Dunn, J. , & Plomin, R. , "Sibling relationships: links with child temperament, maternal behavior, and family structure", *Child Development*, Vol. 60, 1989, pp. 715 – 727.

[⑥]　Keeton, C. P. , Teetsel, R. N. , Dull, N. S. , & Ginsburg, G. S. , "Parent psychopathology and children's psychological health: Moderation by sibling relationship dimensions", *Journal of Abnormal Child Psychology*, Vol. 43, 2015, pp. 1333 – 1342.

同胞之间温暖的关系有关（Stormshak，Bullock，Falkenstein，2009）。每一个孩子与父母的不同关系也会影响同胞关系的建立。父母区别对待孩子会让同胞之间产生不公平感进而产生敌意和愤怒，影响同胞关系的质量。因为儿童中期的孩子开始进行社会比较，他们会将自己与父母的关系与同胞和父母的关系进行比较。

除了亲子关系外，父母之间的关系也会影响同胞关系：父母之间的消极关系与较差的亲子质量有关，父母的冲突会减少他们培养与孩子积极关系的资源，从而使孩子体验到不同的对待方式。而且父母的冲突使得父或母与其中一个孩子结成联盟而间接影响亲子质量（Brody，Stone-man，McCoy，1994）[1]。

同胞关系与家庭功能的交互作用存在三个不同的理论观点（Criss & Shaw，2005）[2]。

（一）跨系统感染理论（Cross-system Contagion Model）

该理论认为家庭中的强制互动特别是亲子关系，常常会扩散到同胞之间的关系中，并破坏同胞关系的质量（Bank，Burraston，Snyder，2004）[3]。跨系统感染通常是双向的而且会持续循环。比如，Margolin（1998）发现夫妻冲突与较高水平的同胞冲突相关[4]。

（二）累加模型（Additive Model）

该模型关注同胞关系是否会超越亲子关系而对个体的反社会行为存

---

① Brody, G. H., Stoneman, Z., & McCoy, L. K., "Forecasting sibling relationships in early adolescence form child temperaments and family processes in middle childhood", *Child Development*, Vol. 65, 1994, pp. 771 – 784.

② Criss, M. M., & Shaw, D. S., "Sibling relationships as contexts for delinquency training in low-income families", *Journal of Family Psychology*, Vol. 19, 2005, pp. 592 – 600.

③ Bank, L., Burraston, B., & Snyder, J., "Sibling conflict and ineffective parenting as predictors of adolescent boys' antisocial behavior and peer difficulties: Additive and interactional effects", *Journal of Research on Adolescence*, Vol. 14, 2004, pp. 99 – 125.

④ Margolin, G., *Effects of domestic violence on children*, In P. K. Trickett & C. J. Schellenbach (ed.), *Violence against children in the family and the community*, Washington, D. C.: American Psychological Association, 1998, pp. 57 – 101.

在预测作用，探讨同胞关系仅仅是其他家庭关系的一个特点还是独特的不良行为的训练背景。然而关于这个模型不同的研究得出的结论并不相同。

(三) 交互模型 (Interactive Model)

该模型探讨消极的亲子互动会不会加强同胞关系质量与个体反社会行为之间的联系 (Bank & Snyder, 2004)[1]。Bank 和 Snyder (2004) 发现较高水平的父母的无效监管会加强同胞冲突与反社会行为之间的正向联系[2]。Garcia 等 (2000) 发现那些既存在抵抗监管又存在同胞冲突的孩子比只有一方面问题的孩子会存在更高水平的外部问题[3]。

四 社会学习理论

社会学习理论认为个体通过观察和模仿他人的行为或者替代性强化而学会了大量的社会行为，尤其是模仿的榜样是具有一定主导力的，对自己温暖或亲近的人时，这种社会学习的效应会更加强烈。根据该理论，可以发现在同胞互动过程中，同胞关系的形成来自于个体对亲子关系的模仿以及年幼同胞对年长同胞行为模式的学习。同胞互为彼此的学习榜样，而在同胞互动过程中学到的社交技能对于应对家庭之外的其他社交活动具有重要的引导作用 (Kramer, 2014)[4]。

当然，榜样和模仿是最常用来解释同胞相似的机制，社会学习理论认为除了学习自身的行为和活动，个体还从观察他人的过程中习得相应的社会技能。在家庭环境中，由于同胞之间的地位和相似性等因素，年

---

① Bank, L., & Snyder, J., "Sibling intervention for conduct-problem children: Improved behavior with siblings and peers", In J. Snyder (Chair), *Social contexts for preventative interventions.* Paper symposium presented at the Conference for the Society for Prevention Research, Quebec, QC. 2004.

② Ibid..

③ Garcia, M. M., Shaw, D. S., Winslow, E. B., & Yaggi, K. E., "Destructive sibling conflict and the development of conduct problems in young boys", *Developmental Psychology*, Vol. 36, 2000, pp. 44–53.

④ Kramer, L., "Learning emotional understanding and emotion regulation through sibling interaction", *Early Education and Development*, Vol. 25, 2014, pp. 160–184.

长同胞是最有利的模仿对象。除了直接的社会学习过程，许多研究者还认为同胞亲密、紧密和照顾及在年龄和性别方面的接近性增强了同胞之间的模仿和榜样的作用。比如，当同胞之间的关系亲密时，他们在性行为和态度方面更相似（McHale，Bissell，Kim，2009；Slomkowski，Rende，Novak，Lloyd-Richardson，Niaura，2005）[1]。其他研究发现同胞在年龄接近性别相同时更容易相似（Kendler，Ohlsson，Sundquist，2013；Slomkowski，Rende，Conger，Simons，Conger，2001）[2]。除了直接模仿之外，个体还会通过父母或其他人对同胞的行为的强化而进行替代性强化，进而学会了某种行为并进行表现。

亲密的同胞关系增加了年幼者对年长者行为模仿的可能性，同胞之间通过支持和强化习得不良行为（Whiteman，Zeiders，Killoren，Rodriguesz，Updegraff，2014）[3]。研究发现年长同胞的约会、性行为可以预测年幼同胞两年后的浪漫关系（Wheeler et al，2016）[4]。在两个同胞互动的过程中，年龄较小的孩子从他们较大的同胞那里学到了各种价值观、知识和技能，与此同时他们的认知、情绪和人格等方面都受到了影响。年龄较大的同胞是年龄较小孩子模仿的榜样。同胞照顾使得两个孩子的认知、情绪和社会发展都受到了影响。Teti（1989）对 44 对同胞互动的研究发现，年龄较大的孩子是年龄较小的孩子的智力技能和社交技能方面的模仿对象，而且年龄差距越大这一现

① Slomkowski, C., Rende, R., Novak, S., Lloyd-Richardson, E., & Niaura, R., "Sibling effects on smoking in adolescence: Evidence for social influence from a genetically informative design", *Addiction*, Vol. 100, 2005, pp. 430–438.

② Slomkowski, C., Rende, R., Conger, K. J., Simons, R. L., & Conger, R. D., "Sisters, brothers, and delinquency: Evaluating social influence during early and middle adolescence", *Child Development*, Vol. 72, 2001, pp. 271–283.

③ Whiteman, S. D., Zeiders, K. H., Killoren, S. E., Rodriguesz, S. A., & Updegraff, K. A., "Sibling Influence on Mexican-Origin Adolescents' Deviant and Sexual Risk Behaviors: The Role of Sibling Modeling", *Journal of Adolescent Health*, Vol. 54, 2014, pp. 587–592.

④ Wheeler, L. A., Killoren, S. E., Whiteman, S. D., Updegraff, K. A., McHale, S. M., & Umaña-Taylor, A. J., "Romantic relationship experiences from late adolescence to young adulthood: The role of older siblings in Mexican-origin families", *Journal of Youth and Adolescence*, Vol. 45, 2016, pp. 900–915.

象越显著①。Smith（1984，1990，1993）发现年龄较大的孩子如果有一定程度的照看年幼同胞的任务，他们的阅读和语言成绩都会得到增强，如果照看任务加重的话则呈现出"U"形曲线关系②。Dunn 等（1994）对39个家庭从儿童期持续追踪研究到了青少年早期，发现亲密和支持性的同胞关系与年龄较大的孩子较高的自我能力感知正相关，而且与年幼同胞的良好适应也存在显著的正相关③。而年龄较大孩子的不良行为与年幼孩子较差的自我能力感知和不良适应有关。

值得注意的是，同胞社会学习的结果并不一定总是积极的，一方面，儿童通过对同胞的积极行为的观察和模仿学会了适应社会的技能；另一方面，儿童也可能通过模仿和社会学习从同胞身上学会了诸多的不良行为。研究发现，当年幼同胞感知到年长同胞在同伴群体中很受欢迎时，那么年长同胞参与不良的行为会与年幼同胞参与不良的行为之间呈现出显著的正相关关系，也就是说年幼同胞可能认为年长同胞的不良行为是其受欢迎的原因，而进行了替代性强化（Craine, Tanaka, Nishina, Conger, 2009）④。与社会学习理论相似，强制互动理论强调同胞之间通过相互强化，教会对方不良的行为方式，并造成不良行为发展的恶性循环（McHale, Updegraff, Whiteman, 2012）⑤。由此可以看出，社会学习并不一定总是促进同胞的心理和行为的良性发展，而是造成了同胞之间的行为相似性。

① Teti, D. M., Gibbs, E. D., & Bond, A., "Sibing interaction, birth spacing, and intellectual linguistic development", In P. G. Zukow (ed.), Sibing interaction across cultures: Theoretical and methodological issues, New York: Springer-Verlag, 1989, pp. 117 – 141.

② Smith, T. E., "School grades and responsibility for younger siblings: An empirical study of the teaching function", American Sociological Review, Vol. 49, 1984, pp. 248 – 260.

③ Dunn, J., Slomkowski, C., & Beardsall, L., "Sibling relationships from the preschool period through middle childhood and early adolescence", Developmental Psychology, Vol. 30, 1994, pp. 315 – 324.

④ Craine, J. L., Tanaka, T. A., Nishina, A., & Conger, K. J., "Understanding adolescent delinquency: The role of older siblings' delinquency and popularity with peers", Merrill-Palmer Quarterly, Vol. 55, 2009, pp. 436 – 453.

⑤ McHale, S. M., Updegraff, K. A., & Whiteman, S. D., "Sibling relationships and influences in childhood and adolescence", Journal of Marriage and Family, Vol. 74, 2012, pp. 913 – 930.

五　社会比较理论

社会比较理论认为人们往往具有通过与他人的比较而对自身的行为进行评价的倾向（Festinger, 1954）[1]。社会比较的方式主要有上行比较和下行比较两种。上行比较是指人们通过与比自己优秀的个体进行比较来激励自己，从而实现自我发展和进步；相反，人们通过与不如自己的人进行的下行比较而获得自我强化，以加强对自己的正面和积极感受。社会比较影响了人们看待自己的方式并影响个体的自尊水平。来自于同一家庭中的同胞往往是彼此进行社会比较的主要对象。同胞之间的相似性越大，同胞之间比较的可能性也越高，那么同胞之间就越可能建立起冲突而非亲密的关系。

社会比较理论对于同胞之间的权利对比关系能够给予详细的解释。不同的对待方式指的是孩子认为父母对于一个孩子比另一个孩子更喜爱、更严格等。由于同胞共享父母的关注和养育，因此他们都会将对方看作是竞争对手，一方获得较多的关注和养育精力，就代表着另一方获得的关注较少（McHale, Updegraff, Jackson-Newsom, Tucker, Crouter, 2000）[2]。如果父母对待一个孩子比另一个孩子更好，孩子可能会产生"我不够好"的想法。因此同胞之间的社会比较会产生不公正感、不安全感和焦虑情绪。不同的对待方式与内部行为问题的结果并不一致，一些研究并没有发现显著的效应，而另一些研究发现与抑郁有关。研究者让儿童描述与同胞或者朋友比较的情境，而后报告其情绪反应，发现情绪反应最强的是与同胞在一起而非与朋友在一起的情境，而且年长同胞的表现不如年幼同胞时，儿童的情绪反应更加强烈（Noller, 2005）[3]。不同的对待方式

---

[1] Festinger, L. , "A theory of social comparison processes", *Human Relations*, Vol. 7, 1954, pp. 117 – 140.

[2] McHale, S. M. , Updegraff, K. A. , Jackson-Newsom, J. , Tucker, C. J. , & Crouter, A. C. , "When does parents' differential treatment have negative implications for siblings", *Social Development*, Vol. 9, 2000, pp. 149 – 172.

[3] Noller, P. , "Sibling relationships in adolescence: learning and growing together", *Personal Relationships*, Vol. 12, 2005, pp. 1 – 22.

对外部行为问题的作用更大，研究发现受到不公正对待的孩子更可能激怒他们的父母以弥补获得父母关注的缺失。

六　整合理论框架

我国研究者陈斌斌等（2017）在综合同胞关系的各种理论的基础上提出了一个整合的理论框架，以期在理论上为我国同胞关系的研究提供一定的基础[①]。

该框架首先对影响同胞关系的各种因素进行了整合，认为影响同胞关系的因素包括同胞自身的因素和父母的相关因素。同胞自身因素有比较稳定的同胞结构特征，如年龄差距、性别组合，还有同胞自身的气质和彼此间的气质差异；父母的相关因素包括亲子关系、父母的区别对待以及父母的婚姻状况等因素。同胞自身因素与父母的相关因素之间存在显著的交互作用，如研究发现当同胞之间的年龄差距较小时，父母往往会采取忽视二胎或者消极的方式对待他们（Crowne，Gonsalves，Burrell，McFarlane，Duggan，2012）[②]。在这些因素综合作用下孩子之间形成了积极或消极的同胞关系。

其次，该理论对同胞的积极和消极关系的作用机制进行了分析。认为如果同胞之间是安全的依恋关系，那么儿童会朝着相对积极的方向发展，形成良好的心理状态和行为特征。另外，同胞之间也会通过社会学习的方式促进彼此发展，温暖的同胞关系促进儿童朝着积极的方向发展，而冲突的同胞关系会为儿童的发展带来许多消极不良的影响。因此，同胞之间的社会比较是一把双刃剑，既能激发同胞朝着积极健康的方向发展，也能带来许多负面的效应。

然而这些作用机制并不是独立的，而是存在着复杂的交互作用。首先，同胞关系的形成受到多种因素的影响，因此同胞关系的作用方式也

---

① 陈斌斌、赵语、韩雯等：《手足之情：同胞关系的类型、影响机制及对儿童心理发展的作用机制》，《心理科学进展》2017年第12期。

② Crowne, S. S., Gonsalves, K., Burrell, L., McFarlane, E., & Duggan, A., "Relationship between birth spacing, child maltreatment, and child behavior and development outcomes among at-risk families", *Maternal and Child Health Journal*, Vol. 16, 2012, pp. 1413–1420.

会受到这些因素的影响而呈现出一定的复杂性。综合本书第二章的内容可以发现，同胞影响因素是多源的，同胞关系有多种形式，而同胞关系的作用机制也是复杂多样的。之前的研究成果之所以呈现出矛盾性，与仅仅针对同胞关系的单方面问题进行探讨具有密切的关系。鉴于同胞关系的复杂机制，必须从多元视角出发，采用更为复杂的研究设计如纵向追踪研究才能得到更为可信的结论。另外，同胞关系随着年龄的增长而发生变化，如在年幼时期同胞之间的依恋关系更为重要，而在青少年时期社会学习和社会比较是同胞之间更为重要的作用方式。单纯采用横断设计的方式进行探讨，必然无法准确揭示同胞关系的作用机制。再者，同胞关系的发生机制的交互性还体现在同胞自身因素会与父母相关因素产生交互作用而对儿童的发展呈现出复杂的影响机制。从发展生态观的角度不难看出儿童个体的内部因素会与各种外部因素交互作用，共同影响儿童的发展（Bronfrnbrenner，1988）[1]。另外，同胞的作用机制也不是相互独立的，它们之间也存在显著的交互作用。如研究发现那些经常参与反社会行为的兄弟，其同胞关系常常既会出现敌意关系又会出现"义气"的兄弟之情（Slomkowski，Rende，Conger，Simons，Conger，2001）[2]。

　　整合的理论框架认为同胞自身的因素和父母相关的因素会影响同胞关系质量，而形成和谐型、敌意型或情感紧张型的同胞关系类型，而同胞关系质量又会通过依恋、社会学习和社会比较等交互作用机制对儿童青少年的认知能力、行为发展和社会适应产生影响。由此可见，该理论框架整合了同胞关系的影响因素和同胞关系的作用机制，是一个比较全面完整的对于同胞关系的理论阐释，但是该框架目前还停留在理论分析阶段，缺乏实证研究的支持和检验。

　　综上所述，目前并没有一个专门针对同胞关系的理论观点，研究者

---

① Bronfenbrenner, U. , "Interacting systems in human development: Research paradigms: Present and future", In N. Bolger, A. Caspi, G. Downey, & M. Moorehouse (ed.), *Persons in context: Developmental processes*, NY: Cambridge University Press, 1988, pp. 25 - 49.

② Slomkowski, C. , Rende, R. , Conger, K. J. , Simons, R. L. , & Conger, R. D. , "Sisters, brothers, and delinquency: Evaluating social influence during early and middle adolescence", *Child Development*, Vol. 72, 2001, pp. 271 - 283.

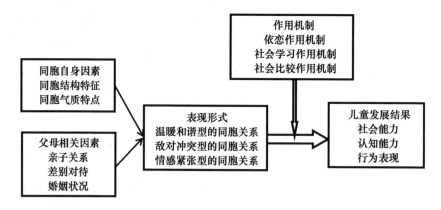

图3—1　同胞关系的影响因素和作用机制（图片来源于论文《手足之情：同胞
关系的类型、影响因素及对儿童发展的作用机制》）

们试图从亲缘选择理论、依恋理论、家庭系统理论、社会学习理论和社
会比较理论等角度对同胞关系进行理论探讨。这些理论观点虽然在解释
同胞关系的某些方面具有一定的效度，但是并不具有普遍的实用性，针
对性也不强。如社会学习理论更多解释同胞之间的相似性行为发展，而
同胞依恋理论在阐述和谐型的同胞关系对个体心理和行为发展的积极效
应方面更为有效，社会比较理论更能分析父母的区别对待而导致的同胞
竞争现象等。我国研究者陈斌斌等在整合这些理论观点的基础上提出了
一个同胞关系的整合理论框架，将同胞关系的影响因素、同胞关系的质
量和同胞关系的作用机制以及对个体的心理和行为发展作用等多个方面
整合起来，是一个巨大的理论进步。但是该整合框架目前仍停留在理论
探索阶段，缺乏实证研究的效度支持。可以预见，同胞关系的理论发展
必定是未来研究者们关注的一个主要问题。

第 四 章

同胞关系的作用

同胞关系对个体的心理健康和行为发展具有十分重要的作用，与其所具有的一些独特的特点密不可分。首先，同胞关系在个体的一生中持续时间最长，超过了亲子关系、同伴关系以及夫妻关系；其次，作为家庭系统中非常重要的一种关系，同胞关系会对家庭其他关系及家庭外的人际关系产生影响；再者，同胞关系是一种强制性的情感矛盾关系，是一种介于亲子关系般的纵向关系与同伴关系似的横向关系间的斜向交叉关系；另外，同胞关系既包含爱和亲密，也包括冲突和竞争，还兼有出生顺序等因素造成的不平等成分。同胞关系的这些独特性特点使得其对于个体的社会心理发展的影响异常复杂。

一 积极同胞关系对个体的心理健康 和行为发展的影响

积极的同胞关系主要关注同胞关系中的帮助、教育、照顾、建议、支持、温暖和分享等亲社会行为，能够减少儿童和青少年出现各种内外化的问题行为的可能性，而且作为一种支持性的变量，还能够减缓压力事件对个体的心理健康和行为发展的负面影响。

（一）积极的同胞关系有利于个体的心理健康

亲密的同胞关系可以增强同胞之间的自我表露，使得同胞的情绪理解和识别能力不断提高，能够更加理解彼此的心理状态和人际交往困难

（Campione-Barr, Lindell, Giron, Killoren, Greer, 2015）[1]。实证研究发现亲密的同胞关系与焦虑、抑郁负相关，与自尊正相关（Noller & North-fieldm, 2000）[2]；满意的同胞关系与正性情绪如快乐、高兴正相关，而与消极的情绪如抑郁、愤怒负相关（Howe, Aquan-Assee, 2011）[3]；而且亲密的同胞关系与个体良好的情绪管理能力和亲社会行为有关（Pike, Cold-well, Dunn, 2005）[4]。获得同胞的支持比来自母亲和老师的支持对儿童的心理健康更重要（Van Der Kapp-Deeder, Vansteenkiste, Soenens, Mabbe, 2017）[5]，而且同胞支持还能够弥补较低的父母和同伴支持而降低个体的孤独感和抑郁情绪，增强个体的自尊和生活满意度（Milevsky, 2005）[6]。除了直接作用外，积极的同胞关系还能够缓冲不利的环境因素对儿童的社会适应造成的负面影响，对于面对消极生活事件或经历创伤性事件的个体来说，获得同胞的支持就相当于为其提供了一个脚手架，能够帮助个体应对困难的环境，而且同胞之间还可以分享彼此的情绪和情感，有利于降低个体产生抑郁、愤怒的可能性，减小创伤后应激障碍发生的可能（Perricone, Fon-tana, Burgio, Polizzi, 2014）[7]。同胞之间的亲密关系还能够弥补较差的亲子

---

① Campione-Barr, N. , Lindell, A. K. , Giron, S. E. , Killoren, S. E. , & Greer, K. B. , "Do-main differentiated disclosure to mothers and siblings and associations with sibling relationship quality and youth emotional adjustment", *Developmental Psychology*, Vol. 51, 2015, pp. 1278 – 1291.

② Noller, P. , & Northfieldm, K. , "Young adult sibling relationships: Relationship quality and individual adjustment", Paper presented at the Annual Conference of the *Society of Australasian Social Psychologists*, Perth, Australia, 2000.

③ Howe, N. , Karos, L. K. , & Aquan-Assee, J. , "Sibling relationship quality in early adoles-cence: child and maternal perceptions and daily interactions", *Infant and Child Development*, Vol. 20, 2011, pp. 227 – 245.

④ Pike, A. , Coldwell, J. , & Dunn, J. F. , "Sibling relationships in early/middle childhood: links with individual adjustment", *Journal of Family Psychology*, Vol. 19, 2005, pp. 523 – 532.

⑤ Van Der Kaap-Deeder, J. , Vansteenkiste, M. , Soenens, B. , & Mabbe, E. , "Children's dai-ly well-being: the role of mothers', teachers', and siblings' autonomy support and psychological control", *Developmental Psychology*, Vol. 53, 2017, pp. 237 – 251.

⑥ Milevsky, A. , "Compensatory patterns of sibling support in emerging adulthood: variations in loneliness, self-esteem, depression and life satisfaction", *Journal of Social and Personal Relationships*, Vol. 22, 2005, pp. 743 – 755.

⑦ Perricone, G. , Fontana, V. , Burgio, S. , & Polizzi, C. , "Sibling relationships as a resource for coping with traumatic events", *SpringerPlus*, Vol. 3, 2014, p. 525.

和同伴关系对个体的负面影响（Milevsky，2005）[1]；并作为调节变量减轻压力事件对抑郁情绪的负面作用（Gass，Jenkins，Dunn，2007）[2]。

（二）积极的同胞关系能够促进其他人际关系的健康发展

积极的同胞关系与同胞之间的建设性的冲突解决方式正相关，而与破坏性的冲突解决方式负相关（Recchia & Howe，2009）[3]，能够预测同胞之间更多的问题解决和较少的争论（H. Ross，M. Ross，Stein，Trabasso，2006）[4]。观点采择能力和冲突解决方式的良好发展使得个体更容易获得同伴的支持和接纳，社交能力得到了更快的发展，因而积极的同胞关系对于青少年和成年早期亲密关系的建立有积极的促进作用（Noland，Liller，Mc Dermott，Crouter，Seraphine，2004）[5]。纵向研究发现积极的同胞关系能够预测青少年的友谊和自尊发展，而且在随后有较低的孤独感、抑郁感和较少的不良行为与物质滥用（Yeh & Lempers，2004）[6]。

（三）积极同胞关系的理论解释和作用机制

依恋理论认为同胞关系属于依恋关系的一种，对同胞的积极依恋使个体对自我和社会形成良好的印象，拥有积极健康的同胞关系的个体将兄弟姐妹视为支持者、指导者和陪伴者，有助于促进个体今后的健康生活，能够显著预测适应的发展，而且作为一种保护性因素能够降低个体

---

[1] Milevsky, A. , "Compensatory patterns of sibling support in emerging adulthood: variations in loneliness, self-esteem, depression and life satisfaction", *Journal of Social and Personal Relationships*, Vol. 22, 2005, pp. 743 – 755.

[2] Gass, K. , Jenkins, J. , & Dunn, J. , "Are sibling relationships protective? A longitudinal study", *Journal of Child Psychology and Psychiatry*, Vol. 48, 2007, pp. 167 – 175.

[3] Recchia, H. E. , & Howe, N. , "Associations between social understanding, sibling relationship quality, and siblings' conflict strategies and outcomes", *Child Development*, Vol. 80, 2009, pp. 1564 – 1578.

[4] H. Ross, M. Ross, Stein, & Trabasso, "How Siblings Resolve Their Conflicts: The Importance of First Offers, Planning, and Limited Opposition", *Child Development*, Vol. 77, 2006, pp. 1730 – 1745.

[5] Noland, V. J. , Liller, K. D. , McDeermott, R. J. , & Seraphine, A. E. , "Is adolescent sibling violence a precursor to college dating violence?" *American Journal of Health Behavior*, Vol. 28, 2004, pp. S13 – S23.

[6] Yeh, H. C. , & Lempers, J. D. , "Perceived sibling relationships and adolescent development", *Journal of Youth and Adolescence*, Vol. 33, 2004, pp. 133 – 147.

心理和行为问题发生的可能性；而消极的同胞依恋使个体倾向于将自己视为无价值的，出现行为不良、物质滥用和攻击性行为的可能性较大（Fraley & Tancredy, 2012）[①]。

首先，积极的同胞关系可以影响个体的社会认知水平，积极的同胞关系为儿童青少年提供了观察学习和榜样模仿的机会，通过与同胞的亲密互动，个体学会了如何共享彼此亲密的想法，如何正确理解别人的情绪，如何解决人际间的冲突，而在同胞关系中学会的这些积极活动技能能够泛化和转移到其他情境中；而且积极的同胞关系有利于提高儿童青少年的社会情绪理解能力、亲社会技能和冲突解决策略，进而增加了个体的亲社会行为，降低内在和外在问题行为发生的可能性。其次，积极的同胞关系能够促进个体自我的发展，前述研究指出积极的同胞关系能够提高青少年的自尊水平、自我概念发展和自我调节能力，进而对社会发展结果产生积极影响。另外，积极的同胞关系可以提高儿童青少年的情绪识别、表达和调节能力，促进其社会性情绪的发展，推动其他人际关系的积极发展；积极的同胞关系还可以提高青少年的移情能力，进而增加个体的亲社会行为。

二　消极同胞关系对个体的心理健康和行为发展的影响

随着儿童青少年对自主性、平等地位的追求，儿童中晚期和青少年时期，同胞冲突变得频繁、剧烈，而冲突敌意的同胞关系对儿童和青少年的内化和外化问题行为具有消极作用。

（一）消极同胞关系不利于个体的心理健康的发展

冲突的同胞关系促进个体的焦虑或抑郁情绪的发展（Yu & Gamble, 2008）[②]，即使在控制了亲子关系及父母的适应状态之后，同胞之间的冲

---

①　Fraley, R. C., & Tancredy, C. M., "Twin and sibling attachment in a nationally representative sample", *Personality & Social Psychology Bulletin*, Vol. 38, 2012, pp. 308 – 316.

②　Yu, J. J., & Gamble, W. C., "Pathways of Influence: Marital Relationships and Their Association with Parenting Styles and Sibling Relationship Quality", *Journal of Child and Family Studies*, Vol. 17, 2008 pp. 757 – 778.

突依然与抑郁症状的恶化有关（Campione-Barr, Lindell, Greer, Rose, 2014）[1]。然而同胞的冲突与抑郁之间可能存在双向因果关系，如冲突的同胞关系导致个体抑郁，而抑郁的个体更可能与同胞发展出冲突敌意的关系。然而纵向研究却发现儿童时期的同胞之间的消极关系甚至是 30 年后成人抑郁的独特预测因素（Waldinger, Vaillant, Oravm, 2007）[2]。采用纵向追踪设计对非洲裔美国儿童和青少年的同胞关系进行研究，发现在控制了个体的年龄和亲子关系等有关变量后，随着消极的同胞关系的减少，个体患有抑郁症、出现问题行为的可能性也会随之降低；但是积极的同胞关系对于个体抑郁症的发展没有产生显著的影响（Whiteman, Solmeyer, McHale, 2015）[3]。

另外，同胞关系具有较强的年龄发展特点，青少年时期的同胞关系比亲子关系对个体的影响更强。同胞之间的敌意可以预测男性而非女性青少年的抑郁和外化问题行为（Harper, Padilla-Walker, Jensen, 2016）[4]。而且同胞之间的欺负行为具有长期的负面影响，一项长达 12 年的追踪研究发现，那些长期受到同胞欺负的孩子出现抑郁、焦虑和自我伤害的可能性是那些没有受过欺负的孩子的两倍（Bowes, Wolke, Joinson, Lereya, Lewis, 2014）[5]。

---

[1] Campione-Barr, N., Lindell, A. K., Greer, K. B., & Rose, A. J., "Relational aggression and psychological control in the sibling relationship: mediators of the association between maternal psychological control and adolescents' emotional adjustment", *Development & Psychopathology*, Vol. 26, 2014, pp. 749–758.

[2] Waldinger, R. J., Vaillant, G. E., & Oravm E, J., "Childhood sibling relationships as a predictor of major depression in adulthood: A 30-year prospective study", *American Journal of Psychiatry*, Vol. 164, 2007, pp. 949–954.

[3] Whiteman, S. D., Solmeyer, A. R., & McHale, S. M., "Sibling relationships and adolescent adjustment: Longitudinal associations in two-parent African American families", *Journal of Youth and Adolescence*, Vol. 4, 2015, pp. 2042–2053.

[4] Harper, J. M., Padilla-Walker, L. M., & Jensen, A. C., "Do siblings matter independent of both parents and friends? Sympathy as a mediator between sibling relationshio quality and adolescent outcomes", *Journal of Research on Adolescence*, Vol. 26, 2016, pp. 101–114.

[5] Bowes, L., Wolke, D., Joinson, C., Lereya, S. T., & Lewis, G., "Sibling Bullying and Risk of Depression, Anxiety, and Self-Harm: A Prospective Cohort Study", *Pediatrics*, Vol. 134, 2014, pp. E1032–E1039.

（二）消极同胞关系导致个体的适应不良

对同一家庭中两个孩子的研究发现，同胞冲突除了直接对两个孩子的内外部行为产生影响外，还会通过影响同胞的模仿而产生适应问题（Gamble, Yu, Kuehn, 2011）[①]。与同胞的消极互动为个体的反社会或不良行为提供了训练场所，因而有可能泛化到其他人际关系中，如同伴关系（Low, Shortth, Snyder, 2012）[②]；进一步增加了个体产生物质滥用、行为不良和攻击的可能性（Button & Gealt, 2010）[③]。年长者的不良行为及同胞之间的消极互动会增加年幼者行为不良的可能性，这种影响甚至超越了父母和同伴的作用（Defoe, Keijsers, Hawk, Branje, Dubas, Buist, et al., 2013）[④]。

（三）消极同胞关系的理论解释和作用机制

社会学习理论能够对同胞冲突关系影响个体适应的机制进行部分解释，该理论认为个体与同胞的冲突关系会泛化到其他情境中如同伴关系，同胞关系是个体攻击性和敌意互动的场所，因而可能促进个体的适应不良（Stauffacher & DeHart, 2006）[⑤]。与社会学习理论相似，强制互动模型（Coercive Processes Model）也认为消极的同胞关系是其他消极、不良和强制互动关系的训练基地，通过替代性强化个体学会了这种强制的互动模

---

① Gamble, W. C., Yu, J. J., & Kuehn, E. D., "Adolescent sibling relationship quality and adjustment: sibling trustworthiness and modeling, as factors directly and indirectly influencing these associations", *Social Development*, Vol. 20, 2011, pp. 605 – 623.

② Low, S., Shortth, J. W., & Snyder, J., "Sibling influences on adolescent substance use: the role of modeling, collusion, and conflict", *Development & Psychopathology*, Vol. 24, 2012, pp. 287 – 300.

③ Button, D. M., & Gealt, R., "High risk behaviors among victims of sibling violence", *Journal of Family Violence*, Vol. 25, 2010, pp. 131 – 140.

④ Defoe, I. N., Keijsers, L., Hawk, S. T., Branje, S., Dubas, J. S., Buist, K., et al., "Siblings versus parents and friends: longitudinal linkages to adolescent externalizing problems", *Journal of Child Psychology & Psychiatry*, Vol. 54, 2013, pp. 881 – 889.

⑤ Stauffacher, K., & DeHart, G. B., "Crossing social contexts: relational aggression between siblings and friends during early and middle childhood", *Journal of Applied Developmental Psychology*, Vol. 27, 2006, pp. 228 – 240.

式并认为它是一个有效地达到目的的方法。通过不断地重复，个体将这种冲突解决方法逐步内化，并泛化到其他情境中（Natsuaki，Ge，Reiss，Neiderhiser，2009）①。

首先，消极的同胞关系造成儿童青少年的社会认知加工偏差，如产生对同胞行为的敌意归因，而且这种敌意性归因有可能成为个体今后进行社会认知的一种惯用方式；其次，消极的同胞关系还会导致儿童情绪理解能力的降低，处于消极情绪中的个体对于他人情绪的理解能力较差，进一步影响个体的心理健康发展；再者，消极的同胞关系可能通过各种机制作用于个体的心理健康和行为发展，因此是一种风险性因素（Solmeyer，McHale，Crouter，2014）②。如消极的同胞关系可能使个体产生道德脱离，通过降低受害者的伤害程度，或者进行敌意性或非人性化归因而对自身的不道德行为进行合理化认知，进而降低自身的道德感，增加了个体问题行为发生的可能性。另外，同胞关系中的模仿是不良行为发展的重要机制，而同胞关系中的一些特点会增强同胞之间的模仿和榜样效应。如同胞之间内隐的权利不对等会让年幼者将年长者视为"榜样"，特别是年龄相近的时候。

同胞关系对个体社会性发展的整合模型③认为，同胞关系通过同伴关系、家庭关系和父母教养质量三条路径对个体的社会适应和心理健康产生影响，具体作用见图4—1。该模型认为：首先，消极的同胞关系使得青少年形成顽劣的人际互动模式，并导致其将这种互动模式应用于同伴交往中，从而产生更多的学校问题行为和同伴交往困难，增加了个体加入偏差同伴团体的可能性。这种同伴关系的偏差会导致儿童对物质使用产生积极态度，增加其接触和使用物质的机会，进而导致更多的物质使用和

---

① Natsuaki, M. N., Ge, X. J., Reiss, D., & Neiderhiser, J. M., "Aggressive behavior between siblings and the development of externalizing problems: Evidence from a genetically sensitive study", *Developmental Psychology*, Vol. 45, 2009, pp. 1009 – 1018.

② Solmeyer, A. R., McHale, S. M., & Crouter, A. C., "Longitudinal associations between sibling relationship qualities and risky behavior across adolescence", *Developmental Psychology*, Vol. 50, 2014, pp. 600 – 610.

③ Feinberg, M. E., Solmeyer, A. R., & Mchale, S. M., "The third rail of family systems: Sibling relationships, mental and behavioral health, and preventive intervention in childhood and adolescence", *Clinical Child & Family Psychology Review*, Vol. 15, 2012, pp. 43 – 57.

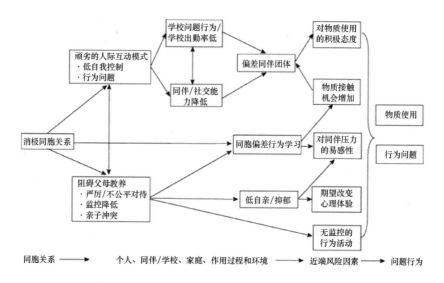

图4—1 同胞消极关系和强制互动对抑郁、物质滥用和不良行为的作用路径图
（图片来源于赵凤青、俞国良：《同胞关系及其与儿童青少年
社会性发展的关系》①）

不良行为问题。系列研究发现同胞之间相同的同伴网络是同胞酒精和物质滥用相似的主要原因，年长者的酗酒行为通过同伴酗酒而间接影响年幼者的酗酒行为；当同胞之间拥有相同的朋友时，他们的吸烟和酗酒行为更相似；而且物质滥用行为的模仿及社会化是通过被同伴群体的接纳发挥作用的。其次，消极的同胞关系还会导致儿童更容易参加犯罪活动，同胞也可能将不良的同伴群体互相介绍，比如，和年长的哥哥外出的青少年更可能参加犯罪活动并形成对不良物质的滥用习惯。与不良的年长同胞及其同伴团体的频繁接触增加了年幼同胞物质接触的机会和使用危险物质的压力。再者，消极的同胞关系会削弱父母的教养质量，降低父母对同胞关系与活动的监控力度，同胞作为一个反社会的榜样，强化了个体反社会的行为和态度及反抗父母的权威，阻碍父母对同胞偏差行为矫正的机会。另外，当父母将较多的精力应用于处理孩子之间的同胞冲突关系时，那么对孩子不良行为的监控和矫正力度也可能降低，而父母教育质量的下降会进一步降

---

① 赵凤青、俞国良：《同胞关系及其与儿童青少年社会性发展的关系》，《心理科学进展》2017年第5期。

低青少年的自尊，增加个体罹患抑郁和产生问题行为的可能。

三　积极和消极关系对个体的心理健康和行为发展的联合作用

亲密和冲突的同胞关系除单独影响个体的心理健康和行为发展外，二者的联合作用也值得关注。冲突而缺少亲密的同胞关系对于个体的心理健康和行为发展影响极大。实证研究发现那些拥有和谐同胞关系的大学生相比情感紧张的大学生来说，拥有更高的自尊和更低的孤独感（Sherman，Lansford，Volling，2006）[1]。而那些拥有敌意的同胞关系的青少年比情感紧张的个体有更多的内部心理问题（Derkman，2011）[2]。冲突敌意的同胞关系比关系疏离的同胞关系更可能使个体产生抑郁情绪（McHale，Whiteman，Kim，Crouter，2007）[3]。Buist 和 Vermande（2014）对儿童中期的同胞关系类型与内外部心理和行为问题之间的关系进行分析，发现和谐的同胞关系对个体的适应最重要，拥有冲突的同胞关系的孩子比拥有亲密同胞关系的孩子报告结果显出更多的内外部问题行为，以及更低的学业、社会和一般能力评价，冲突而又缺乏亲密的同胞关系对于个体的负面作用更大[4]。

四　同胞关系影响个体的心理健康和行为发展的调节效应

（一）同胞结构变量

同胞关系对于个体的心理健康和行为发展的影响结论并不一致，也

---

① Sherman, A. M., Lansford, J. E., & Volling, B., "Sibling relationships and best friendships in young adulthood: Warmth, conflict, and well-being", *Psychophysiology*, Vol. 13, 2006, pp. 151 – 165.

② Derkman, M. S., *Siblings: the implications of siblings for adolescents' adjustment and parent-child relationships*. Doctoral dissertation, 2011.

③ McHale, S. M., Whiteman, S. D., Kim, J. Y., & Crouter, A. C., "Characteristics and correlate of sibling relationships in two-parent African American family", *Journal of Family Psychology*, Vol. 21, 2007, pp. 227 – 235.

④ Buist, K. L., & Vermande, M., "Sibling relationship patterns and their associations with child competence and problem behavior", *Journal of Family Psychology*, Vol. 28, 2014, pp. 529 – 537.

会受到被试性别、出生顺序、性别组合、年龄差距等多种结构性因素的影响。实证研究发现同胞之间的冲突关系与女孩而非男孩在浪漫关系中较差的亲密性有关（Doughty, McHale, Feinberg, 2015）[1]。同胞关系质量对出生顺序不同的个体的影响模式不同，积极的同胞关系与年长者的适应困难显著负相关（Pike, Coldwell, Dunn, 2005）[2]。同胞冲突会增加年龄差距较小的同胞的焦虑和抑郁情绪（Andsager, Bemker, Choi, Torwel, 2006）[3]。此外，各种因素如性别组合和出生顺序之间还存在显著的交互调节效应。对同胞关系与同胞不良行为的发展轨迹的纵向分析发现，同胞关系质量与年长者的不良行为有关，而年长者的不良行为与两年后年幼者的不良行为有关，而且性别组合具有显著的调节效应，同性别年长者与年幼者的不良行为的变化轨迹相似（Buist, 2010）[4]。而对 246 个墨西哥裔家庭的纵向追踪研究发现，同胞之间的亲密感缺乏会增加年长同胞产生抑郁情绪的可能性；而不论同胞之间的关系是和谐的还是敌意的，年长同胞都比年幼同胞更少可能卷入风险性行为；相同性别的同胞更可能有相似的风险性行为（Killoren, De Jseús, Updegraff, Wheeler, 2017）[5]。此外，对 34 项同胞关系的研究的元分析也发现性别组合、年龄差距和个体年龄会调节同胞关系对内外部心理和行为问题的影响，同胞关系对兄弟组合、年龄差距较小的同胞的心理影响更大（Buist, Deković, Prinzie, 2013）[6]。

---

① Doughty, S. E., McHale, S. M., & Feinberg, M. E., "Sibling experiences as predictors of romantic relationship qualities in adolescence", *Journal of Family Issues*, Vol. 36, 2015, pp. 589 – 608.

② Pike, A., Coldwell, J., & Dunn, J. F., "Sibling relationships in early/middle childhood: links with individual adjustment", *Journal of Family Psychology*, Vol. 19, 2005, pp. 523 – 532.

③ Andsager, J. L., Bemker, V., Choi, H. L., & Torwel, V., "Perceived similarity of exemplar traits and behavior effects on message evaluation", *Communication Research*, Vol. 33, 2006, pp. 3 – 18.

④ Buist, K. L., "Sibling relationship quality and adolescent delinquency: a latent growth curve approach", *Journal of Family Psychology*, Vol. 24, 2010, pp. 400 – 410.

⑤ Killoren, S. E., De Jesús, S. A., & Updegraff, K. A., Wheeler, L. A., "Sibling relationship quality and Mexican-origin adolescents' and young adults' familism values and adjustment", *International Journal of Behavioral Development*, Vol. 41, 2017, pp. 155 – 164.

⑥ Buist, K. L., Deković, M., & Prinzie, P., "Sibling relationship quality and psychopathology of children and adolescents: a meta-analysis", *Clinical Psychology Review*, Vol. 33, 2013, pp. 97 – 106.

（二）同胞互动方式

除了这些结构性因素外，同胞之间的互动方式也会显著调节同胞关系质量对同胞的心理和行为的影响。如当年长的同胞存在不良的行为时，亲密的同胞关系反而增加了个体行为不良或攻击的可能性（Rende，2005）[①]。同胞之间的关系亲密时，同胞之间的风险性行为显著正相关（McHale，Bissell，Kim，2009）[②]。社会学习理论认为亲密的同胞关系增加了年幼者对年长者行为模仿的可能性，同胞之间通过支持和强化习得不良行为（Whiteman，Zeiders，Killoren，Rodriguesz，Updegraff，2014）[③]。其次同胞之间的关系亲密时，同胞之间对相关话题的讨论增多（Low，Shortth，Snyder，2012）[④]，而且年长者也更可能通过鼓励、赞同等方式助长年幼者的相关行为（Whiteman，Jensen，Mustillo，Maggs，2016）[⑤]。再者年龄接近，性别相同，亲密的同胞拥有更为相似的环境（Samek，McGue，Keyes，Iacono，2015）[⑥]，如关系亲密的同胞的同伴网络存在较大的交叉（Kothari，Sorenson，Bank，Snyder，2014）[⑦]。对 206 对基因有关和 407 对基

[①]　Rende, R. , Slomkowski, C. , Lloyd-Richardson, E. , & Niaura, R. , "Sibling effects on substance use in adolescence: Social contagion and genetic relatedness", *Journal of Family Psychology*, Vol. 19, 2005, pp. 611 – 618.

[②]　McHale, S. M. , Bissell, J. , & Kim, J. , "Sibling relationship, family, and genetic factors in sibling similarity in sexual risk", *Journal of Family Psychology*, Vol. 23, 2009, pp. 562 – 572.

[③]　Whiteman, S. D. , Zeiders, K. H. , Killoren, S. E. , Rodriguesz, S. A. , & Updegraff, K. A. , "Sibling Influence on Mexican-Origin Adolescents' Deviant and Sexual Risk Behaviors: The Role of Sibling Modeling", *Journal of Adolescent Health*, Vol. 54, 2014, pp. 587 – 592.

[④]　Low, S. , Shortth, J. W. , & Snyder, J. , "Sibling influences on adolescent substance use: the role of modeling, collusion, and conflict", *Development & Psychopathology*, Vol. 24, 2012, pp. 287 – 300.

[⑤]　Whiteman, S. D. , Jensen, A. C. , Mustillo, S. A. , & Maggs, J. L. , "Understanding sibling influence on adolescents' alcohol use: social and cognitive pathways", *Addictive Behaviors*, Vol. 53, 2016, pp. 1 – 6.

[⑥]　Samek, D. R. , McGue, M. , Keyes, M. , & Iacono, W. G. , "Sibling Facilitation Mediates the Association Between Older and Younger Sibling Alcohol Use in Late Adolescence", *Research on Adolescence*, Vol. 25, 2015, pp. 638 – 651.

[⑦]　Kothari, B. H. , Sorenson, P. , Bank, L. , & Snyder, J. , "Alcohol and Substance Use in Adolescence and Young Adulthood: The Role of Siblings", *Journal of Family Social Work*, Vol. 17, 2014, pp. 324 – 343.

因无关的同胞进行比较，发现环境而非遗传是更重要的影响同胞出现相似的不良行为的因素（Samek，Keyes，McGue，2013）①。然而社会联结理论（Social Bonding Theory）认为同胞之间的关系是一种依恋关系，亲密的同胞关系起到了缓冲的作用，降低了年幼同胞三年后物质滥用的可能性（Samek & Rueter，2011）②。由此可见，社会学习理论强调亲密的同胞关系对同胞行为的影响，而社会联结理论突出亲密的同胞关系的情感作用，然而在同胞关系中两者皆存在，究竟何种作用更强由同胞性别等因素的调节作用决定。East 和 Khoo（2005）的研究发现兄弟之间的亲密度与不良行为的相似性正相关，而姐妹之间的亲密度与不良行为的相似性负相关③。对墨西哥裔移民家庭的研究也发现，姐妹之间的同胞关系越亲密，年长者对年幼者的照顾越多且责任感越强，越有可能降低年幼同胞的风险性行为（Coleman-Minahan & Scandlyn，2017）④。由此可见同胞关系对同胞行为的影响受到同胞之间互动方式的调节作用（Killoren & Roach，2014）⑤。

综上所述，目前研究者主要根据积极和消极同胞关系的分类标准，探讨同胞关系质量对个体的心理健康和行为发展的影响作用。目前的研究普遍认为积极的同胞关系对个体的心理和行为发展具有正向作用，而消极的同胞关系对个体的心理和行为发展存在更多的负面影响。而且消极且缺乏积极互动的同胞关系对于个体的心理和行为的发展具有更强的

① Samek, D. R. , Keyes, M. A. , Iacono, W. G. , & McGue, M. , "Peer Deviance, Alcohol Expectancies, and Adolescent Alcohol Use: Explaining Shared and Nonshared Environmental Effects Using an Adoptive Sibling Pair Design", *Behavior Genetics*, Vol. 43, 2013, pp. 286 – 296.

② Samek, D. R. , & Rueter, M. A. , "Considerations of elder sibling closeness in predicting younger sibling substance use: Social learning versus social bonding explanations", *Journal of Family Psychology*, Vol. 25, 2011, pp. 931 – 941.

③ East, P. L. , & Khoo, S. T. , "Longitudinal pathways linking family factors and sibling relationship qualities to adolescent substance use and sexual risk behaviors", *Journal of Family Psychology*, Vol. 19, 2005, pp. 571 – 580.

④ Coleman-Minahan, K. , & Scandlyn, J. N. , "The role of older siblings in the sexual and reproductive health of Mexican-origin young women in immigrant families", *Culture Health & Sexuality*, Vol, 19, 2017, pp. 151 – 164.

⑤ Killoren, S. E. , & Roach, A. L. , "Sibling Conversations About Dating and Sexuality: Sisters as Confidants, Sources of Support, and Mentors", *Family Relations*, Vol. 63, 2014, pp. 232 – 243.

负面作用。但是这些研究成果得出的结论并不是完全一致的，而是存在一定的矛盾之处，其主要的原因是同胞关系对个体的心理和行为的发展还会受到同胞结构变量和家庭其他关系，以及同胞之间的互动方式等多种因素的影响。因此，尽管目前关于同胞关系的作用研究已经取得了较大的成果，但是同胞关系对个体的心理和行为发展的影响异常复杂，各种因素错综复杂，需要探讨的问题仍然很多。另外，同胞关系具有较强的文化差异性，但是关于同胞关系对心理健康和行为发展的影响是否存在文化差异却存在两种相反的理论观点。一种是文化价值模型（Cultural Values Model），认为文化或人种的差异导致同胞关系质量对个体的心理和行为的影响作用不同，也就是说亲密与冲突的同胞关系对个体的心理发展的影响模式并不相同，在某些文化下积极的同胞关系是一种保护性因素，而在另一些文化下却未必如此。另一种是文化等值模型（Cultural Equivalence Model），认为尽管不同文化下的同胞关系存在差异，但是同胞关系对于个体的影响在不同文化中却是相同的，即尽管不同文化下的同胞关系呈现出不同的特点，但是积极和消极的同胞关系对个体的心理发展的影响却是一样的。但是这两种观点孰优孰劣仍需要进一步的探索和分析。

第 五 章

我国同胞关系的研究进展

我国长期实行计划生育政策倡导一对夫妻生育一个孩子，因此过去国内的发展和教育研究者主要关注独生子女的身心发展特点，或者独生与非独生子女的比较，也有一些研究基于资源限制理论关注父母对不同性别儿童的投资偏好。但是对于非独生子女的同胞关系却鲜有探讨。随着"全面二孩"政策的实施，越来越多的家庭选择生育二孩，这一重要而又长期被忽略的家庭关系——同胞关系开始得到研究者们越来越多的关注。以"同胞关系"为关键词进行文献检索，发现从 2014 年开始，同胞关系的教育和心理研究逐渐增多，2017 年发表的相关文献超过 10 篇。国家也开始重视同胞关系的研究，如陈斌斌课题组得到了国家自然科学基金的支持，率先开始对同胞关系进行实证研究。而且，同胞关系具有较强的文化差异性，不同家庭观念下的同胞关系呈现出完全不同的特点。本书对近几年有关的同胞关系研究进行全面的文献检索和成果分析，发现我国的同胞关系的特点和作用具有一定的独特性，下面就我国对同胞关系的理论和实证研究两个方面的进展进行简要的介绍。

一 国内同胞关系的理论研究汇总

随着二孩政策的全面实施，我国研究者首先从文献综述和理论分析两方面对同胞关系进行了探讨。一是对同胞关系的特点和作用等的全面文献综述。赵凤青和俞国良（2017）认为，在我国全面二孩政策的背景下，兄弟姐妹的数量增加与儿童青少年的社会性发展水平之间并不是完全的正相关，而是受到同胞关系质量的影响；而且东西方的文化差异以及家庭观念的不同，使得不同文化背景下的同胞关系的特点及其作用并不相同。基于以上分析，作者首先介绍了同胞关系的概念和理论，然后梳理了积极和消极的同胞关系对儿童青少年的社会性发展的影响及其作用机制，最后对同胞关系的研究现状进行了思考，指出我国未来在同胞关系领域的研究进展①。陈斌斌等（2017）从二孩家庭中存在的同胞之间的矛盾入手进行分析，指出两个孩子之间的关系是什么形式、父母如何处理与两个孩子之间的关系，又会怎样影响孩子的发展等问题是文章主要关注的内容。这篇文章主要聚焦三大问题：同胞关系的表现形式、影响同胞关系的因素、同胞关系的作用机制。在回顾这些文献的时候，研究者发现目前尚未有对同胞关系的系统的理论阐述，也未对上述三大问题之间内在的逻辑关系进行梳理。因此文章研究者提出了一个整合的理论假设框架，描述了各种因素如何影响同胞关系，又通过哪些作用机制引发同胞关系对儿童心理发展的影响②。本书作者也基于我国全面二孩政策的背景，从同胞关系的维度、影响因素和对儿童青少年的心理和行为发展的影响三个方面对同胞关系进行了全面的文献总结，认为今后需加强对同胞关系的本土化研究和跨文化比较，并对消极同胞关系进行干预和改善③。

　　二是从某些独特视角对同胞关系进行理论阐释。同胞关系受到多种因素的影响，包括个体因素如人格特质、情绪因素、认知因素等；家庭因素如同胞构成、养育方式、家庭氛围、家庭收入等；还有人口因素如性别、年龄、出生间隔等；社会文化因素如社会环境、社会风俗等。在这些因素中，性别虽不是最重要但却是一个不容忽视的调节变量。性别因素影响父母的生育意愿和养育方式、个体的身心发展和社会化发展，以及同胞间的相互认知和互动方式，甚至通过社会文化影响个体的价值体系和日常行为。因此研究者主要关注性别差异对同胞关系的影响，介绍了性别差异与同胞支持和同胞冲突的关系，以及性别组合对同胞关系

---

① 赵凤青、俞国良：《同胞关系及其与儿童青少年社会性发展的关系》，《心理科学进展》2017 年第 5 期。

② 陈斌斌、赵语、韩雯等：《手足之情：同胞关系的类型、影响机制及对儿童心理发展的作用机制》，《心理科学进展》2017 年第 12 期。

③ 董颖红、陈迪、付美云：《同胞关系对儿童青少年心理和行为发展的影响》，《中国学校卫生》2018 年第 3 期。

的影响，以及相关的理论机制（吴杰、王云强、郭本禹，2017）①。二胎出生后父母的角色发生了重大的变化，某些家庭关系发生了重组，父母的养育特点对儿童青少年的社会性发展存在重大影响。因此，陈斌斌和施泽艺（2017）认为从一孩家庭过渡到二孩家庭的过程中，父母的角色发生了重大变化，在养育方面可能面临着各种新的困难和挑战，研究者就二胎家庭父母养育的表现形式、影响因素及作用机制进行论述。二胎家庭的父母养育的表现形式包括父母的差别对待、协调同胞关系等。二胎家庭的父母养育的影响因素包括父母养育第一胎的经验、婚姻质量、协同养育、儿童自身的特点等。二胎父母养育的作用机制包括父母差别对待造成的儿童心理发展问题，以及父母在协调同胞关系中的作用等。在综合已有研究的基础上，作者提出了一个"二胎家庭父母养育的过程机制"模型，揭示了二胎家庭情境下，各种因素是如何影响父母的养育模式，又通过哪些作用机制对两个孩子产生影响②。还有些研究者认为"全面二孩"政策的目标群体主要是年龄较大的育龄父母，这些大龄二孩家庭和其他二孩家庭存在一些明显差异，比如第二个孩子与父母之间的年龄差距较大，两个孩子之间的年龄间隔也较大。这些因素导致大龄二孩家庭的关系进一步复杂化，引发二孩家庭的亲子/同胞关系产生与以往模式不同的形式，对父母和第一个孩子不断调整与适应新的关系产生重要影响。因此该文研究者从家庭的微观视角入手，探讨在"全面二孩"政策的影响下，在现有的或将来可能出现的，由"单独夫妇"或"双独夫妇"及一对出生间隔较长的子女构成的大龄二孩家庭中，亲子社会化的内容以及亲子/同胞关系的调适机理③。另一些研究者关注学校领域之外的攻击行为——家庭情境中的攻击行为。在家庭情境中的攻击行为主要有亲子攻击和同胞攻击两种。研究者对同胞攻击的性别差异、年龄差异进行了文献总结，还探讨了父母教养方式、父母对同胞冲突的处理策略等家庭

---

①　吴杰、王云强、郭本禹：《同性相斥还是异性相吸》，《西北人口》2017 年第 4 期。

②　陈斌斌、施泽艺：《二胎家庭的父母养育》，《心理科学进展》2017 年第 7 期。

③　陆杰华、韦晓丹：《大龄二孩家庭亲子/同胞关系的调适机理》，《河北学刊》2017 年第 6 期。

因素对同胞之间的攻击行为的影响①。

二　国内同胞关系的实证研究汇总

　　我国对同胞关系的实证研究主要从以下几个方面开展。一是二胎出生后头胎的心理和行为改变。我国文化强调家庭主义的价值观，"长兄如父""毋伤一本之谊"的观念深入人心，但是长期施行的计划生育政策使人们已然接受一个家庭一个孩子的生育观念，并在养育孩子方面产生了重大的变化。头胎儿童在面对第二胎婴儿出生的过程中，会经历并建立同胞关系这样一个过渡阶段，家庭危机模型认为第二胎的出现会给头胎带来心理压力，导致儿童产生各种消极的心理和行为变化；而生态系统理论则把这个时期看作一个常规的发展阶段，而且认为并非所有的儿童都会出现问题。因此研究者通过对一般发展轨迹以及个体变化轨迹进行分析，全面检验不同理论假设的正确与否，开展了 3 项研究：研究 1 分析第二胎降临前后，头胎和二胎的生理和心理的变化轨迹；研究 2 分析调节头胎和二胎生理和心理变化的个人因素；研究 3 分析调节头胎和二胎的生理和心理变化的家庭层面因素。但是作者目前仍停留在研究设想阶段，具体的变化形式还需要进一步的实证检验才能确定（陈斌斌、王燕、梁霁、童连，2016）②。曾波（2017）以班级为单位，抽取拥有同胞且是家中头胎的儿童共 211 名作为调查对象，发现经济状况良好、父母关系和睦、家长主要采用说服教育方式的儿童具有更高的同胞亲密度；男性儿童的同胞竞争更多。而且同胞之间的竞争和冲突与个体的社交焦虑显著正相关，并根据相关研究结果提出了家庭应对的措施③。

　　二是对同胞关系的特点分析。研究者对只有一位同胞的儿童共 121 人进行问卷调查，发现同胞之间的亲密度略高于均值，同胞的相对地位、

　　①　邹荣、陈旭：《家庭情景中的儿童关系攻击行为研究述评》，《江苏教育学院学报》（社会科学）2012 年第 1 期。

　　②　陈斌斌、王燕、梁霁、童连：《二胎进行时：头胎儿童在向同胞关系过渡时的生理和心理变化及其影响因素》，《心理科学进展》2016 年第 24 期。

　　③　曾波：《"全面二胎"下同胞竞争效应及家庭教育应对的研究》，《中小学心理健康教育》2017 年第 7 期。

同胞之间的冲突和竞争略低于 5 点计分的中点，而且三个因素均不存在显著的年级差异。同胞相对地位、同胞冲突和竞争两个因素不存在显著的性别差异，而同胞的亲密度存在显著的性别差异。父母的教养方式与父亲的陪伴程度对同胞关系产生了显著的影响①。还有研究者关注不同年龄段的青少年同胞关系的变化特点，了解年龄差异对同胞关系的影响。研究者随机抽取了某小学四至六年级、某中学一至三年级及某高中一年级，各两个班级的拥有同胞的学生进行问卷调查，发现：（1）三个年龄分组在同胞关系的竞争维度上的差别有统计学意义，高中组得分最高，小学组最低，初中组得分居中（F = 7.37，P < 0.01）；（2）同胞出生顺序（即在家庭所有的同胞中自己是大的还是小的）在同胞关系的亲密维度上的差别有统计学意义，年幼组在同胞亲密维度上的得分明显高于年长组（t = − 2.13，P < 0.05）。也就是说，年龄越大的孩子在同胞竞争方面的矛盾越凸显，越在意父母对自己的关注度；作为弟弟或妹妹的年幼组，对同胞手足的亲密感则要超过年长组，更喜欢与自己的哥哥或姐姐亲密相处②。

三是对同胞关系对个体的心理和行为发展的影响研究。研究者对 117 名女生进行问卷调查，探讨不同的同胞关系质量的女孩在心理发展的五个方面所具有的差异，发现姐妹关系中，作为姐姐的本人与其同胞的他人信任度有显著的负相关；姐妹关系中，作为妹妹的本人与其同胞的自尊水平和人际安全感皆存在显著的正相关；姐弟关系中，姐姐与弟弟的独立性呈显著的正相关；兄妹关系中，妹妹与哥哥在安全感的两个因子上呈现显著正相关。对五个女生组五个心理因素的差异性分析显示，在姐妹关系中，姐姐组和妹妹组在自尊水平、他人信任度、人际安全感三个心理特征上有显著差异；姐妹关系中的姐姐组和兄妹关系中的妹妹组的自尊水平有显著差异；姐妹关系中的姐姐组和独生女组的自尊水平也存在显著性差异；姐妹关系中的妹妹组与姐弟关系中的姐姐组的自尊水

---

① 庄妍：《"二孩"家庭儿童同胞关系调查》，《中国校医》2017 年第 10 期。
② 张晓娟、芦珊、刘松涛等：《不同年龄段青少年同胞关系的调查》，《中国健康心理学杂志》2018 年第 2 期。

平存在显著差异①。本书作者探讨了同胞关系对大学新生适应和孤独感的影响，采用问卷调查法对 215 名仅有一名同胞的大学新生的同胞关系质量、适应状况和孤独感进行研究，发现性别相同的同胞关系更亲密，年龄差距越小的同胞之间的冲突越多。同胞的亲密关系比冲突关系更能预测大学新生的适应水平和孤独感，而被试的性别、同胞之间的性别组合、年龄差距和出生顺序能显著调节同胞亲密关系与新生适应水平和孤独感之间的关系②。当然同胞关系还具有一定的长期效应，研究者采用问卷调查法对 370 名 18—25 岁的非独生成年人进行测查，探讨成年初期的人际关系、生活满意度和自尊与童年期的同胞关系质量的关系。研究结果显示，童年期的同胞关系对成年初期的人际关系和生活满意度有着显著的影响，自尊在同胞关系的影响作用中扮演着重要的中介角色③。

四是对同胞关系的一些综合性研究，目前主要有三篇硕士论文对不同年龄段的同胞关系的特点和作用进行了探讨。首先是四川医科大学的硕士研究生对儿童的同胞关系的研究。研究者对头胎和二胎的同胞关系进行了比较，发现个体是头胎时，女性比男性的同胞亲密度更高，城市儿童的得分显著高于农村，家庭经济好的儿童的得分高于家庭条件一般和较差的儿童；而父母之间的关系不和睦时，更容易造成同胞之间的冲突关系。当个体是二胎时，父母关系和睦的儿童亲密度较高。由此可见，头胎和二胎的同胞关系受到性别、父母教养方式等多种因素的影响，而且对个体的抑郁和社交焦虑有显著的影响，但是对于头胎和二胎的作用有所不同④。其次，鲁东大学硕士研究生对高中生的同胞关系进行了探讨，并对其影响个体孤独感的作用进行了分析，发现高中生的同胞关系在亲密维度上存在性别和家庭所在地的交互作用，表现为城市男生的同胞亲密度比农村男生的同胞亲密度更高，而农村女生的同胞亲密度高于

① 付雨、张莉：《不同同胞关系对女孩心理发展的影响》，《内江师范学院学报》2015 年第 4 期。

② 董颖红：《同胞关系对大学新生适应的影响》，《心理技术与应用》2017 年第 7 期。

③ 尹霞云、寇天宇、黎志华：《童年期同胞关系对成年初期人际关系，生活满意度的影响研究》，《湖南科技大学学报》（社会科学版）2016 年第 19 期。

④ 张雪丽：《"单独二胎"新计生政策下儿童同胞关系及相关因素研究》，硕士学位论文，四川医科大学，2015 年。

城市女生的同胞亲密度。性别和年级对同胞冲突存在显著的交互作用，表现为高二男生比高一男生和高三男生更容易与同胞产生冲突，高一女生和高三女生比高二女生更容易与同胞产生冲突。同胞亲密、冲突、竞争和权利对比与孤独感之间存在显著的负相关，同性同伴关系与孤独感呈现显著的负相关，同性同伴关系与同胞之间的亲密、冲突和权利对比关系呈现显著的正相关关系。同性同伴关系与同胞之间的竞争关系的相关不显著。同胞关系的各个维度对个体的孤独感都有显著的负向预测作用，同性同伴关系在同胞亲密、冲突、竞争关系对孤独感的影响中存在部分中介作用，而同性同伴关系在同胞权利对比关系和个体的孤独感之间发挥完全的中介作用[1]。再者，鲁东大学的硕士研究生还对大学生的同胞关系进行了全面的分析。研究者采用成人同胞关系问卷对大学生的同胞关系和人际关系进行问卷调查，发现家庭中同胞的数量对同胞亲密度有显著的影响，有两个孩子的同胞亲密度最高；家中排行第一的孩子的同胞冲突高于其他排序的孩子；当同胞之间的年龄差在 3 岁以内时，同胞之间的冲突显著高于年龄差距大于 3 岁的个体；同胞性别组合对同胞关系存在显著的影响，姐妹组的同胞亲密度高于其他组合，同胞关系最差的为兄弟组。同胞关系还会影响个体的人际关系，同胞之间越亲密，个体的人际关系越好；相反，同胞之间的冲突越多，个体的人际关系也越差[2]。

综合来看，国内研究者从理论和实证两方面逐步展开了对同胞关系的系统研究，相关研究成果主要具有以下几个方面的特点：（1）理论研究为主。理论方面的研究既有对同胞关系的维度、影响因素和作用的全面文献综述，也有从性别差异和亲子关系等独特视角对同胞关系的理论分析，还有些研究关注二孩出生后头胎的心理和行为变化，以及对父母养育方式的挑战。（2）实证研究较为零散，缺乏系统性。目前的实证论文发表的刊物级别相对较低，主题涉及不同年龄段的同胞关系的特点比较，同胞关系对个体的心理健康和行为发展的作用等，而以同胞关系为

---

[1] 王文婷：《高中生同胞关系与孤独感的关系：同伴关系的中介作用》，硕士学位论文，鲁东大学，2014 年。

[2] 张杰：《大学生同胞关系及其对人际关系的影响》，硕士学位论文，鲁东大学，2016 年。

主题的硕士论文目前仅有三篇。（3）研究的对象主要为大学生，缺乏对儿童和青少年的探讨。同胞关系虽然是个体一生中持续时间最长的关系，但是对于儿童和青少年的心理和行为发展更为重要。（4）研究的对象主要是兄弟姐妹中的单个个体，缺乏对两个同胞的共同分析和比较研究。根据家庭中的单个同胞的出生顺序来探讨头胎和二胎的同胞关系的差异并进行比较，虽然也能在一定程度上揭示出生顺序对同胞关系的特点和作用的影响，但是对家庭中两个孩子的分析可能得出更为准确的结论[1]。（5）实证研究均采用横断设计，缺乏纵向研究。同胞关系随着个体的年龄发展而变化，如童年期的同胞关系存在较强的等级性，而青少年时期则更多是平等的[2]。而纵向研究在揭示同胞关系的年龄发展特点和持续作用方面更为有力。（6）目前的研究主要采用问卷调查的方法，让被试自陈与同胞的关系及其他心理和行为特征，但是自陈法可能存在社会赞许效应等影响结果准确性的问题。而且我国实行二孩政策的时间比较短，目前的同胞关系主要出现在年龄较小的婴幼儿和儿童中，对于这些被试采用问卷自陈法并不合适，必须由父母报告孩子的同胞关系，或者采用观察法才能得到更为准确的结论。

---

[1] McHale, S. M., Crouter, A. C., & Whiteman, S. D., "The family contexts of gender development in childhood and adolescence", *Social Development*, Vol. 12, 2003, pp. 125 – 148.

[2] Campione-Barr, N., "The changing nature of power, control, and influence in sibling relationships", *Journal of Theoretical Social Psychology*, Vol. 156, 2017, pp. 7 – 14.

第二编

我国同胞关系的特点及影响因素

第 六 章

我国同胞关系的发展现状及特点研究

一 问题提出

20 世纪 80 年代开始我国严格推行以独生子女为核心内容的计划生育政策。其间略有微调，如开放"双独二胎"（夫妻双方为独生子女，可以生育第二个孩子），及部分省份农村地区实施的"一孩半"政策（第一个孩子为女孩，可生育第二个孩子）等。事实上，从生命周期的角度来看，手足之情在重要性上恐怕仅次于亲子关系。在生命过程中靠后的日子里，当父母离去的时候，同胞成为除了子女之后唯一具有血缘关系的亲人，手足之情就成了我们最重要的依恋关系。二胎时代下，更多的非独生家庭的出现，逐渐多元的家庭结构，面临各种干扰的家庭关系，对同胞关系的研究就变得尤为重要。尽管如此，同胞关系一直以来在很大程度上都被家庭治疗文献和整个心理健康领域所忽视。除了阿德勒[①]（1959，1979）早期的个体心理学中有相关的论述，以及之后 Walter Toman 的《家庭星座》[②] 中对同胞关系有所提及之外，很多年以来在心理学文献中

[①] 阿尔弗雷德·阿德勒（1870—1937），奥地利精神病学家。人本主义心理学先驱，个体心理学的创始人，著有《自卑与超越》《人性的研究》《个体心理学的理论与实践》《自卑与生活》等。

[②] "家庭星座"，就是将家庭中的每一个成员所构成的家庭结构比喻成如银河系的星座，每一个家庭看成一个特殊的星座，不同于其他的家庭星座。而每个星座里的每一颗星就是家庭中的成员，有的明亮，有的暗淡；星与星之间有的亲密，有的疏离，彼此之间有着特定的相对关系，呈现不同的排列位置而构成家庭独特的组织或结构。每个家庭都有其特殊的排列情形，在成员之间的互动影响和责任交替中，每个成员都会展现不同的人格特质，而且每个成员的人格特质，又或多或少地影响着整个家庭形态及其他成员的人格特质。

都几乎见不到对同胞关系的关注，国内对同胞关系的研究更是少之又少。不管是在二胎政策的大环境下，还是在同胞关系对于家庭的重要意义上，对同胞关系的研究都要引起我们的关注。

同胞关系具有显著的文化差异性。西方社会中同胞关系更多的是爱一恨，关系紧张，反映了西方社会对于竞争和个体主义的强调。而在集体主义文化中，同胞关系更多的是自我验证的，相互有责任和义务的，并持续一生。我国属于典型的集体主义文化，但是长期的计划生育政策使得我国的生育现实发生了一些重大变化，因此我国目前的同胞关系具有一些独特的特点，呈现出较强的复杂性和矛盾性。

第一，传统文化和现实状况的冲突使得同胞关系呈现出较强的矛盾性特点。我国属于典型的集体主义文化，历来重视家庭和谐和成员帮扶，如《诗经》中的"兄弟既翕，和乐且湛"，《史记·五帝本纪》中的"兄友弟恭"等。实证研究发现，我国大学生的同胞关系质量较高，其中姐妹之间的同胞亲密度最高，兄弟间的同胞冲突最多；年龄差距较小的同胞冲突最高[1]。张雪丽（2015）对单独二孩家庭中的两个同胞进行比较研究，发现出生顺序对同胞关系质量不存在显著影响[2]。然而30多年的计划生育使得父母和孩子已然接受了独生子女的生活和行为方式，头胎因担心二胎分享父母的关爱而对生育二胎的抵制，或者对二胎的欺负行为不时见于报端[3]。第二，性别组合对同胞关系的影响存在矛盾性。我国"重男轻女"的传统思想比较严重，当家庭资源有限时，受重男轻女文化和经济动机的影响，父母对儿子的偏爱使得家庭内部资源分配出现了不平等，这种不公平和区别对待必然会对同胞关系质量产生影响[4]。因此"兄妹、姐弟"等跨性别的同胞关系组合可能会有着更差的同胞关系体验。但是另一方面，父母更倾向于对性别相同年龄相近的同胞进行比较，

---

① 张杰：《大学生同胞关系及其对人际关系的影响》，硕士学位论文，鲁东大学，2016年。

② 张雪丽：《"单独二胎"新计生政策下儿童同胞关系及相关因素研究》，硕士学位论文，四川医科大学，2015年。

③ 陈斌斌、王燕、梁霁、童连：《二胎进行时：头胎儿童在向同胞关系过渡时的生理和心理变化及其影响因素》，《心理科学进展》2016年第24期。

④ 郑磊：《同胞性别结构，家庭内部资源分配与教育获得》，《社会学研究》2013年第66期。

为了区分彼此或突出个体独特性，同胞之间可能采用去同一性的方式进行互动，如追求不同的目标，看重不同的成绩或荣誉，而增加了同胞疏离的可能[1]；而且父母的这种教养方式也会增加同胞竞争的风险[2]。第三，同胞关系的年龄发展特点也具有矛盾性。一方面，我国家庭中父母与孩子之间很难进行完全平等的交流与互动，因此随着孩子年龄的增长，同胞可能取代父母成为青少年获得信息和建议的主要来源。另一方面，儿童中晚期之后，个体逐渐将兴趣点转移到同伴关系中，同胞之间的互动减少。另外我国实行二孩政策的时间较短，同胞关系更可能出现在大龄父母家庭中，二胎与父母的年龄差距以及两个孩子之间的年龄差距均较大。这些独特性使得我国的同胞关系呈现出异常复杂的特点，因此开展本土化的同胞关系研究十分必要。

二　研究方法

（一）研究对象

本研究选取了 500 个非独生子女作为被试，参加此次的问卷调查，收回有效问卷 401 份，有效回收率为 80.2%。

（二）研究工具

本研究选用 Furman 和 Buhrmester 的同胞关系问卷，该问卷共有 48 道题，包括亲密、冲突、竞争、权利对比四个维度，问卷采用 Likert 5 级计分。本研究首先对同胞关系问卷进行了修订和信效度检验。401 名被试参加了此次问卷调查。

首先采用巴特利特球形检验判断数据是否适合进行因子分析。巴特利特球形检验是一种检验各个变量之间相关性程度的检验方法。一般在做因子分析之前都要进行巴特利特球形检验，用于判断变量是否适合用

---

① Whiteman, S. D., Jensen, A. C., Mustillo, S. A., Maggs, J. L., "Understanding sibling influence on adolescents' alcohol use: Social and cognitive pathways", *Addictive Behaviors*, Vol. 53, 2016, pp. 1–6.

② 陈斌斌、施泽艺：《二胎家庭的父母养育》，《心理科学进展》2017 年第 7 期。

于做因子分析。巴特利特球形检验是以变量的相关系数矩阵为出发点的。它的零假设为相关系数矩阵是一个单位阵，即相关系数矩阵对角线上的所有元素都是1，所有非对角线上的元素都为零。巴特利特球形检验的统计量是根据相关系数矩阵的行列式得到的。如果该值较大，且其对应的相伴概率值小于用户心中的显著性水平，那么应该拒绝零假设，认为相关系数不可能是单位阵，即原始变量之间存在相关性，适合于作因子分析。相反不适合作因子分析。本研究中巴特利特卡方值为9972.98，df = 1176，p < 0.000，因此应该拒绝原假设，认为原始变量之间存在相关性，适合做因子分析。

表6—1 同胞关系问卷因子分析解释率

因子	特征值	解释率（%）	累加解释率（%）
1	14.54	23.91	23.91
2	6.49	10.67	34.58
3	3.45	5.68	40.26
4	3.04	5.00	45.26

其次，采用固定因子数量的方法进行因子分析，因子数量为4，本研究中4个因子对总数据的解释情况见表6—1和图6—1。从表6—1中可以看出，4个因子的特征值都大于1，总共能够解释原始变量的45.26%的变异，根据图6—1的碎石图结果也表明抽取4个因子是比较合适的。

再者，本研究中同胞亲密关系的项目共有21个，如"你和你的兄弟姐妹为彼此做好事"；同胞冲突有6道题，如"你和你的兄弟姐妹吵架"；同胞竞争有9道题，反映了同胞之间对父母关爱的争夺，如"和你的兄弟姐妹相比，爸爸更关心你"；同胞权利对比有12道题，是对同胞之间控制与被控制关系的反映，如"你的兄弟姐妹经常教你"。每个维度中所有项目的得分之和求平均即为同胞关系各维度的得分。对同胞关系问卷的各个维度进行了信度检验，采用克伦巴赫 α 系数表示各维度的内部一致性信度。本研究中，各个维度的内部一致性系数为：亲密度是0.918，冲突是0.813，竞争是0.790，权利对比是0.764。本次研究还重点研究了同胞权利对比，分为四个方面，包括尊敬兄弟姐妹、被兄弟姐妹尊敬、

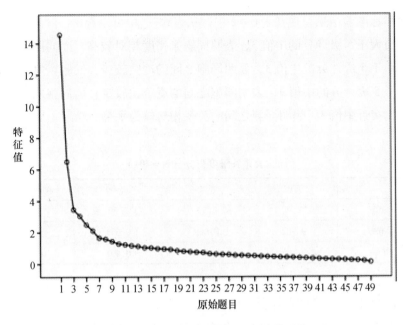

图6—1　同胞关系问卷因子分析碎石图

控制兄弟姐妹、被兄弟姐妹控制。尊敬兄弟姐妹，包括第 14 题、第 31 题、第 47 题。被兄弟姐妹尊敬，包括第 15 题、第 32 题、第 48 题。控制兄弟姐妹包括第 5 题、第 21 题、第 38 题。被兄弟姐妹控制的包括第 6 题、第 22 题、第 39 题。具体问卷见附录 1。

（三）研究程序和数据分析

本研究采用方便原则对被试进行分群集体施测，每次施测的时间不超过 20 分钟。问卷发放前给被试详细解释问卷的施测目的以及答题方式，问卷答完后向被试表示感谢。将数据录入 SPSS19.0 统计软件，采用描述性和差异性统计分析对数据进行分析和整理。

三　研究结果

（一）同胞关系的总体特点

本研究首先对同胞关系的各维度进行了描述性统计分析，各维度的均数和标准差结果呈现在表 6—2 中。从表 6—2 中可以看出，同胞亲密度的均值大于 5 级计分的中值 3，表明同胞亲密度相对较高；而同胞冲突的均值小于 5 级计分的中值 3，表明同胞之间的冲突较少；同胞竞争的均值也小于 5 级计分的中值 3，表明同胞之间的竞争比较少；而同胞之间的权利对比接近中值 3，表明同胞之间的关系相对较为平等。

表 6—2　　　　　　　　同胞关系各维度得分（N = 401）

	亲密	冲突	竞争	权利对比
均值	3.39	1.71	2.29	2.95
标准差	0.702	0.669	0.633	0.616
方差	0.493	0.447	0.401	0.380

（二）同胞亲密的影响因素分析

本研究接下来对同胞关系的各个维度的人口学差异进行了分析。表 6—3 中是被试性别、家庭所在地、文化程度、家庭经济水平、父母文化程度等因素对同胞亲密度的影响及其差异性检验。从表 6—3 中可以看出，被试性别、家庭所在地、个体的文化程度、家庭经济状况、父母文化程度及同胞类型对同胞亲密度均没有显著影响。

表 6—3　　　　　　　同胞亲密度的差异性检验结果

	性别	家庭所在地	文化程度	家庭经济状况	父亲文化程度	母亲文化程度	同胞类型
差异值	3.514	0.278	1.17	1.707	0.261	0.276	0.800
显著值	0.062	0.758	0.324	0.148	0.903	0.894	0.495

（三）同胞冲突的影响因素分析

接下来分析被试性别、家庭所在地、被试文化程度、家庭经济状况、父母文化程度等因素对同胞冲突的影响及其差异，结果见表 6—4。从表 6—4 中可以看出，被试的性别和文化程度，以及母亲的文化程度和同胞类型（同胞类型分为哥哥、姐姐、弟弟或者妹妹四种）这 4 个变量对同胞冲突都有显著影响；而家庭所在地、家庭经济状况和父亲的文化程度对于同胞冲突没有显著作用。男性比女性有更多的同胞冲突。

表6—4 同胞冲突维度的差异检验性结果

	性别	家庭所在地	文化程度	家庭经济状况	父亲文化程度	母亲文化程度	同胞类型
差异值	5.699	0.500	4.703	0.912	1.703	2.683	2.931
显著值	0.017*	0.607	0.001**	0.457	0.148	0.031*	0.033*

注：$p* < 0.05$；$**p < 0.01$。

鉴于被试的文化程度和同胞类型都有多余2个水平，因此需要进行事后多重比较。由表6—5可知，被试文化程度的主效应在同胞冲突维度上显著（$F = 4.703$，$P = 0.001$）。被试文化程度有小学、初中、高中、大中专、本科及以上五个水平，事后多重比较结果显示，小学与初中的得分差异显著（$P = 0.004$），表现为初中的得分高于小学的得分。小学与大中专的得分差异显著（$P = 0.005$），表现为大中专的得分高于小学的得分。小学与本科及以上学历的得分差异显著（$P = 0.000$），表现为本科及以上学历的得分高于小学的得分。初中与本科及以上学历的得分差异显著（$P = 0.047$），表现为本科及以上学历的高于初中的得分。也就是说，个体文化程度在初中及以下时，个体与同胞之间的冲突关系更多；而当个体文化程度在高中及以上时，同胞亲密度较高。

表6—5 被试文化程度在同胞冲突上的多重比较结果

		平均值的差	F	P
小学	初中	−2.62	0.091	0.004**
	高中	−0.426	0.244	0.081
	大中专	−0.389	0.139	0.005**
	本科及以上	−0.447	0.110	0.000**
初中	小学	0.262	0.091	0.004**
	高中	−0.164	0.236	0.488
	大中专	−0.127	0.126	0.313
	本科及以上	−0.185	0.093	0.047*

续表

		平均值的差	F	P
高中	小学	0.426	0.244	0.081
	初中	0.164	0.236	0.488
	大中专	0.037	0.258	0.886
	本科及以上	-0.021	0.244	0.933
大中专	小学	0.389	0.139	0.005 **
	初中	0.127	0.126	0.313
	高中	-0.037	0.258	0.886
	本科及以上	-0.058	0.140	0.680
本科及以上	小学	0.447 *	0.110	0.000 ***
	初中	0.185	0.093	0.047 *
	高中	0.021	0.244	0.993
	大中专	0.058	0.140	0.680

注：p * < 0.05；** p < 0.01；*** p < 0.001。

同胞类型在同胞冲突维度上的主效应显著（F = 2.931，P = 0.033）。同胞类型有哥哥、姐姐、弟弟、妹妹四个水平，事后多重比较结果见表6—6。从表中可以看出，哥哥与姐姐的得分差异显著（P = 0.014），表现为哥哥的得分小于姐姐的得分；哥哥与弟弟的得分差异显著（P = 0.007），表现为弟弟的得分高于哥哥的得分；哥哥与妹妹的得分差异显著（P = 0.004），表现为妹妹的得分高于哥哥的得分。也就是说，当个体的同胞为哥哥时，更不容易与其建立起冲突的同胞关系。

表6—6　　　　　　　**同胞类型在同胞冲突上的多重比较结果**

		平均值的差	F	P
哥哥	姐姐	-0.332	0.135	0.014 *
	弟弟	-0.369	0.137	0.007 **
	妹妹	-0.391	0.136	0.004 **
姐姐	哥哥	0.332	0.135	0.014 **
	弟弟	-0.038	0.089	0.672
	妹妹	-0.059	0.088	0.505

续表

		平均值的差	F	P
弟弟	哥哥	0.369	0.137	0.007 **
	姐姐	0.038	0.089	0.672
	妹妹	-0.021	0.092	0.817
妹妹	哥哥	0.391	0.136	0.004 **
	姐姐	0.059	0.088	0.505
	弟弟	0.021	0.092	0.817

注：p * < 0.05；** p < 0.01；*** p < 0.001。

（四）同胞竞争的影响因素分析

接着分析个体的性别、家庭所在地、被试的文化程度、家庭经济状况、父母文化程度、同胞类型等因素对同胞竞争的影响及其差异，结果见表6—7。从表中可以看出，除了母亲的文化程度外，其余各个因素对于同胞竞争维度都没有显著性影响。

表6—7　　　　　　　同胞竞争维度的差异性检验结果

	性别	家庭所在地	文化程度	家庭经济状况	父亲文化程度	母亲文化程度	同胞类型
差异值	0.923	0.942	0.353	1.378	1.464	3.946	0.735
显著值	0.337	0.391	0.842	0.241	0.212	0.004 **	0.532

注：p * < 0.05；** p < 0.01。

（五）同胞权利对比的影响因素分析

接下来分析被试的性别、家庭所在地、个体的文化程度、家庭经济状况、父母文化程度和同胞类型等因素在同胞权利对比维度上的影响及其差异性，结果见表6—8。从表6—8中可以看出，个体的性别、家庭所在地、被试的文化程度、家庭经济状况、父母的文化程度及同胞类型对于同胞权利对比维度均不存在显著性影响。

表6—8   同胞权利对比维度的差异性检验结果

	性别	家庭所在地	文化程度	家庭经济状况	父亲文化程度	母亲文化程度	同胞类型
差异值	3.738	1.445	1.448	0.892	0.449	0.261	1.562
显著值	0.054	0.273	0.217	0.469	0.989	0.903	0.198

(六) 同胞关系各维度的关系

由表6—9可知，同胞亲密和同胞冲突存在显著的负相关关系，同胞之间的亲密度越高，同胞之间发生冲突的可能性越低。同胞亲密与同胞竞争存在显著的正相关，同胞亲密度越高，同胞竞争度也就越高。同胞亲密与同胞权利对比有显著正相关，同胞亲密度越高，同胞权利对比也越高。同胞冲突与同胞竞争之间存在显著的正相关关系，同胞冲突越高，同胞竞争程度越高。同胞竞争与同胞权利对比之间也呈显著的正相关关系，同胞竞争程度越高，同胞权利对比越大。但是对相关系数的进一步分析可以发现，同胞冲突与同胞竞争的正相关系数显著大于同胞亲密与同胞竞争的正相关关系。因此，可以认为同胞冲突与同胞竞争才是显著正相关关系。

表6—9   同胞关系各维度的相关关系

	亲密	冲突	竞争	权利对比
亲密	1	− 0.114 *	0.166 *	0.748 **
冲突	− 0.114 *	1	0.325 **	0.092
竞争	0.166 **	0.325 **	1	0.297 **
权利对比	0.748 **	0.092	0.297 **	1

注：$p * < 0.05$；$** p < 0.01$。

(七) 同胞性别、长幼及年龄差距对同胞关系的影响

在本研究中，同胞性别组合分为三种情况，第一种情况是两个孩子同是男孩，第二种情况是两个孩子都是女孩，第三种情况是两个孩子一个男孩一个女孩。而长幼顺序则是指对被试来说，同胞属于哥哥姐姐（长）还是弟弟妹妹（幼）。同胞性别及长幼顺序对同胞关系的影响结果见表6—10，从表中可以看出，同胞性别组合对于同胞冲突有显著影响，进一步的多重

检验发现，同是男孩的两个孩子之间的冲突最多，同是女孩的两个孩子之间的冲突居中，而一个男孩一个女孩的两个孩子之间的冲突最少（P＜0.05）。同胞长幼顺序对于同胞权利对比维度中的尊重、控制和被控制有显著影响（P＜0.01），而对同胞亲密、冲突、竞争和权利对比维度没有显著性影响。

同胞性别组合和同胞长幼顺序关系对于同胞亲密和同胞尊重存在显著交互作用（$p < 0.05$）。从图6—2中可以看出，当同胞的性别相同时，即都是男孩或女孩时，被试对哥哥姐姐的亲密度大于对弟弟妹妹的；当同胞的性别不同时，被试对弟弟妹妹的亲密度反而比对哥哥姐姐的更高。从图6—3中可以看出，当同胞的性别相同时，被试更尊重自己的哥哥姐姐；当同胞的性别不同时，对弟弟妹妹或者哥哥姐姐的尊重程度相似。

表6—10　　　　　　　同胞性别、长幼顺序对同胞关系的影响

来源		平方和	自由度	均方	F	P
同胞性别组合	亲密	1.201	2	0.601	1.310	0.271
	冲突	5.139	2	2.569	5.306	0.005 **
	竞争	1.359	2	0.679	1.501	0.224
	尊重	0.313	2	0.156	0.182	0.834
	被尊重	0.286	2	0.143	0.169	0.845
	控制	1.166	2	0.583	0.977	0.377
	被控制	2.054	2	1.027	1.818	0.164
	权利对比	0.374	2	0.187	0.500	0.607
长幼关系	亲密	0.744	1	0.744	1.622	0.204
	冲突	1.374	1	1.374	2.838	0.093
	竞争	0.002	1	0.002	0.005	0.945
	尊重	9.664	1	9.664	11.251	0.001 **
	被尊重	0.451	1	0.451	0.532	0.466
	控制	26.214	1	26.214	49.914	0.000 **
	被控制	10.810	1	10.810	19.139	0.000 **
	权利对比	0.023	1	0.023	0.061	0.805
同胞性别 * 长幼关系	亲密	2.843	2	1.421	3.100	0.046 *
	冲突	2.001	2	1.001	2.006	0.128
	竞争	0.447	2	0.223	0.494	0.611
	尊重	5.207	2	2.604	3.031	0.049 *
	被尊重	3.177	2	1.589	1.875	0.155
	控制	1.702	2	0.851	1.426	0.242
	被控制	0.968	2	0.484	0.857	0.425
	权利对比	0.732	2	0.366	0.978	0.377

注：p＊＜0.05；＊＊p＜0.01。

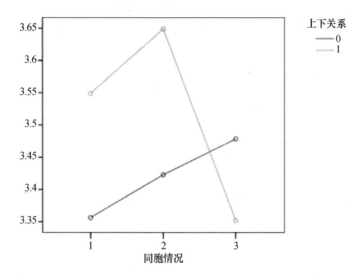

图6—2 同胞性别组合和出生顺序在同胞亲密维度上的交互作用

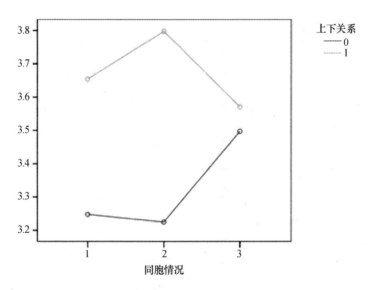

图6—3 同胞性别组合和出生顺序在同胞尊重方面的交互作用

四　分析与讨论

本研究分别从同胞亲密、同胞冲突、同胞竞争和同胞权利对比四个维度来考察青少年时期个体的同胞关系。同胞亲密是个体感觉自己与同胞之间的亲密程度，同胞冲突是通过个体与同胞之间的争吵或吵架的程度来考察同胞关系的质量，同胞竞争是个体在"父母更关心谁"的问题上与同胞之间的比较的心理反应，同胞权利对比包括尊敬兄弟姐妹、被兄弟姐妹尊敬、控制兄弟姐妹、被兄弟姐妹控制四个不同的方面。

本研究发现被试性别、文化程度、家庭经济状况、父母文化程度和同胞类型对于同胞亲密和权利对比两个维度都不存在显著性影响。但是在同胞冲突和竞争关系方面母亲的文化程度存在较大的影响。父母的区别对待是指父母在情感或物质投入或者家庭管教方面更多地偏向某个孩子的养育方式①。社会比较理论认为个体通过与他人尤其是接近或相似他人的比较进行自我评价②。在多子女家庭中，父母对待孩子的方式总是存在着一定的差异，没有两个孩子会经历完全一样的教养环境③。因此同胞是孩子主要比较的对象，父母的区别对待使得同胞之间不断地进行比较而影响同胞关系，即使在控制了亲子关系之后这种效应依然显著④。父母的差别对待是父母与子女关系最重要的体现，父母的差别对待越严重，

---

① Jensen, A. C., & Whiteman, S. D., "Parents' differential treatment and adolescents' delinquent behaviors: Direct and indirect effects of difference score and perception based measures", *Journal of Family Psychology*, Vol. 28, 2014, pp. 549 – 559.

② Festinger, L., "A theory of social comparison processes", *Human Relations*, Vol. 7, 1954, pp. 117 – 140.

③ Jeannin, R., & van Leeuwen, K., "Associations between direct and indirect perceptions of parental differential treatment and child socio – emotional adaptation", *Journal of Child and Family Studies*, Vol. 24, 2015, pp. 1838 – 1855.

④ McHale, S. M., Updegraff, K. A., Tucker, C. J., & Crouter, A. C., "Step in or stay out? Parents' roles in adolescent siblings' relationships", *Journal of Marriage & Family*, Vol. 62, 2000, pp. 746 – 760.

同胞之间产生冲突关系的可能性越大①。母亲的文化程度在很大程度上会影响母亲对待孩子的方式，当然也包括对同胞的区别对待。如果母亲文化程度较高，母亲更不容易产生男女有别的对待偏差，因而母亲文化程度越高，同胞之间产生竞争和冲突的可能性越小。

另外，个体的性别、文化程度以及同胞类型对于同胞冲突也存在显著影响。研究发现当个体的文化程度在初中以下时，同胞冲突更多，而个体的文化程度为高中以上时，同胞冲突较少。这可能不是由于文化差异导致的，而是与个体所处的年龄阶段有显著关系。个体的文化程度反映了他们的年龄大小。同胞关系会随着年龄增长而变化②。一方面，从儿童到青少年期，同胞关系表现出一定的稳定性。基于对 40 个二胎家庭中同胞关系的追踪研究，年长和年幼同胞的积极和消极互动具有较强的一致性③。另一方面，随着年龄的增长，同胞参与的程度和作用强度都有所下降。比如在儿童早期年长同胞会给予年幼同胞较多的情感支持，但是在中晚期之后，儿童逐渐将兴趣点转移到同伴关系中，同胞之间的互动逐渐较少；随着青春期的到来，同胞之间的关系成为平等的交流关系。纵向研究发现从儿童中期到青少年早期，同胞亲密度有所下降，然而青少年时期对同伴关系的重视及兴趣转移使得同胞冲突有所下降，随后同胞关系逐渐趋于稳定④。

同胞性别组合分为三种情况，第一种情况是同是男孩，第二种情况是同是女孩，第三种情况是一男一女。而长幼顺序则是指对被试来说，同胞属于哥哥姐姐（长）还是弟弟妹妹（幼）。国外的研究发现相同性别

① Jensen, A. C. , & Whiteman, S. D. , "Parents' differential treatment and adolescents' delinquent behaviors: Direct and indirect effects of difference score and perception based measures", Journal of Family Psychology, Vol. 28, 2014, pp. 549 – 559.

② Sanders, R. , Sibling relationships: Theory and issues for practice, New York: Palgrave Macmillan, 2004, p. 30.

③ Dunn, J. , Slomkowski, C. , & Beardsall, L. , "Sibling relationships from the preschool prriod through middle childhood and early adolescence", Developmental Psychology, Vol. 30, 1994, pp. 315 – 324.

④ Noller, P. , "Sibling relationships in adolescence: learning and growing together", Personal Relationships, Vol. 12, 2005, pp. 1 – 22.

组合比不同性别组合的个体更容易获得同胞的情感支持①。这与 Buist（2010）的研究结果相似，同性别（尤其是姐妹之间）比异性别（兄妹或姐弟之间）的同胞关系更亲密②。Voorpostel 等（2007）以荷兰 7126 个同胞作为研究对象，发现在控制了父母关系、教育程度和同胞年龄等变量后，姐妹组合在家务活动和给予建议两个因素上显示出更紧密的联系③。关系最差的同胞关系常常出现在兄妹之间④。但是也有研究认为同性别的组合更容易产生社会比较，从而导致焦虑和抑郁⑤。对我国同胞性别组合的研究发现，同是男孩的两个孩子冲突最多，同是女孩的两个孩子冲突居中，而一个男孩一个女孩的两个孩子冲突最少。由此可见，在我国父母更经常地对性别相同的同胞之间进行比较，而同胞可能更愿意采用去同一性（Deidentification）的方式进行互动。去同一性指的是同胞之间有意或无意地发展不同的个性特点以突出个体独特性或区分彼此。去同一性使得同胞参与不同的活动，追求不同的目标，看重不同的成绩或荣誉，而且这种互动方式在年龄相近性别相同、低亲密高冲突的同胞之间更容易出现⑥。而较多的去同一性导致同胞产生冲突的可能性增大。

同胞长幼顺序对于同胞权利对比维度中的尊重、控制和被控制有显著影响。同胞性别和同胞长幼关系对于同胞亲密和同胞尊重存在显著的交互作用。当同胞的性别相同时，即都是男孩或女孩时，被试对哥哥姐姐的亲密度大于对弟弟妹妹的；当同胞的性别不同时，被试对弟弟妹妹

①　Eriksen, S., & Gerstel, N., "A labor of love or labor itself: Care work among adult brothers and sisters", *Journal of Family Issues*, Vol. 23, 2002, pp. 836 – 856.

②　Buist, K. L., "Sibling relationship quality and adolescent delinquency: a latent growth curve approach", *Journal of Family Psychology*, Vol. 24, 2010, pp. 400 – 410.

③　Voorpostel, M., van der Lippe, T., & Dykstra, P., "Similar or different? The importance of similarities and differences for support between siblings", *Journal of Family Issues*, Vol. 28, 2007, pp. 1026 – 1053.

④　Aguilar, B., O'Brien, K. M., August, G. J., Aoun, S. L., & Hektner, J. M., "Relationship quality of aggressive children and their siblings: A multiinformant, multimeasure investigation", *Journal of Abnormal Child Psychology*, Vol. 29, 2001, pp. 479 – 489.

⑤　Buist, K. L., Deković, M., & Prinzie, P., "Sibling relationship quality and psychopathology of children and adolescents: a meta-analysis", *Clinical Psychology Review*, Vol. 33, 2013, pp. 97 – 106.

⑥　Whiteman, S. D., & Christiansen, A., "Processes of sibling influence in adolescence: Individual and family correlates", *Family Relations*, Vol. 57, 2008, pp. 24 – 34.

的亲密度反而比对哥哥姐姐的高。当同胞的性别相同时，被试更尊重自己的哥哥姐姐；当同胞的性别不同时，对弟弟妹妹或者哥哥姐姐的尊重程度相似。

本研究发现同胞亲密和同胞冲突有显著的负相关，同胞亲密度越高，同胞冲突越低。同胞亲密与同胞竞争有显著的正相关，同胞亲密度越高，同胞竞争越高。同胞亲密与同胞权利对比有显著的正相关，同胞亲密度越高，同胞权利对比越高。同胞冲突与同胞竞争之间有显著的正相关，同胞冲突越高，同胞竞争越高。同胞竞争与同胞权利对比之间有显著的正相关，同胞竞争越高，同胞权利对比越高。这可能与同胞权利对比中包括控制与被控制这种消极的互动关系，又含有尊敬与被尊敬这种积极的关系成分有关。因而导致同胞亲密、同胞冲突与同胞权力对比都是显著的正相关。另外，虽然同胞亲密和同胞冲突与同胞竞争都是显著正相关，但是同胞冲突与同胞竞争的相关系数显著大于同胞亲密与同胞竞争的相关系数，因而即使是显著的正相关，也可能是由于样本量较大而导致的，并非二者真实存在显著性相关关系。结合相关系数进行分析，可以认为同胞冲突与同胞竞争维度之间是显著正相关关系，这与相关的研究结果是一致的。

五　结论与建议

（一）结论

本研究采用儿童青少年同胞关系问卷对401名非独生子女的同胞关系状况及其影响因素进行了全面的调查和分析，得出以下结论：被试的性别、文化程度、母亲的文化程度以及同胞类型对于同胞冲突有显著影响。同胞性别类型对于同胞冲突有显著影响，进一步的多重检验发现，同是男孩的两个孩子之间的冲突更多，同是女孩的两个孩子之间的冲突居中，而一个男孩一个女孩的两个孩子之间的冲突最少；同胞长幼顺序对于同胞权利对比维度中的尊重、控制和被控制有显著影响。同胞性别组合和同胞长幼顺序对于同胞亲密和同胞尊重存在显著的交互作用。当同胞的性别相同时，即都是男孩或女孩时，被试对哥哥姐姐的亲密度大于对弟弟妹妹的；当同胞的性别不同时，被试对弟弟妹妹的亲密度反而比对哥哥姐姐的高。当同胞的性别相同时，被试更尊重自己的哥哥姐姐，当同胞的性别不同时，被试对弟弟妹妹或者哥哥姐姐的尊重程度相似。个体的文化程度主效应在同胞冲突维度上差异显著。具有本科以上学历的个体在同胞冲突维度上的得分最高。同胞性别类型的主效应在同胞冲突维度上显著。同胞是妹妹的在同胞冲突维度上得分最高，同胞是弟弟的在同胞冲突维度上得分最低；同胞亲密和同胞冲突有显著负相关，同胞亲密度越高，同胞冲突度越低。同胞亲密与同胞权利对比有显著的正相关，同胞亲密度越高，同胞权利对比程度越高。同胞冲突与同胞竞争之间有显著的正相关，同胞冲突越多，同胞竞争程度越高。同胞竞争与同胞权利对比之间有显著的正相关，同胞竞争越高，同胞权利对比度越高。

（二）建议

首先，本研究对我国的同胞关系特点进行了比较全面的分析，其中一些研究结论与国外的相关研究成果一致，也存在一些矛盾的地方，这可能与同胞关系具有较强的文化差异性有关。我国的现实发展状况和传统生育文化和家庭观念之间存在较大的矛盾，因此对同胞关系的本土化研究十分必要。

其次，在我们大多数人的生命中，同胞关系都是延续时间最长的关系。随着二孩政策的全面实施，许多父母开始迎来第二个宝贝。家庭成员的增多势必会使得家庭结构更为复杂化，同胞关系是家庭关系中重要的一部分，对个体的发展和家庭的和谐都有着重要的影响。所以本研究认为通过改变一些因素是可以使得同胞关系中的亲密度增加的，而且能够有效减少同胞之间的冲突和敌意，同胞之间良性的竞争也能使得同胞共同进步。目前许多父母在生育二胎时，往往比较关心何时生，两个孩子之间的年龄差距多大比较合适等问题。除了父母的年龄、家庭经济状况等因素外，兄弟姐妹之间的互相扶持和照顾，同胞之间的相互照应也往往是父母考虑生育二胎的重要的主观因素，而这些因素本质上就是对同胞关系的探讨。因此本研究对可能影响同胞关系的结构性因素，如个体性别、文化程度、父母文化程度和家庭经济水平等因素的全面考察，是对同胞关系的一次较为全面的研究，为父母的主观生育意愿提供了比较科学的证据。可以说本研究为父母的生育决策提供了一些比较初步的理论和实证支持，是以经验考虑同胞关系之外的一项实证研究证据。

（三）不足

当然，本研究还存在一些不足和问题：第一，因为时间、人力、物力等方面的限制，本次研究中选取的被试数量比较少，而且来自相同的地方，很难将此次结论推广到较大的总体中。因此，今后的研究可以增加被试的数量，提高样本的代表性，使得结果更加具有代表性意义。第二，此次被试在性别和家庭所在地的比例上不协调，男性被试相对来说较少，城市居住的被试比例较少，这可能与我国长期实行的计划生育政策有关，国家对农村的计划生育限制相对宽松，许多农村家庭允许生育二胎，而城市则限制较多，独生子女家庭较多，这也使得分析不够具有代表性。第三，同胞关系具有很强的年龄发展特点，随着个体年龄的增长同胞关系具有完全不同的特点。但是本研究中将年龄差距较大的同胞整合在一起进行分析，这也可能是相关结论不一致的重要原因。因此在今后的研究中，应充分考虑研究对象的年龄，进行分层次分析或者采用横断研究探讨同胞关系随年龄增长而表现出的变化特点。最后，本研究采用的是问卷调查法，被试在回答问题时，可能存在较强的社会赞许效应，如被试可能夸大与同胞的积极关系，而忽视了彼此之间的消极关系；而且问卷调查法受被试主观情绪等因素的影响较大，如被试可能更容易回忆起与同胞亲密或冲突的经历，而导致问题回答具有较强的偏向性；另外，问卷题目比较多，也存在被试应付作答的情况。

第 七 章

不同年龄段的同胞关系质量的比较研究

一 问题提出

同胞关系是一种复杂的多维度情感关系，但是对于同胞的维度构成研究者之间存在一定的分歧。Furman 和 Buhrmester（1985）最早通过主成分分析指出儿童和青少年时期的同胞关系包括温暖、冲突、竞争和权利对比四个维度，但是多数研究者认为温暖和冲突两个维度就可以对同胞关系进行比较全面的分析，而且具有良好的信效度。同胞温暖是同胞关系中的积极方面，包括亲密、亲社会行为、合作、喜爱、相似、尊敬和被尊敬七个方面；同胞冲突是同胞关系中的消极方面，包括争吵、敌对和竞争三个子维度。温暖和冲突两个维度在同胞关系中同时存在，又相互独立，这两个维度经过组合可以形成四种不同的同胞关系类型，分别是和谐型（Harmonious，高温暖低冲突）、敌意型（Hostile，低温暖高冲突）、情感紧张型（Affect-intense，高温暖高冲突）以及疏离型（Uninvolved，低温暖低冲突）。

然而同胞关系具有很强的文化差异性。西方社会中同胞关系更多的是爱—恨，关系紧张，反映了西方社会对于竞争和个体主义的强调。而在集体主义文化中，同胞对于个体生活具有重要作用，对同胞互依的规则更加强调，同胞关系更多的是自我验证的，相互有责任和义务的，并持续一生。对不同文化下的同胞关系进行聚类分析，发现在欧裔美国家庭中，和谐型、敌意型、情感紧张型和疏离型四种同胞关系类型皆会出现。但是在非裔家庭中并没有出现情感紧张型，而墨西哥裔家庭更重视家庭关系，重视与同胞的共处和互动，因此更不容易出现疏离的同胞关系。

　　我国属于典型的集体主义文化，强调个人利益服从集体利益，在这种文化的影响下，我国的家庭价值观具有鲜明的本土化特点。中国人将家庭和家人放在第一位，重视整个家庭的联系。"家"这个词在中国文化中，不仅代表着住所，还意味着人们之间的情感联系和归属。因此中国人对家庭的责任心非常强，每个人都为了维持整个家庭的和谐和发展而努力，家庭成员的成功也是自我成功的一种方式[1]。但是 30 多年的计划生育使得父母和孩子已然接受了独生子女的生活和行为方式，头胎因担心二胎分享父母的关爱而对生育二胎的抵制，或者对二胎的欺负行为不时见于报端。家庭价值观和现实发展状况的矛盾使得我国同胞关系表现出了较强的独特性，因此本研究的第一个目标是分析我国同胞关系的潜在类型。

　　同胞关系会随着年龄增长而变化。随着年龄增长同胞卷入的程度和作用强度都有所下降。比如在儿童早期年长同胞会给予年幼同胞较多的情感支持，但是在中晚期之后，儿童逐渐将兴趣点转移到同伴关系中，同胞之间的互动逐渐较少；随着青春期的到来，同胞之间的关系成为平等的交流关系。另外，同胞年龄增长之后，随着自主性和认同的发展，他们对父母的依赖逐渐减少，同胞可能取代父母成为青少年获得信息和建议的主要来源。纵向研究发现从儿童中期到青少年早期同胞亲密度有所下降，然而青少年时期对同伴关系的重视及兴趣转移使得同胞冲突有所下降，随后同胞关系逐渐趋于稳定。成年后随着个体角色的转变，同胞关系对于个体依然存在重要影响，此时期的同胞关系由于个体的成人角色，中心转移到朋友、爱人方面，与父母和同胞的关系独立起来而变得不同。对 9000 名被试的纵向研究发现，同胞支持（接近、联系、给予帮助）在成年早期有所减少。因此本研究的第二个目标是比较青少年时期和成年早期同胞关系的特点。

　　综上所述，本研究分别选取初中生和大学生若干名，分析青春期和成年初期的个体的同胞关系的特点和潜在类型，并对这两个年龄段的同胞关系进行比较，以期对同胞关系的年龄发展特点进行初步探讨。

---

　　[1]　赵靖：《中美家庭价值观对比》，《北方文学旬刊》2012 年第 8 期。

二　研究方法

（一）研究对象

本研究一共选取了初中生 197 名，大学生 215 名，所有被试均为非独生子女。被试的性别情况见表 7—1。从表中可以看出，初中组男生数量比女生多；而大学组中男生相比女生，数量偏少。

表 7—1　　　　　　　　　　　被试基本情况表

	初中组	大学组
男生	114	45
女生	83	170
总数	197	215

（二）研究工具

本研究选用 Furman 和 Buhrmester 的同胞关系问卷简版，共有 21 道题，包括温暖、冲突两个维度，问卷采用 Likert 5 点计分。其中同胞温暖有 15 个题目，测量同胞对彼此关系的亲密度感知，例题如 "你和兄弟姐妹一起玩耍"；同胞冲突含有 6 个题目，考察同胞之间的争吵和敌对，例题如 "你和兄弟姐妹争吵"。温暖和冲突两个维度的题目分数分别相加然后求平均即为同胞温暖和冲突维度的分数。具体问题和计分方式见附录 2。

（三）数据分析

本研究使用 SPSS22.0 软件进行统计处理和分析，采用聚类分析分别对初中组和大学组的同胞关系进行分析，确定不同年龄阶段的同胞关系的潜在类型，然后对初中组和大学组的同胞关系特点进行比较分析。

三 研究结果

（一）不同年龄的同胞关系的特点比较

本研究首先对初中组和大学组的同胞温暖和冲突关系进行了比较，从表7—2中可以看出，大学组的同胞温暖度大于初中组，而初中组的同胞冲突关系大于大学组。由此可见，年龄与同胞温暖度是正向发展关系，年龄越大，同胞温暖程度越高，同胞冲突程度越低。

表7—2　　　　　　　　不同年龄同胞关系质量的分数比较

		N	平均数	标准差	T
亲密	大学组	215	4. 15	0. 60	9. 37***
	初中组	197	3. 50	0. 80	
冲突	大学组	215	1. 70	0. 53	- 5. 02***
	初中组	197	2. 02	0. 73	

注： ***p < 0.000。

由表7—2可知，不同年龄组的同胞关系不同，而性别对于同胞关系也具有重要影响，本研究接下来以性别和年龄作为自变量，以同胞温暖和冲突关系作为因变量，探讨性别和年龄对同胞关系质量的交互作用，结果见表7—3。

表7—3　　　　　　性别和年龄对同胞关系质量的交互作用分析结果

		均值平方	F	显著性
年龄	温暖	26. 28	54. 13	0. 000***
	冲突	7. 93	19. 70	0. 000***
性别	温暖	0. 808	1. 66	0. 198
	冲突	0. 005	0. 01	0. 910
性别 *	温暖	3. 79	7. 81	0. 005**
年龄	冲突	0. 039	1. 00	0. 756

注： *p < 0.05； **p < 0.01； ***p < 0.000。

从表中可以看出，年龄对同胞温暖和冲突关系的主效应显著，性别对同胞温暖和冲突关系的主效应均不显著，性别和年龄对同胞温暖关系存在显著交互作用，从图7—1中可以看出，大学生组中的男生比女生温暖度更差，而初中组的男生比女生有更高的同胞温暖度。性别和年龄对同胞冲突关系不存在显著交互作用。由此可见，随着年龄增长，女性同胞之间建立起了更加温暖亲密的关系，而男性同胞之间的支持性则有所降低，但是在冲突关系上男女之间的差别较小。

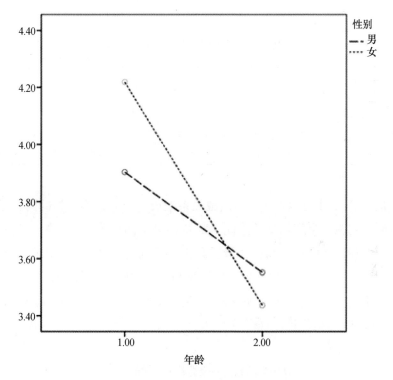

图7—1　性别和年龄对同胞温暖关系的交互作用

（二）不同年龄的同胞关系的类型分析

根据同胞温暖和冲突维度的标准化得分，采用 K – 平均值聚类法（K-means Cluster）对各年龄段个体的同胞关系质量进行聚类分析。

（1）初中生同胞关系的潜在类型分析

首先对197名初中生的同胞关系进行聚类分析，根据文献综述，两个维度的组合可以形成四种不同的同胞关系类型，因此分别选定类别数为2、3、4。从表7—4中可以看出，当将同胞关系聚为两类时，第一类的同胞温暖度较高，而同胞冲突度较低，为温暖和谐型的同胞关系；第二类的同胞温暖度和冲突度都较高，为情感紧张型的同胞关系。结合表7—7，可以看出，温暖和谐型的同胞关系有114人，情感紧张型的同胞关系有83人。

表7—4 初中生同胞关系聚类数为2时的结果

	起始聚集中心		最终聚集中心		聚集		错误		F	显著性
	1	2	1	2	平均值平方	df	平均值平方	df		
亲密	4.93	0	3.87	2.99	37.136	1	0.455	195	81.667	0.000
冲突	1.33	1.67	1.58	2.62	52.25	1	0.264	195	197.33	0.000

从表7—5中可以看出，当同胞关系聚成3类时，第一类的同胞温暖度较低，同胞冲突度较高，因此为敌意冲突型的同胞关系；第二类的同胞温暖度和冲突度都较高，为情感紧张型的同胞关系；第三类的同胞温暖度较高，而同胞冲突度较低，为温暖和谐型的同胞关系。结合表7—7，可以看出，敌意冲突型的同胞关系有26人，情感紧张型的同胞关系有66人，温暖和谐型的同胞关系有105人。

表7—5 初中生同胞关系聚类数为3时的结果

	起始聚集中心			最终聚集中心			聚集		错误		F	显著性
	1	2	3	1	2	3	平均值平方	df	平均值平方	df		
亲密	2.60	1.13	4.93	2.29	3.23	3.98	33.24	2	0.306	194	108.66	0.000
冲突	0	3.33	2.50	1.54	2.83	1.63	32.55	2	0.199	194	163.24	0.000

从表7—6中可以看出，当同胞关系聚为4类时，第一类的同胞亲密

度较低，同胞冲突度也较低，为关系疏远型的同胞关系；第二类的同胞亲密和冲突度都较高，为情感紧张型的同胞关系；第三类的同胞亲密度较高，而同胞冲突度较低，为温暖和谐型的同胞关系；第四类的同胞亲密度较低，而同胞冲突度较高，为敌意冲突型的同胞关系。结合表7—7，可以看出，关系疏远型的同胞关系有2人，情感紧张型的同胞关系有55人，温暖和谐型的同胞关系有91人，而敌意冲突型的同胞关系有49人。

表7—6　　　　　　　　　初中生同胞关系聚类数为4时的结果

	起始聚集中心				最终聚集中心				聚集		错误		F	显著性
	1	2	3	4	1	2	3	4	平均值平方	df	平均值平方	df		
亲密	2.80	5	3.13	1	2.80	4.47	3.69	1	14.09	3	0.162	211	86.90	0.000
冲突	3.83	1	1.83	1	3.83	1.45	2.11	1	8.97	3	0.159	211	56.50	0.000

表7—7　　　　　　　　　初中生同胞关系不同聚类数的结果比较

聚类数2		聚类数3			聚类数4			
1	2	1	2	3	1	2	3	4
114	83	26	66	105	2	55	91	49

综合这些结果来看，将初中生同胞关系分为三类比较合适，也就是说初中生的同胞关系可以分为温暖和谐型、敌意冲突型和情感紧张型。

（2）大学生同胞关系类型分析

接着对215名大学生的同胞关系进行聚类分析，分别指定类别数为2、3、4。从表7—8中可以看出，当将同胞关系聚为2类时，第一类的同胞温暖度较高，而同胞冲突度也较高，为情感紧张型同胞关系；第二类的同胞温暖度较高，而冲突度较低，为温暖和谐型的同胞关系。结合表7—11，可以看出，温暖和谐型的同胞关系有154人，情感紧张型的同胞关系有61人。

表7—8　　　　　　　　　　大学生同胞关系聚类数为2时的结果

	起始聚集中心		最终聚集中心		聚集		错误		F	显著性
	1	2	1	2	平均值平方	df	平均值平方	df		
亲密	1	4.80	3.49	4.42	37.55	1	0.183	213	205.60	0.000
冲突	1	2.83	2.16	1.52	18.03	1	0.199	213	90.55	0.000

从表7—9中可以看出，当同胞关系的聚类数为3时，第一类的同胞温暖和冲突度都较高，为情感紧张型的同胞关系；第二类的同胞温暖度较高，而同胞冲突度较低，为温暖和谐型的同胞关系；第三类的同胞温暖度和冲突度都较低，为关系疏远型的同胞关系。结合表7—11，可以看出，关系疏远型的同胞关系仅有1人，情感紧张型的同胞关系有76人，温暖和谐型的同胞关系有138人。

表7—9　　　　　　　　　　大学生同胞关系聚类数为3时的结果

	起始聚集中心			最终聚集中心			聚集		错误		F	显著性
	1	2	3	1	2	3	平均值平方	df	平均值平方	df		
亲密	2.80	5	1	3.65	4.45	1	20.76	2	0.165	212	126.00	0.000
冲突	3.83	1	1	2.15	1.46	1	11.87	2	0.173	212	68.63	0.000

表7—10　　　　　　　　　　大学生同胞关系聚类为4时的结果

	起始聚集中心				最终聚集中心				聚集		错误		F	显著性
	1	2	3	4	1	2	3	4	平均值平方	df	平均值平方	df		
亲密	0.00	2.73	4.93	2.60	0.00	3.28	4.08	2.82	26.99	3	0.232	193	116.19	0.000
冲突	1.67	3.67	1.83	0.00	1.33	2.95	1.62	1.74	22.46	3	0.189	193	119.02	0.000

从表7—10中可以看出，当同胞关系聚类数为4时，第一类的同胞温暖度较低，而同胞冲突度较高，为敌意冲突型的同胞关系；第二类的同胞温暖度较高，而同胞冲突度较低，为温暖和谐型的同胞关系；第三类

的同胞温暖度和冲突度都较高，为情感紧张型的同胞关系；第四类的同胞温暖度和冲突度都较低，为关系疏远型的同胞关系。结合表7—11，可以看出，关系疏远型的同胞关系有1人，情感紧张型的同胞关系有80人，温暖和谐型的同胞关系有133人，而敌意冲突型的同胞关系有1人。

表7—11　　　　　　　　大学生同胞关系聚类结果比较

聚类数2		聚类数3			聚类数4			
1	2	1	2	3	1	2	3	4
61	154	76	138	1	1	133	80	1

综合这些结果来看，将大学生的同胞关系分为两类比较合适，也就是说大学生的同胞关系可以分为温暖和谐型和情感紧张型，而且和谐型的同胞关系的人数更多。

从初中生和大学生的同胞关系的潜在分类结果可以看出，尽管我国的初中生和大学生的同胞关系都主要是温暖和谐型和情感紧张型，而且温暖和谐型的人数都更多一些，但是在初中生中还存在部分是敌意冲突型的同胞关系，由此可见，年龄和文化程度对同胞关系质量具有重要影响，随着年龄增大，同胞之间的亲密度逐渐增加，而冲突度逐渐减少。

四　分析与讨论

本研究采用问卷调查法对初中生和大学生的同胞关系进行了聚类分析和比较研究，发现初中生的同胞关系主要有温暖和谐型、敌意冲突型和情感紧张型三种类型，而在大学生中主要存在温暖和谐型和情感紧张型两种类型。这与西方社会关于同胞关系质量的潜在类型的研究结果不同。在欧裔美国家庭中，温暖和谐型、敌意冲突型、情感紧张型和关系疏离型四种不同的同胞关系类型皆会出现[1]。但是在非裔美国家庭中并没

---

[1]　Mcguire, S., McHale, S. M., & Updegraff, K., "Children's perceptions of the sibling relationship in middle childhood: connections within and between family relationships", *Personal Relationships*, Vol. 3, 1996, pp. 229 – 239.

有出现情感紧张型[1]，而墨西哥裔美国家庭更重视家庭关系，重视与同胞的共处和互动，因此更不容易出现关系疏离的同胞关系[2]。这些结果表明同胞关系具有显著的文化差异性。西方社会中的同胞关系更多的是爱——恨，关系紧张，反映了西方社会对于竞争和个体主义的强调[3]。而在集体主义文化中，同胞对于个体生活具有重要作用，对同胞互依的规则更加强调，同胞关系更多的是自我验证的，相互有责任和义务的，并持续一生[4]。如有研究发现印度裔青少年的同胞关系更加亲密、合作而非冲突[5]。而且印度裔比荷兰裔的同胞呈现出更多的权利不对等，即荷兰裔的同胞之间更多的是地位平等而非有差别的[6]。采用陌生情境法对非洲幼儿的同胞依恋关系进行研究，发现42%的孩子属于安全的同胞依恋类型，而且对同胞的依恋与亲子依恋无关[7]。我国属于典型的集体主义文化，历来重视家庭成员的和谐共处和相互帮助，但是长期的计划生育政策使得父母和孩子都已经接受了一个家庭一个孩子的生育和养育习惯，独生子女自己占有父母双方全部的关爱和注意，他们很难习惯与他人分享关爱，也没有学会如何与家庭中的另一个同龄人相处的方式，因此在面对二胎出

---

① McHale, S. M. , Whiteman, S. D. , Kim, J. Y. , & Crouter, A. C. , "Characteristics and correlate of sibling relationships in two-parent African American family", *Journal of Family Psychology*, Vol. 21, 2007, pp. 227 – 235.

② Killoren, S. E. , De Jesús, S. A. , Updegraff, K. A. , & Wheeler, L. A. , "Sibling relationship quality and Mexican-origin adolescents' and young adults' familism values and adjustment", *International Journal of Behavioral Development*, Vol. 41, 2017, pp. 155 – 164.

③ Campione-Barr, N. , Lindell, A. K. , Greer, K. B. , & Rose, A. J. , "Relational aggression and psychological control in the sibling relationship: mediators of the association between maternal psychological control and adolescents' emotional adjustment", *Development & Psychopathology*, Vol. 26, 2014, pp. 749 – 758.

④ Updegraff, K. A. , & Umaña-taylor, A. J. , "What can we learn from the study of Mexican-origin families in the United States", *Family Process*, Vol. 54, 201, pp. 205 – 216.

⑤ French, D. C. , Rianasari, M. , Pidada, S. , Nelwan, P. , & Buhrmester, D. , "Social Support of Indonesian and U. S. Children and Adolescents by Family Members and Friends", *Merrill-Palmer Quarterly*, Vol. 47, 2001, pp. 377 – 394.

⑥ Buist, K. L. , Metindogan, A. , Coban, S. , et al. , "Cross-Cultural Differences in Sibling Power Balance and Its Concomitants Across Three Age Periods", *Journal of General and Family Medicine*, Vol. 156, 2017, pp. 87 – 104.

⑦ Mooya, H. , Sichimaba, F. , & Bakermans-kranenburg, M. , "Infant-mother and infant-sibling attachment in Zambia", *Attachment & Human Development*, Vol. 18, 2016, pp. 618 – 635.

生时，很多头胎在心理是抵制的，采取的反抗措施也有很多，如通过伤害自身的行为来反抗父母生育二胎。由此可见我国的同胞关系呈现出复杂而矛盾的特点，出现情感紧张型的可能性更大。

另外，同胞关系质量随着年龄增长而不同。初中时期的个体处于发展自主性和依赖性共存的时期，同伴和同龄的其他人是他们交往的主要对象，但是又没有完全独立的能力，很多时候还要接受父母的监督和照顾，因而心理特点本身即是矛盾冲突的。而这又会反过来影响父母对家庭中孩子的养育质量，使得孩子之间出现冲突同胞关系的可能性加大。相反，当个体心理发展水平相对成熟时，他们能够更容易与同胞建立起温暖和谐的同胞关系。本研究还发现随着年龄增长，同胞之间的关系变得更加紧密而非冲突，这与相关研究的观点一致，年龄增加后，个体处理和应对人际交往困难和处理冲突的能力都得到了显著提高，因而在与同胞的相处中，同胞之间的冲突更可能以建设性的冲突方式出现，对个体心理和行为发展是一种积极作用。

五　结论与建议

本研究采用问卷调查的方法对初中生和大学生的同胞关系质量进行了比较研究，发现初中生时期同胞冲突度显著大于大学生时期，而大学生时期的同胞亲密度显著高于初中生时期。初中生时期同胞关系主要是温暖和谐型、敌意冲突型和情感紧张型三种；大学生时期的同胞关系则主要是温暖和谐型和情感紧张型两种。这些特点表明同胞关系具有很强的文化差异性和年龄发展性。因而今后需更多开展同胞关系的本土化特点研究和纵向追踪研究，更好地厘清我国同胞关系的发展变化趋势。

同胞关系的年龄发展特点分析和比较研究为我国二孩家庭的教养提供了一定的建议。首先，作为父母，在生育二胎后，不应该马上让头胎转变为哥哥或姐姐的角色，让他们承担照顾弟弟妹妹的责任或者在行为上有所偏差。头胎的角色转变是一个渐进的过程，因此父母应该在二胎出生后应该给予头胎更多的照顾，让他们在心理上认为二胎的出生并没有剥夺父母对他们的爱，反而是多了一份来自弟弟妹妹的关爱。其次，父母在对待两个孩子时应尽量做到公正，对于两个孩子的冲突应该采取建设性的处理方式，让他们从彼此的冲突关系中学会观点采择、情绪理解和冲突处理的技巧，不断提高自身应对外界环境和其他人际关系的能力。再者，随着年龄增长同胞之间的亲密度在逐渐增加，因此父母应在孩子年龄较小时给他们灌输孩子之间的相互关爱关系，让孩子明白一个同胞的出生对于他们来说是有益的。

第 八 章

家庭功能对同胞亲密关系的影响

一 问题提出

家庭为个体一生的发展提供了客观物质基础和主观情感支持，对个体身心发展有着极大的影响。家庭系统理论起源于 20 世纪 40 年代，六七十年代逐渐应用到心理学中，是一种关于人类情绪互动和交往行为的理论，由心理治疗专家波文（Bowen. M）提出。该理论将家庭看作一个完整的单位，形成一个完整的系统，家庭成员均是这个系统的有机组成成分。家庭成员之间相互影响而形成一个互动的系统，一个成员的行为会影响其他成员的认知、情绪和行为的改变，同时也会影响他们对自身行为的反思。而且一个成员的改变会导致其他成员随之发生相应的变化[①]。家庭系统中家庭成员之间通过内外显规则、沟通交流和情感联系而形成一定的家庭功能，用以评价家庭整体系统对个体发挥的功能是否达到应有的水平。

目前为止研究者们并未对家庭功能做出准确的界定。一些研究者把家庭的具体特征作为定义家庭功能的标准，强调家庭成员的反应是否灵活多变，是否具有亲密性和适应性，家庭成员的交流是否紧密，家庭整体关系结构是否整合等[②]；另一些研究者从家庭完成的任务来定义家庭功能。他们认为家庭的基本功能是创设条件和环境以利于家庭成员的全面

---

① 张志学：《家庭系统理论的发展与现状》，《心理学探新》1990 年第 1 期。

② Beavers, R., Hampson, R., "The Beavers systems model of family functioning", *The Association for Family Therapy*, Vol. 22, 2000, pp. 128 – 143.

发展，只有当家庭能够为家庭成员的身心健康发展提供一定的客观基础，为家庭成员的社会化提供一定的环境条件时，家庭才发挥了其基本功能[①]。

Olsen 的环状模式理论（Circumplex Model）认为，家庭功能包括家庭亲密度、家庭适应性和家庭沟通这三个方面的内容，三个部分平衡协调的家庭功能才能正常发挥。随后 Olsen 完善了环状模式理论，着重强调家庭亲密度和适应性这两个维度，提出了三维线性模型理论，认为家庭亲密度和适应性水平越高，家庭功能越好[②]。在个体生理和心理成长的过程中，家庭亲密度和适应性起着至关重要的作用，会影响个体在面对问题时的思考和处理方式，影响个体的性格和行为。如果说父母与孩子之间的生活模式存在问题，那么在同胞家庭中，家庭适应性和亲密度会对同胞的亲密度产生影响，也会对个体成年以后的人格功能的形成产生巨大的影响。因此，家庭适应性和亲密度与同胞亲密度的良好与否有着不可割裂的联系。作为个体出生后的第一个环境，很多行为模式及思考方式都是在这个最初始的环境中学习而来的，对于同胞来说，家庭适应性和亲密度影响着两个个体的成长，同时也必定影响着同胞亲密度。如果拥有良好的家庭适应性和亲密度，可以改善个体的交往能力，同样可以提高同胞的亲密度，促进同胞的和睦相处，形成良好的家庭氛围。

同胞间的亲密程度作为家庭成长环境中的重要一部分，其作用在于让家庭中的孩子明白一个问题：在这个家庭环境中还有一个与之息息相关、有着血缘关系、年龄相近并且享受家庭中同等待遇的人，他们俩之间有着和别的小伙伴之间不一样的地方，他们之间相处的时间将会更久，他们要有良好的关系。同时，同胞关系也会潜移默化地改变一个家庭中父母的教育方式，会使父母明白：拥有两个孩子和一个孩子对作为父亲或母亲的自己来说是同样重要的，两个孩子都是自己的亲生骨肉，不能以不平等的待遇对待他们；对每个孩子要关心和关爱。所以说，拥有两个孩子的家庭功能和独生子女的家庭中的功能有着较大的不同，一个家

---

① 李建明、郭霞：《家庭功能的研究现状》，《中国健康心理学杂志》2008 年第 16 期。

② Olsen, D. H., "Circumplex model of marital and family systems", *Journal of Family Therapy*, Vol. 22, 2000, pp. 144 - 167.

庭中的同胞关系更有利于个体的成长，在这个家庭功能下的孩子更能了解如何谦让，如何与人和睦相处，如何与人交流和合作。目前，很多的研究表明：与有同胞的家庭中的孩子相比，独生子女家庭中的父母往往对孩子过于溺爱，给予孩子过多的关心和关注，这样所带来的后果是孩子的独立性难以培养，难以学会尊敬他人、谦让他人。还有，同胞关系不仅作为家庭中一种成长环境而发生作用，而且是我们拥有的近乎和父母关系那样亲密的另一种关系，同时这种关系也会陪伴我们的一生，这将是在家庭的系统中一个至关重要的环节。

尽管缺乏家庭功能对同胞关系的直接证据，但是从家庭功能对个体情绪发展、人际关系等的研究中可以间接推测家庭功能对于同胞关系具有重要影响。首先，对大学生的家庭功能与人际适应的关系研究表明大学生的家庭功能水平越高，情绪调节的自我效能感和自我调控水平越高，大学生的人际适应水平也相应更高[1]。对 350 名中学生的研究发现，初中生的家庭功能与情绪调节的自我效能感、同伴关系存在显著的正相关关系[2]。而且拥有良好家庭功能的个体拥有更高的自尊水平[3]。其次，亲密的同胞关系与个体良好的情绪管理能力有关[4]。同胞支持能够弥补较低的父母和同伴支持而降低个体的孤独和抑郁，增强个体的自尊和生活满意度[5]。积极的同胞关系还与同胞之间建设性的冲突解决方式正相关，而与破坏性的冲突解决方式负相关[6]。观点采择能力和冲突解决方式的良好发

---

① 张凯悦：《家庭功能与人际适应的关系：情绪调节自我效能感、自我调控的中介作用》，硕士学位论文，哈尔滨师范大学，2015 年。

② 姜卓君：《初中生家庭功能与同伴关系的研究——情绪调节自我效能感的中介作用》，硕士学位论文，东北师范大学，2014 年。

③ 刘冬梅：《高中生家庭功能、自尊与网络欺负的相关研究》，硕士学位论文，哈尔滨师范大学，2016 年。

④ Pike, A., Coldwell, J., & Dunn, J. F., "Sibling relationships in early/middle childhood: links with individual adjustment", *Journal of Family Psychology*, Vol. 19, 2005, pp. 523 –532.

⑤ Milevsky, A., "Compensatory patterns of sibling support in emerging adulthood: variations in loneliness, self-esteem, depression and life satisfaction", *Journal of Social and Personal Relationships*, Vol. 22, 2005, pp. 743 –755.

⑥ Recchia, H. E., & Howe, N., "Associations between social understanding, sibling relationship quality, and siblings' conflict strategies and outcomes", *Child Development*, Vol. 80, 2009, pp. 1564 –1578.

展使得个体更容易获得同伴的支持和接纳，社交能力得到了发展，因而积极的同胞关系对于青少年和成年早期亲密关系的建立有积极促进作用①。从这些研究成果中我们可以推测家庭功能对于同胞关系具有重要的影响。

综上所述，同胞关系作为家庭系统中一种非常重要的微系统，家庭功能作用的正常发挥对于同胞关系具有重要的作用，因此本研究以非独生子女作为研究对象，采用问卷调查法探讨个体的家庭功能对于其同胞关系的作用，以期弥补相关领域的研究空白。

二　研究方法

（一）被试

向广大网友、鲁东大学学生，以及社会人士共 145 名有针对性地（家中有同胞）发放问卷，最后共收集有效被试 112 名的问卷。从图 8—1 可以看出，被试中男女性别比例相当。图 8—2 中所示被试中四分之三以上是大学本科及以上学历。图 8—3 中的结果表示约五分之三的被试来自于城市。

（二）研究工具

（1）家庭功能性量表：家庭亲密度和适应性量表中文版（FACESII-CV）。该量表由 Olson 等编制（由费立鹏等在英文版的基础上翻译而来），为自我评价量表，共有 30 个题目，详见附录3②。30 个题目中都是对于实际家庭状况的描述，题目描述为生活较为具体的家庭情况，30 个题目全都分为 5 个选项，为 5 个等级，5 个等级分别为——1 不是，2 偶尔，3 有时，4 经常，5 总是，被试只能选取其中的一个选项并作答。此量表在本次研究中的作用是评定同胞家庭中家庭成员之间的情感关系的现状，

① Noland, V. J., Liller, K. D., McDeermott, R. J., & Seraphine, A. E., "Is adolescent sibling violence a precursor to college dating violence?" *American Journal of Health Behavior*, Vol. 28, 2004, pp. S13－S23.

② 费立鹏、沈其杰、郑延平等：《"家庭亲密度和适应性量表"和"家庭环境量表"的初步评价——正常家庭与精神分裂症家庭成员对照研究》，《中国心理卫生杂志》1991 年第 5 期，第 198—202 页。

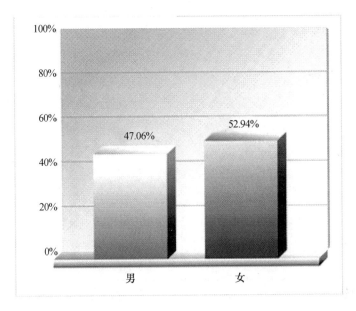

图 8—1　被试性别分布

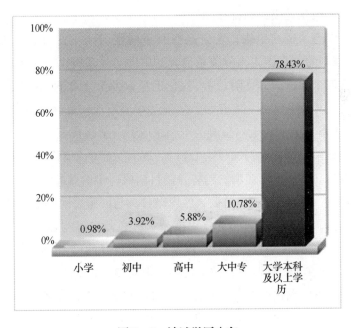

图 8—2　被试学历分布

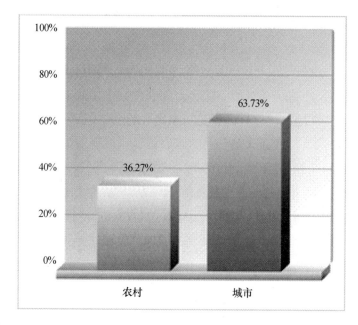

图8—3　被试家庭所在地分布

以及家庭成员相处模式的特点。

（2）同胞亲密度量表：本研究在测量同胞的亲密度时采用的是 Lau（2005）编制的《中国人人际关系量表》中的实际亲密度子量表，量表中总共包含四个项目，详见附录4。克伦巴赫 α 系数为 0.688；验证性因素分析证明《中国人人际关系量表》在施测中具有比较良好的构想效度。

（3）IOS 问卷：由七对重叠的双圆组成，一个圆代表自己，一个圆代表自己的兄弟姐妹，分别编号为 1 到 7，随着数字的逐渐增大，两个圆的重叠程度越高，呈现出递增的趋势，题目构成一个七点等距量表（Aron et al.，1991），两个圆直观地向被试展现出自身与同胞之间的七种整体关系供被试选择，两个圆之间的重叠程度越大，表示自己与该对象的亲密度越高（这里的对象指的是同胞）。该量表具有良好的信度和效度（Aron et al.，1992）。在进行施测时，被试被要求把对象定位为自己的同胞，并且施测时被试被要求选取在自己心目中与自己同胞关系描述最相近的图形。

（4）一般资料调查问卷：根据自己的需要自行设计出一般资料调查问卷，内容包括调查对象的年龄大小、文化水平、家中父母的文化水平、家中经济情况等一般资料调查题目。

（三）研究设计及假设提出

将已经准备好的问卷有选择性地下发给校园中的路人、百度贴吧和论坛的网友、身边的亲朋好友，问卷发放对象为家中拥有同胞的个体。通过让被试填写家庭功能量表，评定出个体的家庭功能的现状，再通过IOS问卷和同胞亲密度的测量，来了解被试目前与同胞之间的关系。

对问卷进行回收后进行数据的统计，去除无效问卷，对有效问卷依次排序编号，把数据导入事先下载的SPSS 20.0中，计算出家庭功能量表、同胞亲密度测量量表、IOS问卷相对应的同胞亲密度，再进行人口学特征的检验，对于实际亲密度子量表、IOS量表、家庭亲密度、家庭适应性在性别、同胞、文化程度、父母文化程度以及经济水平中相对应的显著性。之后分别进行父母文化程度对于家庭亲密度和适应性的事后多重检验。最后分析出家庭功能与同胞亲密度的关系，进行家庭功能对同胞亲密度的预测研究，家庭功能分别对实际亲密度子量表、IOS量表的预测研究。

三 研究结果

（一）描述性统计

通过家庭功能量表的测量，统计出亲密度的最高得分是154分，最低得分是66分，家庭功能量表的评分标准中把被试分为三个组，总分小于100分为低分组，总分大于120分为高分组，总分在100分到120分之间为中分组，家庭功能量表得分情况见表8—1。根据表8—1的统计结果，中间分组的人数最多，所占比例最高为79%，表明总体来看被试家庭功能良好。低分组人数所占比例为11%，高分组人数所占比例为10%，说明有部分家庭家庭功能较差且只有部分家庭家庭功能为优。

表8—1　　　　　　　　　　家庭功能得分情况分布

	人数（n）	比例（%）	累加比例（%）
<100	12	11	11
100—120	89	79	90
>120	11	10	100

（二）人口学特征检验

接下来探讨人口学变量对同胞亲密关系、家庭功能的影响。由表8—2可以得出，实际亲密度子量表分数、IOS 量表分数、家庭亲密度、家庭适应性在性别上均不存在显著性差异；家庭亲密度与适应性和亲密度子量表与 IOS 量表分数在同胞类型上均不存在显著性差异；家庭亲密度与适应性和亲密度子量表与 IOS 量表分数在被试的文化程度上均不存在显著性差异；父亲文化程度在亲密度子量表与 IOS 量表分数上不存在显著性差异，在家庭亲密度上有显著性的差异，在家庭适应性上有极显著的差异；母亲文化程度在家庭亲密程度、同胞亲密关系总分、IOS 同胞关系亲密关系上不存在显著性差异，在家庭适应性上存在极显著的差异。

表8—2　　　　人口学特征对家庭功能及各量表差异显著性检验汇总

	实际亲密度子量表	IOS 量表	家庭亲密度	家庭适应性
性别	0.159	0.364	0.463	3.813
同胞类型	2.133	0.232	1.728	1.044
个体文化程度	0.913	0.944	0.808	0.973
父亲文化程度	1.219	0.768	2.640*	7.644**
母亲文化程度	1.391	0.696	2.271	7.012**
家庭经济水平	1.794	0.245	4.181	2.129

注：p* <0.05；**p<0.01。

（三）父亲文化程度对家庭亲密度和适应性的多重检验

父亲的文化程度对于家庭功能的适应性和亲密性维度都存在显著性影响，因此进行父亲文化程度对家庭亲密度和适应性的事后多重检验。多重检验结果见表8—3 和表8—4。从结果中可以看出，当父亲的文化程度为小学、初中、高中和大专时，家庭亲密度和适应性均不存在显著性差异；而当父亲的文化程度处于本科及以上时，家庭亲密度和适应性均显著高于其他文化程度下的家庭亲密度和适应性。

表8—3　　　　　　　　　父亲文化程度对家庭亲密度的多重检验

父亲文化程度 I	父亲文化程度 J	平均值差	标准误差	显著性	上限	下限
小学	初中	-0.96	3.341	0.775	-7.59	5.68
	高中	-0.19	3.101	0.532	-8.10	4.21
	大专	-2.51	3.271	0.444	-9.01	3.98
	本科及以上	-10.45	3.970	0.010*	-18.33	-2.57
初中	小学	0.96	3.341	0.775	-5.68	7.59
	高中	-0.99	1.952	0.614	-4.86	2.89
	大专	-1.56	2.212	0.483	-5.95	2.83
	本科及以上	-9.50	3.155	0.003	-15.76	-3.23
高中	小学	1.94	3.101	0.532	-4.21	8.10
	初中	0.99	1.952	0.614	-2.89	4.86
	大专	-0.57	1.829	0.756	-4.20	3.06
	本科及以上	-8.51	2.899	0.004**	-14.26	-2.75
大专	小学	2.51	3.271	0.444	-3.98	9.01
	初中	1.56	2.212	0.483	-2.83	5.95
	高中	0.57	1.829	0.756	-3.05	4.20
	本科及以上	-7.94	3.080	0.011*	-14.05	-1.82
本科及以上	小学	10.45	3.970	0.010*	2.57	18.33
	初中	9.50	3.155	0.003**	3.23	15.76
	高中	8.51	2.899	0.004**	2.75	14.26
	大专	7.94*	3.080	0.011*	1.82	14.05

注：p*<0.05；**p<0.01。

表8—4　　　　　　　　　父亲文化程度对家庭适应性的多重检验

父亲文化程度 I	父亲文化程度 J	平均值差	标准误差	显著性	上限	下限
小学	初中	-2.74	2.947	0.355	-8.59	3.11
	高中	-4.73	2.735	0.087	-10.16	0.70
	大专	-5.04	2.885	0.084	-10.77	0.68
	本科及以上	-15.71	3.501	0.000**	-23.67	-9.76
初中	小学	2.74	2.947	0.355	-3.11	8.59
	高中	-2.00	1.722	0.249	-6.18	1.42
	大专	-2.31	1.951	0.240	-19.50	1.57
	本科及以上	-13.98	2.783	0.000**	-0.70	-8.45

续表

父亲文化程度 I	父亲文化程度 J	平均值差	标准误差	显著性	上限	下限
高中	小学	4.73	2.735	0.087	-1.42	10.16
	初中	2.00	1.722	0.249	-3.51	5.41
	大专	-3.10	1.613	0.848	-17.06	2.89
	本科及以上	-11.98	2.577	0.000**	-0.68	6.90
大专	小学	5.04	2.885	0.084	-1.57	10.77
	初中	2.31	1.951	0.240	-2.89	6.18
	高中	3.10	1.613	0.848	-2.89	17.06
	本科及以上	-11.67	2.717	0.000**	-14.05	-6.28
本科及以上	小学	15.71	3.501	0.000**	9.76	23.67
	初中	13.98	2.783	0.000**	8.45	19.50
	高中	11.98	2.577	0.000**	6.90	17.00
	大专	11.67	2.717	0.000**	6.28	17.06

注：p * < 0.05；** p < 0.01。

（四）母亲文化程度对家庭适应性影响的多重检验

由表8—5可知，母亲文化程度对家庭适应性具有显著性影响，因此对母亲文化程度对家庭适应性的影响进行事后多重比较，结果如表8—5所示。从表中可以看出，当母亲文化程度为小学、初中、高中和大专时，家庭适应性不存在显著性差异；而当母亲的文化程度处于本科及以上时，家庭适应性显著高于其他文化程度水平下的家庭适应性。

表8—5   母亲文化程度对家庭适应性的多重检验

母亲文化程度 I	母亲文化程度 J	平均值差	标准误差	显著性	上限	下限
小学	初中	-2.43	2.037	0.235	-1.61	6.48
	高中	-0.54	2.108	0.763	-3.55	4.82
	大专	-2.74	2.138	0.202	-6.99	1.50
	本科及以上	-13.79	3.605	0.000**	-20.94	-6.63
初中	小学	2.43	2.037	0.235	-6.48	1.61
	高中	-1.80	1.679	0.287	-5.13	1.54
	大专	-5.18	1.717	0.003**	-8.59	1.77
	本科及以上	-16.22	3.372	0.000**	-22.91	-9.52

续表

母亲文化程度 I	母亲文化程度 J	平均值差	标准误差	显著性	上限	下限
高中	小学	0.54	2.108	0.763	-4.82	3.55
	初中	1.80	1.679	0.287	-1.54	5.13
	大专	-3.38	1.800	0.063	-6.95	0.19
	本科及以上	-14.42	3.415	0.000**	-21.20	-7.64
大专	小学	2.74	2.138	0.202	-1.50	6.99
	初中	5.18	1.717	0.003**	-1.77	8.59
	高中	3.38	1.800	0.063	-0.19	6.95
	本科及以上	-11.04	3.434	0.002**	-14.05	-4.23
本科及以上	小学	13.79	3.605	0.000**	6.63	20.94
	初中	16.22	3.372	0.000**	9.52	22.91
	高中	14.42	3.415	0.000**	7.64	21.20
	大专	11.04	3.434	0.002**	4.23	14.05

注：p* <0.05；** p<0.01。

（五）家庭功能与同胞亲密度的关系

接下来探讨家庭功能与同胞亲密关系之间的相关。表 8—6 对家庭功能的两个维度：家庭亲密性和家庭适应性，与同胞亲密度的各种测量结果进行了相关分析，从结果中可以看出，家庭亲密度、家庭适应性、亲密关系（IOS 量表分数）、实际亲密关系的总分两两之间都存在着极其显著的正相关。

表8—6　　　　　　　　　家庭功能与同胞亲密度的相关性检验

	实际亲密度总分	IOS 亲密关系	家庭亲密度	家庭适应性
实际亲密度总分	1			
IOS 亲密关系	0.344**	1		
家庭亲密度	0.484**	0.422**	1	
家庭适应性	0.672**	0.357**	0.727**	1

注：p* <0.05；** p<0.01。

（六）家庭功能对同胞亲密度的预测研究

将家庭亲密度和家庭适应性作为自变量，同胞亲密关系作为因变量，

进行分层逐步回归，从表8—7中可以看出，家庭功能对同胞亲密度存在
显著预测作用。表8—8中的结果表明加入家庭适应性后，家庭亲密度对
同胞亲密关系的预测不显著，标准回归系数为 -0.01（$p > 0.05$）。而家庭
适应性对同胞亲密度的预测系数显著（$p < 0.01$）。家庭功能能够解释同
胞亲密度的45.2%的变异（见表8—9）。

表8—7　　　　　　　家庭功能对实际亲密度子量表的方差分析

模型	R^2	df	F	Sig
组间	29.695	2	40.041	0.000
组内	35.993	97		
总方差	65.688	99		

表8—8　　　　　　　家庭功能对实际亲密度子量表的回归分析

模型		b	标准误	B	t	Sig
1	constant	-0.091		0.529	-0.172	0.864
	家庭亲密度	-0.001	0.012	-0.010	-0.088	0.930
	家庭适应性	0.078	0.013	0.679	6.205	0.000

表8—9　　　　　　　家庭功能对同胞亲密度的回归分析

模型	R	R^2	ΔR^2	SE
1	0.672	0.452	0.441	0.609

四　分析与讨论

本研究采用问卷调查的方法探讨了家庭功能对同胞亲密关系的影响，
发现个体和父母所具有的人口学特征对同胞亲密关系皆不存在显著性影
响，而父母的文化程度对家庭功能却存在显著性作用。

（一）同胞亲密关系的特点和影响因素分析

研究表明，女性被试且同胞同样是女性时，也就是说同胞是妹妹或

者姐姐，在调查中其同胞间的亲密程度明显受家庭功能的影响有所减少，且普遍表现出有较好的亲密程度，这与女性普遍的性格偏向有关系，女性在交流时所聊的话题更贴近于生活，这样更容易拉近姐妹之间的关系，即使家庭功能较差，姐妹之间在生活中还是有很多的交集，所以表现出来的结果是姐妹之间同胞亲密程度受家庭功能的影响有所降低，部分亲密度高于总体平均水平。而男性加女性、男性加男性下的同胞间亲密程度更接近于平均水平。

受教育程度的不同影响着个体思考问题的方式，在进行调查研究中发现个体的受教育程度对于同胞间的亲密程度相关度较低，这与之前的假设有所不同。可以说受教育的程度虽然可以影响个体，但是同胞间的关系并不是建立在此基础之上的。有着较高文化水平的人，其同胞关系并不一定是和睦的，而文化水平低，同样不能代表其在同胞交往过程中无法有良好的亲密度。而且父母的受教育程度对同胞亲密关系也不存在显著性影响，这与相关研究的结构并不一致，很大原因可能是被试的样本数量较少，而且代表性较差。

（二）家庭功能的特点和影响因素分析

在本次研究中，多数家庭的家庭功能良好。在所有的影响因素中，只有父母的文化程度对家庭功能存在显著性影响。父母的文化程度较高时，父母对子女的教养方式和冲突处理策略更具有特点。当父母文化程度较高时，更容易采取民主型的家庭教养方式，而民主型的教养方式更容易与孩子之间建立起良好的平等关系，而有利于良好的家庭功能的发挥。父母文化程度较高时，父母对彼此之间、父母和孩子之间以及孩子和孩子之间的冲突和矛盾的处理策略可能更为有效，父母可能更倾向于采取协商而非争吵或者冷战的方式应对彼此的矛盾；当孩子与父母之间存在冲突时，父母对孩子的诉求理解能力更强，更知道如何应对才能最大限度地满足孩子的需求；孩子之间出现矛盾时，文化程度较高的父母更知道采取何种方式才能更好地让彼此都获得心理上的满足，而且不影响彼此之间的关系。

另外，父母的教育程度间接影响着家庭的经济水平，而一个家庭的经济水平很大程度上影响家庭的生活方式，在影响孩子成长的众多因素中，除了父母的受教育程度、教育观念和孩子自身的气质等外，一个家庭的社会地位和经济状况也不容忽视。一个高社会地位的家庭，能够给予和提供给孩子的机会，是那些低社会地位的家庭无法相比的。这也正是某些调查中，必须考虑和统计家庭收入、职位职务的原因。家庭的社会地位通常取决于：父母的受教育程度、职业、经济收入、职务、人际关系网、社会支持系统等，家庭其他成员的重要支持是必不可少的参数。比如，一个有广泛人际关系网络的家庭，经常与朋友聚会并带孩子们定期见面，它为孩子提供的与同伴相处的机会，就远比那些不爱交际、没有什么好朋友的父母多，会更有利于帮助孩子学会与同伴交流和加深对友谊的理解。由于儿童的社会性发展对儿童的个性和良好的心理素质有非同一般的作用，所以重视为儿童提供和同龄伙伴相处的机会，既能帮助他们学会分享合作，还能掌握处理冲突的技巧，更能观察学习其他孩子的行为。

（三）家庭功能影响同胞亲密度的作用机制分析

本研究采用问卷调查方法探讨了家庭亲密度和适应性对同胞亲密度的影响，发现家庭功能对实际亲密度子量表和 IOS 量表分数的预测结果不一致，这个问题的原因是 IOS 量表中呈现给被试的只是直观的图形，图形的含义是被试对于"我"与"他"之间的关系程度，这里的关系程度是一种比较模糊的概念；实际亲密度子量表中向被试展现出来的是生活中具体的细节，如是否愿意把心中的秘密与他/她倾诉、是否能在生活中遇到困难时主动寻求他/她的帮助，当问题具体到生活中的每个小细节的时候，这与 IOS 量表的模糊概念就截然不同了，问题具体到生活中的细节时，诱导被试选择的影响因素就带入了个人的生活习惯、性格等。换句话说，当生活中遇到问题和困难时，不主动寻求同胞的帮助这种行为，并不等同于被试与同胞间的亲密程度就是低的，这与同胞间的交流方式和家庭氛围都有着联系，这都是导致预测研究中家庭功能对实际亲密度子量表和 IOS 量表分数的预测结果不一致的原因。因此两个亲密度量表所得出的数据有所差异，但得到的核心内容和意义却是相同的。家庭中的不确定因素有很多，家庭的生活水平、家庭成员的受教育程度、家庭中父母的受教育程度、同胞间性别影响、家庭成员的相处时间、个体的差异等。

家庭功能模型理论认为家庭作为一个整体，不能以单个个体或者家庭中的小群体作为单位考察家庭功能的良好与否。家庭成员之间的沟通、情感反应能力、问题解决能力、行为控制能力、角色分配和情感卷入程度都会对家庭功能产生影响①。我国研究者在"过程模型"的基础上提出了二孩家庭的父母养育的过程机制，认为父母的心理特点，如原生家庭中的发展历史、人格特点、心理健康、工作与家庭冲突等因素都会直接或间接地对二胎养育行为产生影响②。其中夫妻的特点或者对一孩的养育经验都是重要的中介作用。夫妻特点包括夫妻婚姻关系质量、夫妻协同养育子女的方式和分配模式等。由此可见，家庭功能的好坏对父母养育模式存在重要影响。此外，两个孩子的同胞关系受到父母养育方式的影响，父母养育方式可以简单分为积极和消极两种。父母为孩子提供积极温暖的养育模式，有助于他们孩子之间建立和谐的同胞关系；父母让孩子感受到他们是被接纳的、被理解的，有助于他们建立亲密的同胞关系，并且促进两个孩子都朝着积极适应的方向发展③。而父母养育模式的形成受到夫妻协调养育质量等因素的影响，父母协同养育指的是母亲和父亲如何更好地相互支持，如父亲能否在养育方面与母亲协商一致，或者能够积极配合并支持母亲的养育行为。而且父母双方能够合理分工共同承担养育子女的责任④。二孩出生后，父亲自然而然地增加了协同养育的水平，良好的协同养育是协助或者支持对方分担养育的责任，也会缓冲父母各自多重的压力和挑战，研究发现父母的协同养育对于亲子依恋等积极的养育质量具有非常独特的作用⑤。综上所述，家庭功能的好坏影响父

---

① Epstein, M., & Ryan, C. E., "The McMaster approach to families: Theory assessment, treatment and research", Journal of Family Therapy, Vol. 22, 2000, pp. 168–189.

② 陈斌斌、施泽艺：《二胎家庭的父母养育》，《心理科学进展》2017年第25期。

③ Moser, R. P., & Jacob, T., "Parental and sibling effects in adolescent outcomes", Psychological Reports, Vol. 91, 2002, pp. 463–479.

④ Song, J. H., & Volling, B. L., "Coparenting and children's temperament predict firstborns' cooperation in the care of an infant sibling", Journal of Family Psychology, Vol. 29, 2015, pp. 130–135.

⑤ Teubert, D., & Pinquart, M., "The association between coparenting and child adjustment: A meta-analysis", Parenting, Vol. 10, 2010, pp. 286–307.

母的养育模式和双亲协同养育模式的形成，因而对同胞亲密关系的形成
具有重要影响。

五　结论与建议

（一）研究结论

（1）家庭功能和父母的文化程度有联系。

（2）家庭适应性对同胞亲密度是显著正向预测作用，而家庭亲密度
对同胞亲密度没有显著预测作用。

（3）家庭功能在一定程度上决定着同胞亲密度。

（4）良好的家庭功能有助于同胞亲密度的提升。

（5）父母的角色依旧在家庭功能中发挥重要作用。

（6）同胞亲密度与个体差异间存在相关。

（二）建议和不足

家庭是孩子的第一个而且最为重要的生活环境，家庭生活的和谐与
否对于父母婚姻关系质量、亲子关系的建立，以及同胞关系的发展都具
有重要影响，进而对个体的心理和行为的良好发展产生作用。常言道
"父母是孩子的第一任老师"，父母要想培养孩子良好的人格特点和适应
社会的能力，不仅要采用言语教育的方式，还需要身教，让孩子在模仿
过程和耳濡目染中学会相关的技能，增强对外界环境的适应力。

当然，本研究也存在一定的不足，一是取样问题，虽然本研究采用
随机抽样的方式保证样本对总体的代表性，但是样本量总体较小；在具
体细分到各种维度上的被试量就更小了，因此很难得出比较显著的结论。
这是导致人口学变量对同胞亲密关系没有任何影响，与其他相关研究成
果的结论都不一致的主要原因。二是研究方法方面的问题，本研究采用
实际亲密度子量表和 IOS 问卷测量被试与同胞的亲密关系，实际亲密度
子量表含有的题目数量较少，只有四个，因此在反映复杂的同胞亲密关
系时并不全面，只是对同胞之间是否寻求支持和帮助的一种反映，而同
胞之间的支持行为虽然是亲密度的一种互动方式，但并不是全部，因此
用该量表分数来表示同胞之间的亲密关系可能有偏差。而 IOS 量表常用

来表示两个个体在心理距离上的接近，在被试作答时需要仔细考虑二者的关系，但是本研究由于时间限制可能造成被试并没有仔细考虑而随意做出选择的问题。而且采用问卷调查方法可能无法反映真实的家庭功能和同胞关系状况，被试可能由于社会赞许效应而做出偏向性的回答。尽管本研究存在的问题和不足较多，但是本研究基于家庭系统理论初步探讨了家庭功能对同胞亲密关系的影响，仍是一个较大的进步，为以后开展类似的研究奠定了相应的基础。

第三编

同胞关系对个体的心理健康和
行为发展的影响

第 九 章

同胞关系对中学生学业
自我效能感的影响

——自尊的中介作用

一　问题提出

　　学业自我效能感这一概念的起源要追溯到班杜拉的自我效能感。学业自我效能感是自我效能感在学习这一领域的基本表现，是学习者对自己能否利用现有的知识和技能去完成一定学习任务的可能性的判断，是个体对控制自己的学习行为和学习成绩能力的一种主观判断和主观感受。班杜拉认为影响自我效能感的主要因素包括以往的成败经验、替代性经验、言语说服和情绪唤醒，同时这些也是影响学业自我效能感的重要因素。学业自我效能感与学业成绩的正相关关系在国内外的研究结果中较为一致。在国内外的研究中，Bandura 和 Schunk 对学业自我效能感的研究发现学业自我效能高的学生有较高的成绩，学业自我效能较低的学生，他们的成绩也普遍较低[①]；Thomas John 研究发现学业成绩与学业自我效能之间存在着显著的正相关，自我效能感较高的学生更加乐于学习，并常常能取得优秀的学习成绩；岑萃在中学生的学业自我效能感发展及其与学业成绩、父母教养方式的研究中发现，中学生的学业自我效能感与

---

　　① Bandura, A. , & Schunk, D. H. , "Cultivating competence, self-efficacy, and intrinsic interest through proximal self-motivation", *Journal of Personality and Social Psychology*, Vol. 41, 1981, pp. 586 - 598.

其各科的学业成绩呈显著相关关系[①]。由此可见，学业自我效能感在一定条件下是可以预测个体的学习成绩的。大量的研究表明二者之间有较强的相关。张艳青在 2008 年的研究中表明学业自我效能感对师范专科学生的学业成绩具有比较好的预测作用[②]；同期，钱珍的研究也表明学业自我效能感越高的学生，越有可能取得更高的学业成绩[③]；宁良强、张梅（2010）的研究则表明，一年级的学生的学业自我效能感与学习成绩相关显著，二年级则相关不显著[④]，二者对于学业自我效能感与学习成绩的关系在年级上的差异可能与所选取的研究对象不同有关，这还有待进一步的研究[⑤]。

自尊的概念是由威廉·詹姆士提出的，不同研究者对自尊的概念的界定不同，目前为止并没有一个权威的关于自尊的概念的描述。罗森伯格（1965）认为自尊是对自我的一种积极的或消极的态度和自我感受；詹姆士（1983）认为自尊是个体对自我价值的感受，并且提出了著名的公式：自尊 = 成功 ÷ 抱负；朱智贤（1989）认为自尊是个人自尊和社会评价之间的关系的反应；黄希庭（2002）则认为自尊等于自我价值。在探讨自尊的影响因素方面，主要是从个人、家庭和社会三个方面展开的。焦卉在大学生的自尊状况及心理干预的研究中表明，自尊的影响因素包括社会比较、自我觉知、理想自我和现实自我的差异、归因风格、家庭教养方式、社会支持和应对方式等[⑥]；周英、姚英荣等的研究表明，家庭中的亲子依恋、父母教养方式、家庭气氛等家庭成员之间的关系对青少年的自尊会产生很大的影响；赖建新、郑钢在 2008 年的研究中则表明同伴关系、同学关系与个体的自尊有显著的正相关关系；王小新、苗晶磊在

① 岑萃：《中学生学业自我效能感发展特点及其与学业成绩、父母教养方式的相关研究》，硕士学位论文，西南师范大学，2005 年。

② 张艳青：《师范专科生的自我调节学习问题探讨》，《成才之路》2008 年第 7 期。

③ 钱珍：《初中生父母教养方式、学业归因、学业自我效能感与学业成绩的关系研究》，硕士学位论文，华中师范大学，2008 年。

④ 宁良强、张梅：《高职生学业自我效能感特点及其与学习成绩的关系》，《职业技术教育》2010 年第 17 期。

⑤ 魏雪峰：《问题解决与认知模拟——以数学问题为例》，中国社会科学出版社 2017 年版，第 53 页。

⑥ 焦卉：《大学生自尊状况及心理干预研究》，硕士学位论文，云南师范大学，2006 年。

2012 年的研究中表明，对于大学生这一群体，学业自我效能感、自尊与学习倦怠呈现显著的负相关，自尊在学业自我效能感和学习倦怠中起部分中介作用①；之后曾小英在 2014 年的研究中发现自尊水平越高，学业自我效能感就越高②，这与段陆生等的研究结果相一致③。

　　同胞关系是伴随个体一生的"强制关系"，它和夫妻关系、亲子关系以及同伴关系一样在个体的心理和行为发展中起着重要作用。同胞关系是指在核心家庭中，来源于同一亲本的兄弟姐妹之间相互作用、相互影响而形成的一种心理关系。根据很多依恋学专家的解释，同胞之间的关系是一种依恋关系或者情感纽带。青少年时期，和父母相处的时间相比，个体更多地和兄弟姐妹在一起度过。幼年时，我们在同胞关系中学会分享、学会互帮互助、学会与人沟通和交流。在我们社会化的过程中，我们将幼年时期学会的人际交往中的各项人际交往的技能运用于社会交往中。同胞关系的好坏影响着个体今后的发展。国外对同胞关系的研究起源于 20 世纪 80 年代，大量的研究表明：年少时形成的健康的同胞关系对成年以后的人际关系的发展有积极作用；在成年期具有健康的同胞关系，心理健康水平也更高，表现为较低层次的抑郁和孤独，和更积极的对待生活压力的方式。国内针对同胞关系的研究主要集中在独生子女和非独生子女的对比上，而对于同胞关系质量的研究才刚刚开始，实证研究更是少之又少。初中阶段正处于个体生理发育和心理发展的关键时期，面对学习和独立的双重压力，其心理健康水平值得我们每一个人关注。过去的研究经验表明：童年期重要的人际关系对个体成年后的心理健康和社会交往有着重要的影响。那么同胞关系作为重要的人际关系之一，对初中生的学业自我效能感可能也会有一定程度的积极作用。同时已有研究表明，早期同胞关系对成人期自尊有显著影响，所以我们完全有理由认为自尊在同胞关系与学业自我效能感之间扮演着一定的角色。

---

　　① 王小新、苗晶磊：《大学生学业自我效能感、自尊与学习倦怠关系研究》，《东北师范大学学报》（哲学社会科学版）2012 年第 1 期。

　　② 曾小英：《大学生学业自我效能感、自尊与学习倦怠的关系再探》，《成都师范学院学报》2014 年第 12 期。

　　③ 段陆生、王志军、李永鑫：《大学生自尊与学习倦怠相关性分析》，《临床心身疾病杂志》2008 年第 14 期。

　　基于此，本研究采用 Howe 对于同胞关系的维度分类法，把同胞关系分为亲密、冲突、竞争和权利对比四个维度。采用问卷调查法探讨中学生的同胞关系质量与学业自我效能感的关系，以及自尊在二者关系中的中介作用。

二　研究方法

（一）研究对象

　　本研究采用问卷调查的方式，从山东省菏泽市某所中学随机选取了初中二年级的 220 名非独生子女作为本研究的被试，收回有效问卷 197 份，问卷有效回收率为 89.55%，被试的构成结构如表 9—1 所示，从表 9—1 中可见，男性被试略多于女性被试。

表 9—1　　　　　　　　　　　　　　**样本结构**

性别	人数	频率（%）
男	114	57.9
女	83	42.1

（二）研究工具

　　（1）同胞关系问卷：Furman 和 Buhrmester（1985）发表了专门测量儿童青少年对同胞关系认知的同胞关系问卷（Sibling Relationship Questionnaire），该问卷效度信度良好，Nina Howe 在 2010 年发表的关于青春期同胞关系质量的文章中所采用的就是此问卷。本次研究中对此问卷进行了中英文的互译和修订，形成了简版的同胞关系问卷，整个过程中保证了翻译和修订的质量。简版的同胞关系问卷包含了 39 道题，分为四个维度：亲密、冲突、权利对比和竞争。其中亲密维度包括 15 道题，冲突维度包括 6 道题，权利对比维度包括 12 道题，竞争维度包括 6 道题。要求被试根据自己的实际情况做出准确的回答，问卷采用五个等级的方式进行评分，从非常不符合到非常符合依次记为 1 分至 5 分，根据各个维度的计算方法，由此得出被试对自己同胞关系质量的主观评价。

本研究首先对同胞关系问卷简版进行了翻译和修订，然后发放给 610 名非独生子女进行施测，回收有效问卷 598 份，有效回收率为 98.03%。然后本研究采用因子分析方法对同胞关系简版问卷的效度结构进行了分析。第一步采用巴特利特球形检验判断数据是否适合进行因子分析。巴特利特检验是一种检验各个变量之间相关性程度的检验方法。一般在做因子分析之前都要进行巴特利特球形检验，用于判断变量是否适合用于做因子分析。巴特利特球形检验是以变量的相关系数矩阵为出发点的。它的零假设相关系数矩阵是一个单位阵，即相关系数矩阵对角线上的所有元素都是 1，所有非对角线上的元素都为零。巴特利特球形检验的统计量是根据相关系数矩阵的行列式得到的。如果该值较大，且其对应的相伴概率值小于用户心中的显著性水平，那么应该拒绝零假设，认为相关系数不可能是单位阵，即原始变量之间存在相关性，适合于作因子分析。相反不适合作因子分析。本研究中巴特利特值为 10099.99，df = 741，p < 0.000，因此应该拒绝原假设，认为原始变量之间存在相关性，适合进行因子分析。

表 9—2　　　　　　　　同胞关系问卷简版的因子分析解释率

因子	特征值	解释率（%）	累加解释率（%）
1	7.706	19.759	19.759
2	4.546	11.657	31.416
3	3.655	9.732	40.788
4	1.932	4.955	45.742

第二步，将因子数量固定为 4，采用固定因子数量法进行因子分析，4 个因子对总数据的解释情况见表 9—2 和图 9—1。从表 9—2 中可以看出，4 个因子的特征值都大于 1，4 个因子能够解释原始变量的 45.74% 的变异。从图 9—1 的碎石图结果中可以看出，从第 4 个因子以后各个因子能够解释的方差变异逐渐趋于平稳，因此抽取 4 个因子是比较合适的。

（2）学业自我效能感问卷：在本研究中运用的学业自我效能感问卷

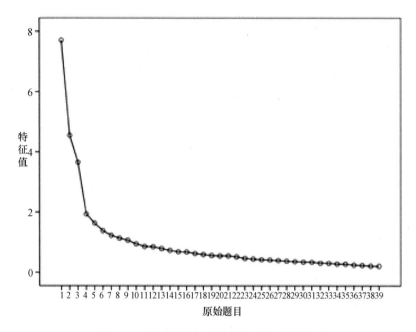

图9—1 同胞关系问卷简版的因子分析碎石

来源于华中师范大学梁宇颂、周宗奎于 2000 年修订的学业自我效能感问卷①，该问卷参考 Pintrich 和 De Groot（1990）的学业自我效能感维度的划分，把学业自我效能感分为学习能力自我效能感和学习行为自我效能感，每个维度含有 11 道题，一共 22 道题，问卷采用五个等级进行评分，从完全不符合到完全符合依次记为 1 至 5。在本次研究中，该问卷两个维度的内在一致性信度系数分别为 0.82 和 0.75，总量表的内在一致性信度为 0.82。

（3）自尊量表：采用罗森伯格（1965）编制的自尊量表（SES），该量表共有 20 个条目，其中 10 个正向计分、10 个反向计分，且按照韩向、前江波、汤家彦、王益荣的"自尊量表使用过程中的问题和建议"，中西方文化的差异将第八项改为正向记分。量表为五级评分，采用均分的计算方式了解中学生的自尊状况。

---

① 梁宇颂：《大学生成就目标、归因方式与学业自我效能感的研究》，硕士学位论文，华中师范大学，2000 年。

（三）研究程序和假设

在征得各班班主任的同意和支持后，采用团体施测的方法进行，以班级为基本单位进行问卷调查，主试由研究者和另外一名初中老师担任，施测前对主试进行了相关方面的培训。

施测时间选取学生自由活动的时间，由主试向同学们解释指导语，被试根据自己的真实情况作答。作答时间为 20 分钟，测试结束后由主试和老师收回问卷。共发放问卷 220 份，剔除无效问卷 23 份，收回有效问卷 197 份，将有效问卷全部录入 SPSS22.0 软件进行处理和分析。

基于之前的文献综述，本研究提出了具体的研究假设，分别为：

假设 1：不同性别的中学生的同胞关系存在显著性差异。

假设 2：同胞关系质量对中学生的学业自我效能感有显著的预测作用。

假设 3：自尊在同胞关系质量与中学生的学业自我效能感间发挥部分中介作用。

三　研究结果

（一）中学生同胞关系的特点

首先对中学生的同胞关系质量进行描述性统计分析，并探讨性别对同胞关系质量的影响，结果见表 9—3。从表中可以看出，中学生的同胞亲密度大于 5 级计分的中点 3，表明同胞亲密度较高，同胞冲突的均值小于 5 级计分的中值 3，表明同胞冲突程度较低；同胞之间的权利对比的均值小于 5 级计分的中值 3，表明同胞之间的权利对比度较小；同胞之间的竞争均值与 5 级计分的中值 3 接近。性别在同胞关系的各个维度上的结果差别不大，为了进一步探讨同胞关系与性别的关系，对其各个维度的结果进行独立样本的 T 检验，发现同胞关系的四个维度在性别上均不存在显著性差异。

表9—3　　　中学生各维度的得分及在性别上的差异（N＝197）

	亲密	冲突	权利对比	竞争
男	3.53±0.699	1.97±0.715	0.18±1.109	2.53±1.025
女	3.54±0.750	2.10±0.708	0.22±0.923	2.56±0.980
差异显著性	0.883	0.195	0.783	0.844

（二）中学生学业自我效能感的特点

接下来探讨了中学生学业自我效能感的各维度在性别上的得分情况，以及学业自我效能感在性别上的差异显著性检验结果。由表9—4中可以看出，中学生的学业自我效能感的各个维度在性别上差别不大，进一步探讨学业自我效能感与性别的关系，对各维度在性别上进行独立样本的T检验，发现学业自我效能感的两个维度：学业能力自我效能感和学习行为自我效能感在性别上均不存在显著的差异。

表9—4　　　中学生的学业自我效能感各维度的得分及在性别上的差异（N＝197）

	学习能力自我效能感	学习行为自我效能感
男	3.17±0.757	3.05±0.598
女	2.99±0.700	3.10±0.566
差异显著性	0.105	0.570

（三）中学生自尊的特点

然后探讨中学生的自尊特点及其性别差异。本次研究中，中学生的自尊的平均分为2.20，标准差是0.684。考虑到本次研究中量表采用的是五级评分，中数为3。可见，中学生的自尊水平处于偏下水平。

表9—5呈现了不同性别的学生在自尊上的得分情况和在性别上的差异显著性结果，由表9—5可知自尊在不同性别的中学生身上不存在显著性差异。

表9—5　不同性别的中学生在自尊上的得分情况和差异检验（N＝197）

	男	女	差异显著性
自尊	3.73±0.694	3.65±0.671	0.401

（四）中学生的同胞关系、学业自我效能感与自尊之间的相关关系

首先计算了各个变量的相关关系，结果见表9—6。从表9—6中可以看出，自尊与中学生的学习能力自我效能感以及学习行为自我感存在显著的正相关关系；同胞亲密维度与中学生的学习能力自我效能感和学习行为自我效能感均存在显著正相关；同胞冲突与中学生的学习能力自我效能感和学习行为自我效能感均存在负相关关系但差异并不显著；同胞亲密和同胞权利对比均与自尊存在显著正相关关系，而同胞冲突和同胞竞争与自尊没有显著相关关系。

表9—6　中学生的同胞关系、学业自我效能感与自尊间的相关关系

	自尊	学习行为 自我效能感	学习能力 自我效能感	同胞 亲密	同胞 冲突	同胞 权利对比
1 学习能力自我效 能感	0.432 **					
2 学习行为自我效 能感	0.302 **	0.699 **				
3 同胞亲密	0.177 *	0.305 **	0.281 **			
4 同胞冲突	−0.037	−0.149 *	−0.148 *	−0.210 **		
5 同胞权力对比	0.180 *	0.121	0.069	−0.116	0.077	
6 同胞竞争	−0.030	−0.101	−0.130	−0.054	0.303 **	−0.050

注：p * <0.05；** p <0.01。

（五）中学生的自尊在同胞关系对学业自我效能感影响上的中介作用

（1）中学生的自尊在同胞亲密与学习能力自我效能感间的中介作用

在以往研究的基础上，为了考察自尊在同胞亲密与学习能力自我效能感的关系中是否存在中介效应，验证本文的研究假设，本部分采用了温忠麟等（2005）所提出的中介效应的检验方法：依次求出学习能力自我效能感（Y）对同胞亲密度（X），自尊（M）对同胞亲密度（X），学习能力自我效能感（Y）对同胞亲密度（X）和自尊（M）的回归关系，并建立三个标准化的回归方程。具体结果见表9—7和表9—8。

表9—7　学习能力自我效能感对同胞亲密和自尊的分层回归分析结果

因变量	预测变量	R^2	调整后的 R^2	Beta	t
学习能力自我效能感	同胞亲密	0.093	0.089	0.305	4.478 **
自尊	同胞亲密	0.031	0.027	0.177	2.517 *
学习能力自我效能感	同胞亲密	0.241	0.233	0.236	3.715 **
	自尊			0.391	6.145 **

注：p * < 0.05；** p < 0.01。

从表9—7中可以看出，同胞亲密能够显著正向预测学习能力自我效能感，同胞亲密也能够显著正向预测自尊，自尊和同胞亲密度对学习能力自我效能感也能够起到显著的正向预测作用。根据以上回归分析结果，得出中介检验结果如表9—8所示。从表9—8中可以看出，各回归方程均显著，回归系数也都是显著的。

表9—8　　自尊在同胞亲密和学习能力自我效能感间的中介效应依次检验结果

	标准化回归方程	回归系数检验	
第一步	Y = 0.305X	SE = 0.070	t = 4.478 **
第二步	M = 0.177X	SE = 0.067	t = 2.517 *
第三步	Y = 0.391M + 0.236X	SE = 0.068	t = 3.715 **
		SE = 0.065	t = 6.145 **

注：p * < 0.05；** p < 0.01。

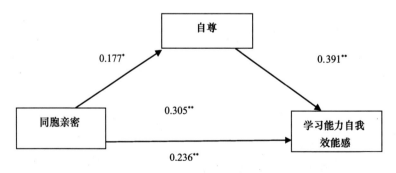

图9—2　自尊在同胞亲密与学习能力自我效能感间的中介模型

注：p * < 0.05；** p < 0.01。

根据依次检验结果，回归系数都显著，表明自尊在同胞亲密度与学习能力自我效能感的关系中起到了部分中介作用。中介效应占总效应的比值为：$(0.177 \times 0.391) \div 0.305 \times 100\% = 22.7\%$。中介作用模型如图9—2。

（2）中学生的自尊在同胞亲密与学习行为自我效能感间的中介作用

研究步骤为依次求出学习行为自我效能感（Y）对同胞亲密（X），自尊（M）对同胞亲密（X），学习行为自我效能感（Y）对同胞亲密（X）和自尊（M）的回归模型，并建立三个标准化的回归方程。具体结果见表9—9和表9—10。

表9—9　学习行为自我效能感对同胞亲密和自尊的分层回归分析结果

因变量	预测变量	R^2	调整后的 R^2	Beta	t
学习行为自我效能感	同胞亲密	0.079	0.074	0.281	4.082**
自尊	同胞亲密	0.031	0.027	0.177	2.517*
学习行为自我效能感	同胞亲密	0.144	0.136	0.234	3.474**
	自尊			0.260	3.857**

注：$p* < 0.05$；$**p < 0.01$。

从表9—9中可以看出，同胞亲密能够显著正向预测学习行为自我效能感，同胞亲密也能够显著正向预测自尊，自尊和同胞亲密度对学习行为自我效能感也能够起到显著正向预测作用。根据以上回归分析结果，得出中介检验结果如表9—10所示。从表9—10中可以看出，各回归方程均显著，回归系数也都是显著的。

表9—10　自尊在同胞亲密和学习行为自我效能感间的中介效应依次检验结果

	标准化回归方程	回归系数检验	
第一步	$Y = 0.281X$	SE = 0.056	t = 4.478**
第二步	$M = 0.177X$	SE = 0.067	t = 2.517*
第三步	$Y = 0.260M + 0.234X$	SE = 0.058	t = 3.715**
		SE = 0.055	t = 6.145**

注：$p* < 0.05$；$**p < 0.01$。

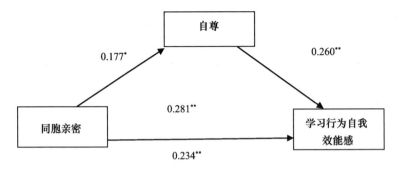

图9—3　自尊在同胞亲密与学习行为自我效能感间的中介模型

注: p * <0.05; ** p <0.01。

由于依次检验结果都显著,因此自尊在同胞亲密与学习行为自我效能感的关系中发挥部分中介作用。中介效应占总效应之比为:(0.177 × 0.260)÷0.281 ×100% =16.4%。中介模型如图9—3所示。

四　分析与讨论

(一)中学生的同胞关系、学业自我效能感与自尊的特点

(1)中学生的同胞关系的特点

本研究从同胞关系的亲密、冲突、权利对比和竞争四个维度来研究同胞关系的质量。研究结果表明:同胞亲密维度处于中等偏上水平,其余三项均处于偏下水平;同胞亲密、同胞冲突、同胞权利对比和同胞竞争四个维度在性别维度上的差异均不显著,影响同胞关系的因素很多,性别虽不是其中最主要的方面,但却存在着不可小觑的作用。性别影响父母的生育意愿和养育方式,个体的身心发展和社会性发展,以及同胞的相互认知和互动方式。国外对同胞关系的研究发现具有较强的性别差异。Martin 和 Ross 对78个儿童的同胞冲突行为进行调查,发现2岁时男孩比女孩有更多的身体侵犯、欺负和破坏行为[1]。另一项对1633个学生的调查发现,28.5%的女生有过同胞暴力行为,24.2%的男生有过同胞

---

① Martin, J., & Ross, H., "Sibling aggression: Sex differences and parents' reactions", *International Journal of Behavioral Development*, Vol. 29, 2005, pp. 129 – 138.

暴力行为；与男生相比，女生受到同胞暴力伤害的人数更多，频率更高①。之所以本研究得到的结论与西方研究结果之间存在较大的差异，可能与同胞关系的文化差异特点有密切关系。我国属于典型的集体主义文化，强调家庭和谐，父母鼓励同胞之间建立温暖而非冲突的同胞关系；另一方面，随着生活水平的提高和生育观念的更新，重男轻女现象已经逐步减轻，对待男孩女孩的差别正在逐步减小。

（2）中学生的学业自我效能感的特点

对学业自我效能感的研究从学习能力自我效能感和学习行为自我效能感两个维度来进行。研究结果表明：学业能力自我效能感和学习行为自我效能感均处于中等偏上的水平，也就是说现在的中学生的学业自我效能感普遍较高，这是一个好的现象，因为大量研究表明学业自我效能感和学习成绩之间存在显著的正相关，学业自我效能感较高起码反映了学生的努力程度较高。中学时期的学习压力开始逐步加大，由小学时期全是综合课程到初中时期的综合课程和分科课程相结合，所以学生和家长开始提醒孩子认真对待学业。学业能力自我效能感和学业行为自我效能感在性别上均不存在显著差异，这与以往的有些研究认为初中生男生的学业自我效能感普遍要高于女生不相一致，可能是由于社会的发展，男女各方面的性别差异正在逐渐缩小，女生对自己的要求也越来越高。

（3）中学生的自尊的特点

自尊的测量采用五点记分，结果表明中学生的自尊的平均分为2.2分，处于中等偏下水平，这可能是由于初二阶段是思想、情绪和价值观等变化最大的阶段，此时的自尊水平不稳定，处于动态的变化之中；自尊的性别差异男生略高于女生但不显著，这与台湾黄朗文和内地学者黄希庭等的研究相一致，进入青春期后女生的自我评价开始逐渐降低，在此研究中出现这种结果的很大一部分原因可能是随着生育观念的改变，重男轻女的现象已经不是那么严重，人们对待男孩女孩的态度等差别不大。

---

① Johnson, R., Duncan, D., Rothman, E., et al., "Fighting with siblings and with peers among urban high school students", *Journal of Interpersonal Violence*, Vol. 30, 2015, pp. 2221–2237.

（二）中学生同胞关系、学业自我效能感与自尊间的相关分析

（1）中学生的同胞关系与学业自我效能感的相关分析

研究结果表明，同胞关系的亲密维度和学业自我效能感的两个维度——学习能力自我效能感和学习行为自我效能感均存在显著的正相关；同胞关系的冲突维度和学业自我效能感的两个维度——学习能力自我效能感和学习行为自我效能感均存在显著的负相关；同胞关系的权利对比维度和竞争维度与学业自我效能感的两个维度均不存在显著的相关关系。这说明同胞关系越好，学业自我效能感越高。这与我们原先的假设相一致，同胞关系越亲密，冲突越少，中学生对待学业的时间和精力也会越多。根据同胞关系所具有的心理功能可以将其分为积极和消极的同胞关系两种，积极的同胞关系主要体现为同胞温暖，包含同胞之间的帮助、教育、照顾、建议、支持、温暖和分享等；而消极的同胞关系主要体现为同胞冲突，包括争吵、敌对和竞争三个方面。当同胞关系是积极温暖的时，同胞之间在学业上会有更多的帮助行为，彼此加油打气，进行正确的归因，这些都有利于个体学业自我效能感的良好发展。相反，如果同胞之间存在持续不断的争吵，那么对于处于角色统一对角色混乱的初中生来说，敏感、叛逆的特点使得同胞将较多的精力浪费在处理消极情绪方面，另外消极的同胞关系还会使得父母教育子女的方式发生改变，这些都可能造成个体学业自我效能感的不良发展。

（2）中学生的自尊与学业自我效能感的相关分析

研究结果表明，自尊与学业自我效能感的两个维度——学习能力自我效能感和学习行为自我效能感均存在显著的正相关，说明自尊程度越高，学业自我效能感越高，这与大多数的研究结果相一致：自尊水平越高，对自己的要求越高，学业自我效能感越高，越可能在学业成绩方面取得良好的成绩。中学时期的学生自尊水平较高、较为敏感、渴望独立，老师和家长要注意不在公开场合或者同学们面前批评他们，尽可能放手让他们做自己力所能及的事情。

（3）中学生的自尊在同胞关系与学业自我效能感关系之间的中介作用

通过实证研究，本次结果表明：同胞关系确实与学业自我效能感存在一定的关系，因为同胞关系是家庭系统中一种非常重要的关系，同胞关系的好坏影响着学业自我效能感的发展，本次研究的中介变量为自尊。在本研究中发现，同胞亲密对学业自我效能感中的学习能力自我效能感维度和学习行为自我效能感维度的预测中，自尊的中介效应都显著，发挥了部分中介作用。

同胞之间的相处时间远超过父母和同伴的相处时间，同胞在互动过程中往往伴随着情绪的变化，如生气、快乐、沮丧和懊恼等，这些情绪情感的交织为儿童的情绪发展提供了很重要的环境，有利于儿童学习识别、表达和调节情绪；而且同胞温暖有利于儿童青少年的情绪社会性发展，一方面，同胞温暖增强了同胞彼此的自我表露，提高了同胞的情绪适应能力；另一方面，同胞温暖为儿童提供了学习情绪识别、表达和调节的机会，对青少年的社会性发展具有重要作用。再者，同胞关系可以影响儿童青少年的社会认知，积极的同胞关系为青少年提供了学习和模仿的机会，同胞之间的这种亲密互动有利于儿童社会情绪理解能力、亲社会技能和冲突解决策略的发展，进而可以促进个体自我的发展，提高青少年的自尊水平[①]。而根据前述分析，自尊又可以提高个体的自我效能感，因此自尊在同胞关系对学业自我效能感中发挥重要的中介作用。

五　结论与建议

(一) 结论

本研究通过简版的同胞关系问卷、罗森伯格的自尊问卷以及梁宇颂、周宗奎的学业自我效能感问卷，对山东省菏泽市某中学的初二年级中仅有一个同胞的学生进行了同胞关系质量、自尊水平和学业自我效能感发展的调查分析，得出以下几点结论：

（1）同胞关系的四个维度——亲密、冲突、权利对比和竞争在性别上均不存在显著性差异。

---

① Mota, C. P. , & Matos, P. M. , "Does sibling relationship matter to self-concept and resilience in adolescents under residential care", *Children and Youth Services Review*, Vol. 56, 2015, pp. 97 - 106.

（2）学业自我效能感的两个维度——学习能力自我效能感和学习行为自我效能感在性别上均不存在显著性差异。

（3）自尊在性别上不存在显著性差异。

（4）同胞关系的亲密维度与学业自我效能感的学习能力自我效能感维度和学习行为自我效能感维度均存在显著的正相关；同胞关系的冲突维度与学业自我效能感的学习能力自我效能感维度和学习行为自我效能感维度均存在显著的负相关；自尊与学业自我效能感的学习能力自我效能感维度和学习行为自我效能感维度均存在显著的正相关；自尊与同胞关系的亲密维度和权利对比维度均存在显著的正相关，与冲突维度不存在显著的负相关。

（5）自尊在同胞亲密与学习能力自我效能感和学习行为自我效能感的关系中的中介效应显著，均为部分中介作用。

（二）建议

随着"二孩政策"的正式实行，非独生子女家庭将呈现逐步上升趋势。同胞关系的重要性也将在家庭关系中呈现上升趋势，所以本研究认为改善同胞关系质量以及相应提高青少年的自尊水平有利于提高学业自我效能感进而提高学习成绩。虽然本研究从问卷的整理到数据的分析和处理都尽量准确，但不可否认的是，在研究中仍然存在一些问题：

（1）本次研究中的被试全部来源于山东省菏泽市某地区的一所中学，今后的研究可以扩大被试的数量和被试的来源地。（2）本研究只从被试的性别角度进行了区分，而没有考虑家庭所在地、经济发展水平和其他一些可能影响变量的因素。（3）本研究的调查方式是问卷法，在操作过程中可能存在一定的局限性，被试可能会对自己的某些方面进行掩饰，今后的研究可从多个方面采用多种方法收集更为有效的资料。

第 十 章

同胞关系对大学新生适应的影响

一　问题提出

　　刚刚步入大学校园的新生，在学习方式和生活环境等方面都发生了重大改变，往往容易产生生理和心理上的不适应。大学新生能否尽快适应新环境，不仅对其身心健康发展有重要影响，也影响其健康人生观和价值观的树立。因此，加强学校适应的理论研究，创新心理健康的教育工作模式，不断提高大学生的学校适应和心理健康水平，对高校教育工作具有重要的理论和实践价值。

　　学校适应是一个广义的多维度概念，到目前为止国内学者对学校适应的结构仍持有不同的意见。如包括学习适应、人际适应、生理适应、环境的总体认同、身心症状的五因素模型（陶沙，2000）①。在此基础上，一些研究者增加了考试适应（傅茂笋、寇增强，2004）②、就业适应（邹小勤，2013）③ 以及社会适应（卢春莉，2004）④ 等其他因素。但是不同年级的学生重点关注的适应主题不同（潘朝霞，2009）⑤。对于大一新生来说，

　　① 陶沙：《从生命全程发展观论大学生入学适应》，《北京师范大学学报》（社会科学版）2000 年第 2 期。
　　② 傅茂笋、寇增强：《大学生适应量表的初步编制》，《中国心理卫生杂志》2004 年第 18 期。
　　③ 邹小勤：《我国大学生学校适应研究》，厦门大学，博士论文，2013 年。
　　④ 卢春莉：《大学生心理适应能力问卷的编制及应用分析》，硕士学位论文，山西大学，2004 年。
　　⑤ 潘朝霞：《大学生心理分离与学校适应：父母教养方式的调节作用》，硕士学位论文，河南大学，2009 年。

主要是对大学生活、人际关系、学习等方面的适应，而且容易产生情绪问题，如孤独感。

受我国计划生育政策的影响，国内对大学新生适应的研究主要集中于对独生子女和非独生子女的适应状况进行比较，但是不同研究者得出的结论不同。有研究认为独生子女的适应情况明显好于非独生子女（佘丹丹，2011）[①]；而另一项研究则表明非独生子女比独生子女有更强的适应能力（邹小勤，2013）[②]；还有研究发现是否独生子女对适应和孤独感都不存在显著的影响（李惠，2007）[③]；或者独生和非独生子女在适应的不同维度上存在着一定的差异（杜欣，2015）[④]。但是这些研究都忽略了一个非常重要的问题，即非独生子女的同胞关系质量对个体适应和心理发展的重要作用。

同胞关系是一种非常复杂的情感矛盾关系，Furman 和 Buhrmester（1985）提出同胞关系主要包括亲密和冲突两个相对独立的维度。同胞亲密是同胞关系中的积极方面，包括亲密、亲社会行为、合作、喜爱、相似、尊敬和被尊敬七个方面；同胞冲突是同胞关系中的消极方面，包括争吵、敌对和竞争三个子维度。多项研究发现亲密和冲突两个维度能够对同胞关系进行准确描述，具有良好的信效度。然而同胞关系质量受到多种因素的影响。

同胞的性别组合对同胞关系质量存在重要影响。研究发现同性别（姐妹或兄弟之间）比异性别的同胞关系更亲密。姐妹间的关系最亲密，而哥哥和妹妹的同胞关系最差。但是一些纵向研究发现，异性别的同胞从儿童到青少年时期亲密度持续下降，但是随后逐渐上升，而同性别的同胞亲密度变化较小。同胞之间的年龄差距对同胞关系的影响结论并不一致。一些研究认为年龄差距较小的同胞关系较差；也有研究发现同胞年龄差

① 佘丹丹：《大学新生适应性调查及适应不良群体的干预研究》，硕士学位论文，河北大学，2011 年。

② 邹小勤：《我国大学生学校适应研究》，博士学位论文，厦门大学，2013 年。

③ 李惠：《家庭动力与大学新生适应的关系——定量与定性研究》，硕士学位论文，同济大学，2007 年。

④ 杜欣：《大学生性别角色、自尊与适应状况的关系研究》，硕士学位论文，河北师范大学，2015 年。

距在 2—4 岁是最佳的，有最大化的情感联系和最小化的冲突；还有研究认为年龄差距对同胞关系没有影响。

同胞关系是个体一生中持续时间最长的关系，它强烈而有力，既可以建设性的方式促进个体健康发展，也可能带来更多的问题行为。亲密的同胞关系是一种保护性因素，它能够促进个体的适应，降低个体心理和行为问题发生的可能性。同胞关系属于依恋关系中的一种，对同胞的积极依恋使个体对自我和社会形成良好的印象，而消极的同胞依恋使个体倾向于将自己视为无价值的，出现行为不良、物质滥用和攻击性行为的可能性较大。如有实证研究发现亲密的同胞关系与焦虑、抑郁负相关，与自尊正相关；满意的同胞关系与消极的情绪负相关；不管是成年早期或更大的年龄，同胞关系都与当时的心理健康密切相关。同胞冲突对个体的心理和行为发展是一种风险性因素，关于同胞冲突关系影响个体适应的主要理论观点是社会学习理论。该理论认为个体与同胞的冲突关系会泛化到其他情境中如同伴关系，同胞关系是个体攻击性和敌意互动的场所，因而可能促进个体的适应不良。实证研究发现同胞冲突与多种内外部心理和行为问题有关；增加了个体物质滥用、行为不良和攻击的可能性。

同胞关系质量对适应的作用也有可能受到被试性别、出生顺序、性别组合、年龄差距等多种因素的影响。实证研究发现同胞冲突与女孩在浪漫关系中较差的亲密性有关。同胞关系对出生顺序不同的个体影响模式不同，消极的同胞关系对二胎的风险性行为影响更大，性别不同的比性别相同的同胞更容易出现风险性行为。另外同胞冲突会增加年龄差距较小的同胞的焦虑和抑郁情绪。对 34 项同胞关系研究的元分析发现性别组合、年龄差距和个体年龄会调节同胞关系质量对内外部心理和行为问题的影响，同胞关系对兄弟组合、年龄差距较小的同胞的心理影响更大。

随着二孩生育政策的全面放开，二孩家庭在我国将越来越多，因此研究同胞关系具有重要的理论和现实意义。基于此，本研究以二孩家庭的大学新生为被试，对其同胞关系质量进行详细分析，并探讨同胞关系对于其适应和孤独感的影响，以及被试性别、同胞性别组合、年龄差距和出生顺序在其中的调节作用。

二　研究方法

（一）研究对象

采用随机抽样的方式，从山东省某高校随机抽取215名仅有一名同胞的非独生子女进行问卷调查。被试平均年龄为18.34岁（SD=0.64），与同胞的年龄差约为7.04岁。

（二）研究工具

（1）大学生适应量表：量表包括人际关系适应、学习适应、校园生活适应、择业适应、情绪适应、自我适应和满意度7个维度60个项目（方晓义、沃建中、蔺秀云，2005）[①]。鉴于本次研究中的调查对象主要为大一新生，删除了择业适应和学习适应中的一个题目，共有50个项目。让被试判断他们的实际情况与题目描述的一致程度，采用Likert 5级评分，取各维度和所有题目的分数平均值，分数越高表示适应越好。本次研究中量表各维度的内部一致性系数为0.63到0.82，总量表的内部一致性系数为0.93。

（2）孤独感量表：量表包括20个项目，采用Likert 5级评分，部分题目反向计分，将每个问题的得分相加即为孤独感总分（Russell & Cutrona，1988）[②]。量表的内部一致性系数为0.89。

（3）同胞关系量表：采用Furman和Buhrmester（1985）开发的《同胞关系问卷》探讨被试的亲密和冲突同胞关系，其中亲密维度15个项目，冲突维度6个项目。被试判断同胞之间的实际关系与题目描述的一致程度，采用Likert 5级计分。各维度项目的平均值表示同胞亲密和冲突的状况，分数越高表示同胞的亲密或冲突程度越高。经检验同胞亲密维度的内部一致性信度为0.91，同胞冲突维度的内部一致性信度为0.66。

---

① 方晓义、沃建中、蔺秀云：《中国大学生适应量表的编制》，《心理与行为研究》2005年第3期。

② Russell, D. W., & Cutrona, C. E., *Development and evolution of the UCAL Loneliness Scale*, Unpublished manuscript, Center for Health Services Research, College of Medicine, University of Iowa, 1988.

（三）统计方法

采用 SPSS 20.0 进行非参数检验、描述性统计分析、差异显著性检验、相关分析和分组回归分析等。

三　研究结果

（一）大学新生同胞关系分析

由于同胞的亲密和冲突关系并非正态分布（见图 10—1），采用非参数检验对大学新生的同胞关系进行分析。统计分析发现大学新生的同胞亲密关系中值为 4.2，左偏态分布（bs = -1.46）；同胞冲突关系中值为 1.67，右偏态分布（bs = 0.71）。表明多数大学新生的同胞亲密度较高，而同胞冲突度较低。

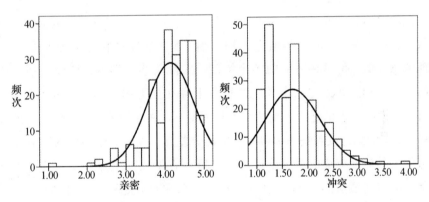

图 10—1　大学新生的同胞亲密（左）和冲突（右）关系的频次分布

曼—惠特尼 U（Mann-Whitney U）检验（见表 10—1）发现性别对同胞关系的亲密度有显著影响（Z = 2.65），女生的同胞亲密度显著大于男生，在同胞冲突维度上男女之间不存在显著的差异（Z = 0.27）。性别组合对同胞亲密关系存在显著的影响（Z = 1.96），性别相同的同胞之间比性别不同的同胞之间有更高的亲密度，而在同胞冲突维度不存在显著性差异（Z = 0.44）。头胎和二胎在同胞亲密和冲突维度上不存在显著的差异。采用独立样本非参数检验法中的中数检验（df = 3），发现同胞之间的年龄差距对同胞亲密和冲突关系都有显著的影响。年龄差距小于 9 岁时，同胞亲密度小于中数的被试更多。年龄差距小于 3 岁时，同胞冲突度大于中数的被试更多。说明年龄差距越大，同胞越亲密，而年龄差距越小，同胞冲突越多。

表 10—1   大学新生的同胞关系的描述性统计和差异检验结果

	中值	偏度	峰度	性别 （Z）	性别组合 （Z）	出生顺序 （Z）	年龄差距 （Chi Square）
亲密	4.20	-1.46	3.84	2.65**	1.96*	0.63	11.25**
冲突	1.67	0.71	0.47	0.27	0.44	0.81	24.04**

注：*p<0.05；**p<0.01。

（二）大学新生的适应和孤独感状况

大学新生的适应和孤独感均呈正态分布，描述性统计分析发现大学新生的总体适应的平均值为 3.49，大于 5 级计分的中值 3，表明总体适应状况较好，孤独感得分均值为 2.13，小于 5 级计分的中值 3，表明新生的孤独感较低。但是在适应的各个维度：人际关系、学习、校园生活、情绪、自我和满意度这六个维度的适应上存在显著的差异（见表 10—2），进一步对各维度的适应状况两两进行配对样本的 t 检验（df=214），见表 10—2 中的满意度与情绪适应维度的得分差异，发现大学新生的满意度显著低于其他五个适应维度，这可能与所调查学校非重点院校有关。大学新生的情绪适应显著高于学习、人际关系和自我适应三个维度。学习、人际关系、自我和校园生活几个维度的适应之间不存在显著的差异。

表 10—2   大学新生适应的各维度的差异显著性检验

	平均数差（左-右）	T	效应量
满意度—情绪	-0.37	-9.37**	0.58
满意度—学习	-0.30	-6.58**	0.43
满意度—人际关系	-0.28	-5.89**	0.42
满意度—自我	-0.30	-6.56**	0.45
满意度—校园生活	-0.34	-8.90**	0.52

续表

	平均数差（左－右）	T	效应量
情绪—学习	0.08	2.14 *	0.12
情绪—人际关系	0.09	2.51 *	0.16
情绪—自我	0.07	2.19 *	0.12
情绪—校园生活	0.03	0.97	0.05
学习—人际关系	0.01	0.32	0.02
学习—自我	-0.01	-0.15	0.02
学习—校园生活	-0.05	-1.27	0.09
人际—自我	-0.02	-0.55	0.03
人际—校园生活	-0.06	-1.54	0.10
自我—校园生活	-0.04	-1.02	0.07

注：$p* < 0.05$；$**p < 0.01$。

（三）同胞关系对大学新生的适应和孤独感的影响

（1）同胞关系与大学新生适应和孤独感的相关分析

表10—3　大学新生的适应、孤独感与同胞关系质量的相关分析结果

	满意度	情绪	学习	人际关系	自我	校园生活	总适应	孤独感
亲密	0.22 **	0.31 **	0.24 **	0.38 **	0.26 **	0.30 **	0.35 **	-0.36 **
冲突	-0.05	-0.08	-0.04	-0.02	-0.08	-0.06	-0.06	0.08

注：$p* < 0.05$；$**p < 0.01$。

由于同胞亲密和冲突关系并非正态分布，因此采用斯皮尔曼（Spearman）相关对同胞关系与适应和孤独感的相关关系进行检验，结果见表10—3。从表中可以看出，同胞亲密与大学新生适应的各个维度和总适应呈现显著的正相关关系，而与孤独感呈现显著的负相关关系；同胞冲突与大学新生的适应和孤独感的相关都不显著。

（2）同胞关系与大学新生的适应和孤独感的调节效应分析

相关分析表明只有同胞亲密关系与大学新生的适应和孤独感存在显著的相关关系，因此分别以被试的性别、性别组合、年龄差距和出生顺序作为调节变量，参照分类调节变量的分析方法（温忠麟、张雷、侯杰

泰、刘红云，2004）[1]，采用分组回归模型探讨同胞的亲密关系对大学新生的适应和孤独感的影响。

被试性别对同胞亲密关系与大学新生的适应和孤独感的调节效应分析结果见表10—4。从表10—4中可以看出，被试的性别对于同胞亲密与适应和孤独感的关系存在显著的调节作用。男生的同胞亲密关系对于适应和孤独感不存在显著的预测作用；而女生亲密的同胞关系能够显著正向预测新生适应，反向预测孤独感。

表10—4　　　被试性别对同胞亲密与大学新生适应和孤独感
之间关系的调节效应分析结果

因变量	性别	R^2（%）	F	b	SE	B	t
适应	男（n=45）	0.03	2.30	0.16	0.10	0.23	1.52
	女（n=170）	0.17	36.30**	0.37	0.06	0.42	6.03**
孤独感	男（n=45）	0.04	2.89	−0.20	012	−0.25	−1.70
	女（n=170）	0.14	28.06**	−0.39	0.07	−0.38	−5.30**

注：$p* < 0.05$；$**p < 0.01$。

被试与同胞的性别组合对同胞亲密关系与大学新生的适应和孤独感的调节效应分析结果见表10—5。从表10—5中可以看出，性别组合显著调节同胞的亲密关系与大学新生的适应和孤独感的关系。不管性别是否相同，亲密的同胞关系都能够显著正向预测适应，反向预测孤独感。

表10—5　　　性别组合对同胞亲密与大学新生适应和孤独感
之间关系的调节效应分析结果

因变量	性别组合	R^2（%）	F	b	SE	B	t
适应	性别相同（n=94）	0.11	12.81**	0.24	0.07	0.35	8.80**
	性别不同（n=121）	0.12	17.68**	0.33	0.08	0.36	3.58**

---

① 温忠麟、张雷、侯杰泰、刘红云：《中介效应检验及其应用》，《心理学报》2004年第36期。

续表

因变量	性别组合	R^2（％）	F	b	SE	B	t
孤独感	性别相同（n＝94）	0.14	15.88**	−0.32	0.08	−0.38	−3.98**
	性别不同（n＝121）	0.10	14.38**	−0.35	0.09	−0.33	−3.79**

注：p*＜0.05；**p＜0.01。

被试与同胞的出生顺序对同胞亲密与大学新生的适应和孤独感之间关系的调节效应分析结果见表10—6。从表中可以看出，被试与同胞的出生顺序可以显著调节亲密的同胞关系与大学新生的适应和孤独感之间的关系。当被试是头胎时，同胞之间亲密的关系对适应的影响较大，而对孤独感的影响较小（调整后的 R^2）；相反，当被试是二胎时，同胞之间亲密的关系对适应的影响较小，而对孤独感的影响较大。

表10—6　被试与同胞的出生顺序对同胞亲密与大学新生的适应和孤独感之间关系的调节效应分析结果

因变量	出生顺序	R^2（％）	F	b	SE	B	t
适应	头胎（n＝131）	0.14	22.63**	0.30	0.06	0.39	4.76**
	二胎（n＝84）	0.08	8.51**	0.26	0.09	0.31	2.92**
孤独感	头胎（n＝131）	0.10	15.73**	−0.31	0.08	−0.33	−3.97**
	二胎（n＝84）	0.15	15.40**	−0.37	0.09	−0.40	−3.92**

注：p*＜0.05；**p＜0.01。

被试与同胞的年龄差距对同胞亲密关系与大学新生的适应和孤独感的调节效应分析结果见表10—7。从表中可以看出，当被试与同胞的年龄差距小于6岁时，亲密的同胞关系对大学新生的适应和孤独感没有显著的预测作用。而当被试与同胞的年龄差距大于6岁时，亲密的同胞关系显著正向预测大学新生的适应，反向预测孤独感。

表 10—7   年龄差距对同胞亲密与大学新生适应和孤独感
之间关系的调节效应分析结果

因变量	年龄差距	R^2（%）	F	b	SE	B	t
适应	小于 3 岁（n = 16）	0.05	0.14	0.09	0.17	0.13	0.51
	3—6 岁（n = 46）	0.03	1.14	0.22	0.15	0.25	1.47
	6—9 岁（n = 99）	0.14	8.28**	0.32	0.08	0.38	4.09**
	9 岁以上（n = 54）	0.19	6.54**	0.31	0.09	0.45	3.61**
孤独感	小于 3 岁（n = 16）	0.06	1.88	−0.24	0.18	−0.34	−1.30
	3—6 岁（n = 46）	0.01	0.74	−0.14	0.16	−0.13	−0.99
	6—9 岁（n = 99）	0.15	18.09**	−0.42	0.08	−0.40	−4.18**
	9 岁以上（n = 54）	0.14	9.27**	−0.31	0.10	−0.39	−2.88**

注：$p* < 0.05$；$**p < 0.01$。

四　分析与讨论

继"单独二孩"政策之后我国进入了"全面二孩"时代，将来必定会有越来越多的家庭生育二孩，因此探讨同胞关系对个体心理和行为发展的影响具有重要的理论和现实意义。

首先，同胞关系质量受到性别组合、年龄差距等多种因素的影响，是一种复杂的多维度的情感关系。本研究发现，同性别的同胞亲密度最高，而年龄差距较小的同胞冲突最多，这与张杰（2016）对大学生的同胞关系质量的调查结果相似[1]。但是不论是头胎还是二胎，同胞关系质量都没有显著的差异，这与张雪丽（2015）对单独二孩家庭中的两个同胞的研究结果一致[2]。而且同胞关系也存在显著的文化差异，西方社会中同胞关系更多的是爱—恨，关系紧张，反映了西方社会对于竞争和个体主义的强调；而在集体主义文化中，同胞对于个体生活具有重要作用，对同胞互依的规则更加强调，同胞关系更多的是自我验证的，相互有责任和义务的，并持续一生。这与本研究发现的我国的同胞关系更加亲密的结论

---

[1]　张杰：《大学生同胞关系及其对人际关系的影响》，硕士学位论文，鲁东大学，2016 年。

[2]　张雪丽：《"单独二胎"新计生政策下儿童同胞关系及相关因素研究》，硕士学位论文，四川医科大学，2015 年。

相似。

　　其次，同胞亲密关系比同胞冲突关系对个体的心理和行为发展的影响更大。研究发现冲突而缺乏亲密的同胞关系甚至比同胞之间的情感冷淡更可能使个体抑郁。Buist 和 Vermande（2014）对儿童中期的同胞关系类型与内外部心理和行为问题之间的关系进行分析，发现亲密的同胞关系对个体的适应最重要，冲突关系的孩子比亲密关系的孩子报告了更多的内外部问题行为，以及更低的学业、社会和一般能力评价，冲突而又缺乏亲密的同胞关系对于个体的负面作用更大[①]。这与本研究发现亲密的同胞关系对个体的适应存在正向作用，而对孤独感存在反向影响，但是冲突的同胞关系没有预测作用的结论一致。

　　再者，同胞关系对个体的心理和行为发展的作用异常复杂，也受到被试性别、出生顺序、性别组合、年龄差距等多种结构性因素的影响。性别相同的同胞之间可能拥有更为相似的环境（Samek，McGue，Keyes & Iacono，2015）[②]，如关系亲密的同胞的同伴网络存在较大的交叉（Kothari，Sorenson，Bank，& Snyder，2017）[③]。亲密的同胞彼此之间的共同话题较多（Low，Shortt，& Snyder，2012）[④]，因此获得同胞支持的可能性更大，而较高的同胞支持能够弥补较低的同伴支持而降低个体的孤独和抑郁水平（Van Der Kapp-Deeder，Vansteenkiste，Soenens，& Mabbe，2017）[⑤]。另外，相对于兄弟，姐妹之间更多是知己、支持者，年长的姐姐对年幼的妹妹

①　Buist, K. L., & Vermande, M., "Sibling relationship patterns and their associations with child competence and problem behavior", *Journal of Family Psychology*, Vol. 28, 2014, pp. 529 –537.

②　Samek, D. R., McGue, M., Keyes, M., & Iacono, W. G., "Sibling Facilitation Mediates the Association Between Older and Younger Sibling Alcohol Use in Late Adolescence", *Research on Adolescence*, Vol. 25, 2015, pp. 638 –651.

③　Kothari, B. H., McBeath, B., Sorenson, P., Bank, L., Waid, J., Webb, S. J., et al., "An intervention to improve sibling relationship quality among youth in foster care: results of a randomized clinical trial", *Child Abuse & Neglect*, Vol. 63, 2017, pp. 19 –29.

④　Low, S., Shorth, J. W., & Snyder, J., "Sibling influences on adolescent substance use: the role of modeling, collusion, and conflict", *Development & Psychopathology*, Vol. 24, 2012, pp. 287 –300.

⑤　Van Der Kaap-Deeder, J., Vansteenkiste, M., Soenens, B., & Mabbe, E., "Children's daily well-being: the role of mothers', teachers', and siblings' autonomy support and psychological control", *Developmental Psychology*, Vol. 53, 2017, pp. 237 –251.

进行保护和照顾，因而有利于年幼者良好亲密关系的建立（Killoren & Roach, 2014）[1]。对墨西哥裔移民家庭的研究也发现，姐妹之间的同胞关系越亲密，年长者对年幼者的照顾和责任感越强，越有可能降低年幼同胞的风险性行为（Coleman-Minahan & Scandlyn, 2017）[2]。因此年龄差距较大时年长者对年幼者的照顾和责任越多，对于女生和年龄差距较大的被试的适应发展越有利。

五　结论与建议

（一）研究结论

本研究采用问卷调查的方法对二孩非独生子女的同胞关系进行了全面分析，发现性别相同的同胞关系更亲密，年龄差距对同胞的亲密和冲突关系存在显著的影响，年龄差距较小的同胞之间的冲突较多。本研究还探讨了同胞关系对大学新生的适应和孤独感的影响，发现同胞亲密关系比冲突关系更能预测大学新生的适应和孤独感，但是被试性别、同胞性别组合、年龄差距和出生顺序在其中发挥着重要的调节作用。

（二）建议

本研究对大学新生的同胞关系和适应与孤独感进行了实证分析，发现具有温暖而非冲突的同胞关系的大学新生具有更好的适应水平，更低的孤独感。由此可见，同胞关系质量对于个体具有重要的作用。之前对大学新生适应的研究较多，但是对于独生和非独生子女的适应状况，到底孰优孰劣的争论一直存在，同胞关系质量的引入为这些理论观点的争论提供了新的解释路径。本研究从同胞关系的角度对大学新生的适应状况进行了分析，发现这种重要却一直受到忽略的家庭关系对个体的心理和行为发展具有非常重要的作用，从新的角度对独生和非独生子女的适

---

① Killoren, S. E., & Roach, A. L., "Sibling Conversations About Dating and Sexuality: Sisters as Confidants, Sources of Support, and Mentors", *Family Relations*, Vol. 63, 2014, pp. 232 – 243.

② Coleman-Minahan, K., & Scandlyn, J. N., "The role of older siblings in the sexual and reproductive health of Mexican-origin young women in immigrant families", *Culture Health & Sexuality*, Vol, 19, 2017, pp. 151 – 164.

应状况的矛盾结论进行了解释和补充。另外，同胞关系的良好发展从儿童时期即发挥着重要作用，作为家长应注意采用合理的教养方式培养孩子之间形成亲密温暖的同胞关系，这对于儿童青少年的观点采择能力、情绪理解能力和冲突解决能力等社交技能的发展都具有重要的作用，而且能够在个体成年初期依然发挥重要的影响作用。鉴于同胞关系对个体的心理健康存在着重要的影响，因此作为家长应关注孩子之间，尤其是年龄差距较小的兄弟之间的情感联系，努力培养同胞之间亲密而非冲突的关系。学校的教育工作者在评估学生适应状况时也应考虑到这一独特的因素，结合学校、家庭和个体自身等多方面因素予以学生具有针对性的指导和帮助。

当然，本研究仍存在着诸多不足和亟待分析的问题。（1）尽管结构性因素如性别组合、年龄差距等会调节同胞关系对个体适应的影响，但是同胞之间的互动方式如模仿或区别化是更重要的影响同胞关系作用的调节变量（Whiteman, Zeiders, Killoren, Rodriguesz, Updegraff, 2014）①，因此今后要逐步开展对同胞关系作用机制的研究。（2）同胞关系的重要作用不仅体现在对当前心理和行为发展的影响，还有显著的长期效应，如能够预测个体 30 年后的抑郁症状的恶化（Waldinger, Vaillant & Orav, 2007）②，因此需加强对同胞关系作用的纵向和持续追踪研究。可以说，同胞关系是个体一生中持续时间最长的关系，是一种兼有亲子关系和同伴关系性质的交叉关系，对个体的心理和行为发展存在着重要的影响。然而相较于亲子和同伴关系的丰硕成果，同胞关系的研究成果相对较少，理论争议较大，值得探讨的问题仍然很多。

---

① Whiteman, S. D., Zeiders, K. H., Killoren, S. E., Rodriguesz, S. A., & Updegraff, K. A., "Sibling Influence on Mexican-Origin Adolescents' Deviant and Sexual Risk Behaviors: The Role of Sibling Modeling", *Journal of Adolescent Health*, Vol. 54, 2014, pp. 587 – 592.

② Waldinger, R. J., Vaillant, G. E., & Orav, E. J., "Childhood sibling relationships as a predictor of major depression in adulthood: A 30-year prospective study", *American Journal of Psychiatry*, Vol. 164, 2007, pp. 949 – 954.

第四编

同胞关系对个体的心理健康和
行为发展的长期效应

第十一章

童年期的同胞关系对大学生的
心理和行为的长期影响

一　问题提出

2015 年 8 月 9 日，中国传媒大学结业生李斯达将同学周云露骗至暂住地将其杀害，仅仅是为了寻求刺激而寻找无辜的受害人。李斯达沉默寡言、特立独行，生活在自己的世界里是同学对他的主要印象。归属是人类的基本需要之一，归属需要使个体产生与他人建立持久关系的强烈愿望，对个体的行为和心理健康至关重要。马斯洛的需要层次理论指出除了基本的生理和安全需要之外，人最需要得到满足的便是归属和爱的需要。而且作为一种社会性动物，人类必须依靠群体才能获得更好的生存、繁殖和发展机会。社会排斥是一种存在于动物和人类的普遍现象。但是社会排斥剥夺了个体的归属需要，对个体的身心发展具有严重的负面影响。尽管研究者对社会排斥展开了丰富的研究，但是目前仍没有一个统一的界定。国内的研究者认为社会排斥的个体因被群体内的其他人排斥或拒绝而使得其归属感和关系感受到阻碍的现象和过程，表现为排斥、孤立、拒绝和无视等多种现象（程苏、刘璐、郑涌，2011）[①]。而以拒绝、孤立和无视等形式表现出来的社会排斥（Social Exclusion）阻碍了个体归属需要的满足，对个体的心理健康存在严重的负面影响。正如饥饿使人需要食物一样，社会排斥可能会使个体产生强烈的负面性情绪体验，

---

① 　程苏、刘璐、郑涌：《社会排斥的研究范式和理论模型》，《心理科学进展》2011 年第 19 期。

进而驱动情绪调节动机追求快乐（Wesselmann, Butter, Williams, et al., 2010）[1]。研究发现预期而非实际的情绪体验是行为更重要的决定因素，而人们往往预期攻击他人能使他们感觉更好（DeWall, Baumeister, Chester, et al., 2016）[2]，因此预期和实际的情绪修复是社会排斥和报复性攻击之间的重要联系（Chester & DeWall, 2017）[3]。社会排斥与攻击性之间的关系得到了诸多研究的证实，如遭到社会排斥的个体在填词测验中更倾向于使用攻击性词汇（DeWall, Twenge, Gitter, et al., 2009）[4]；对他人模棱两可的行为产生敌意性认知偏差（DeWall & Richman, 2011）[5]；由社会排斥造成的侵犯更容易引起个体的报复行为（Elshout, Nelissen, Beest, et al., 2017）[6]。除了对排斥者的直接攻击，社会排斥还会产生指向无辜他人的攻击性（Rajchert, Konopka, Huesmann, 2017）[7]。由此可见关于社会排斥的研究具有重要的理论意义和实际价值。

自我认同已经成为当代社会生活中一个极为重要的话题。道德同一性，即道德自我同一性，或称道德自我认同感。道德同一性源于埃里克森（Eriksson）的自我同一性理论和卢文革（Loevinger）的

---

① Wesselmann, E. D. , Butter, F. A. , Williams, K. D. , et al. , "Adding injury to insult: Unexpected rejection leads to more aggressive responses", *Aggressive Behavior*, Vol. 36, 2010, pp. 232 – 237.

② DeWall, C. N. , Baumeister, R. F. , Chester, D. S. , et al. , "How often does currently felt emotion predict social behavior and judgment? A meta-analytic test of two theories", *International Society for Research on Emotion*, Vol. 8, 2016, pp. 136 – 143.

③ Chester, D. S. , & DeWall, C. N. , "Combating the sting of rejection with the pleasure of revenge: A new look at how emotion shapes aggression", *Journal of Personality and Social Psychology*, Vol. 112, 2017, pp. 413 –430.

④ DeWall, C. N. , Twenge, J. M. , Gitter, S. A. , et al. , "It's the thought that counts: The role of hostile cognition in shaping aggressive responses to social exclusion", *Journal of Personality and Social Psychology*, Vol. 96, 2009, pp. 45 – 59.

⑤ DeWall, C. N. , & Richman, S. B. , "Social exclusion and the desire to reconnect", *Social and Personality Psychology Compass*, Vol. 5, 2011, pp. 919 –932.

⑥ Elshout, M. , Nelissen, M. A. , Beest, I. V. , et al. , "Situational precursors of revenge: Social exclusion, relationship type, and opportunity", *Personal Relationships*, Vol. 24, 2017, pp. 291 – 305.

⑦ Rajchert, J. , Konopka, K. , & Huesmann, L. R. , "It is more than thought that counts: The role of readiness for aggression in the relationship between ostracism and displaced aggression", *Current Psychology*, Vol. 36, 2017, pp. 417 –427.

自我发展理论，将道德发展和自我感相联系进行整合，认为道德同一性是个体的心理需要，将个体的道德观念和道德行为相统一。作为一种重要的社会心理现象，道德同一性是影响青少年道德行为目标、道德选择的重要因素。特质取向的道德同一性理论认为，高低道德同一性的个体在道德自我描述中所使用的道德词汇有所不同，高道德同一性的个体更多地使用诚实、正直等词汇，同时为了维护自我感知的一致性和和谐性，也表现出了相应的道德行为。Aquino和 Reed 于 2002 年提出道德同一性是一系列道德特质所形成的一种道德自我概念。当个体拥有这种道德特质时，会积极遵守道德承诺，并将承诺付诸实践做出道德选择。实证研究发现道德同一性和道德行为之间呈现出显著的正相关关系。高道德同一性的被试表达了更多地参加志愿活动的可能性，而且做出了更多的实物捐赠行为（Aquino & Reed, 2002）[1]。高道德同一性的个体也表现出了对内外群体成员的救助行为（Reed & Aquino, 2003）[2]。另外道德同一性与反社会行为呈现显著的负相关，例如故意冲撞对方选手使其受伤、犯规，挑衅裁判等行为（Sage, Kavussanu, Duda, 2006）[3]。

　　社会认知过程是指导行为的重要心理机制，道德脱离作为一种重要的道德认知过程，是指个体产生的一些特定的认知倾向，包括重新定义自己的行为使其伤害性显得更小，最大限度地减少自己在行为后果中的责任和降低对受害者痛苦的认同（Bandura, Caprara, Barbarabelli, et al., 2001）[4]。高道德脱离的青少年更容易违反自身的道德标准，表现出更多

① Aquino, K. , & Reed, A. II. , "The self-importance of moral identity", *Journal of Personality and Social Psychology*, Vol. 83, 2002, pp. 1423 – 1440.

② Reed, AII. , & Aquino, K. F. , "Moral identity and the expanding circle of moral regard toward out-groups", *Journal of Personality and Social Psychology*, Vol. 84, 2003, pp. 1270 – 1286.

③ Sage, L. , Kavussanu, M. , & Duda, J. , "Goal orientations and moral identity as predictors of prosocial and antisocial functioning in male association football players", *Journal of Sports Sciences*, Vol. 24, 2006, pp. 455 – 466.

④ Bandura, A. , Caprara, G. V. , Barbarabelli, C. , Pastorelli, C. , & Regalia, C. , "Sociocognitive self-regulatory mechanisms governing transgressive behavior", *Journal of Personality and Social Psychology*, Vol. 80, 2001, pp. 125 – 135.

的攻击性和违反规则的行为（Paciello, Muratori, Ruglioni, et al.,
2017）[1]；采用元分析技术对 27 项共计 17776 名被试进行研究，发现道德
脱离能够有效预测儿童和青少年的多种攻击性行为（r = 0.28, 95% CI
[0.23, 0.32]）（Gini, Pozzoli, Hymel, 2014）[2]。尽管缺乏社会排斥与道
德脱离的直接证据，但是通过实验方式操纵社会排斥，发现那些受到排
斥的被试更倾向于做出违反社会规则的行为（Cooley, Fite, Rubens,
2015）[3]；而违反规则在社会排斥和攻击性行为之间发挥着重要的中介作
用（Poon & Teng, 2017）[4]。

　　同胞关系是个体一生中持续时间最长的关系，它强烈而有力，既可
以建设性的方式促进个体健康发展，也可能带来更多的问题行为（Fein-
berg, Solmeyer, & McHale, 2012）[5]。同胞关系的重要作用不仅体现在对当
前心理和行为的影响，还有显著的长期效应。有研究追踪了 229 个健康男
性从 20 岁到 50 岁的变化，评估他们的同胞关系、亲子关系、家庭抑郁史
等方面以及 50 岁时的抑郁、酗酒、使用情绪镇静药物等。即使控制了与
父母的关系之后，20 岁与同胞的不良关系及家庭抑郁史可以独立地预测
50 岁时的抑郁症。表明儿童时期与同胞的不良关系是成年后抑郁的独特
预测因素。纵向研究发现积极的同胞关系能够预测青少年的友谊和自尊
发展，而且在随后有较低的孤独感、抑郁感和较少的不良行为与物质滥
用。除了直接作用外，同胞亲密关系还能够弥补较差的亲子和同伴关系

①　Paciello, M., Muratori, P., Ruglioni, L., Milone, A., Buonanno, C., Capo, R., et al.,
"Personal values and moral disengagement promote aggressive and rule-breaking behaviors in adolescents
with disruptive behaviour disorders: A pilot study", *International Journal of Offender Therapy and Compar-
ative Criminology*, Vol. 61, 2017, pp. 46 – 63.

②　Gini, G., Pozzoli, T., & Hymel, S., "Moral disengagement among children and youth: A
meta-analytic review of links to aggressive behavior", *Aggressive Behavior*, Vol. 40, 2014, pp. 56 – 68.

③　Cooley, J. L., Fite, P. J., Rubens, S. L., & Tunno, A. M., "Peer victimization, depres-
sive symptoms, and rule-breaking behavior in adolescence: The moderating role of peer social support",
Journal of Psychopathology and Behavioral Assessment, Vol. 37, 2015, pp. 512 – 522.

④　Poon, K. T., & Teng, F., "Feeling unrestricted by rules: Ostracism promotes aggressive re-
sponses", *Aggressive Behavior*, Vol. 43, 2017, pp. 558 – 567.

⑤　Feinberg, M. E., Solmeyer, A. R., & McHale, S. M., "The third rail of family systems:
sibling relationships, mental and behavioral health, and preventive intervention in childhood and adoles-
cence", *Clinical Child & Family Psychology Review*, Vol. 15, 2012, pp. 43 – 57.

对个体的负面影响；并作为调节变量减轻压力事件对抑郁情绪的作用。同胞之间的欺负行为具有长期的负面影响，一项长达 12 年的追踪研究发现那些长期受到同胞欺负的孩子出现抑郁、焦虑和自我伤害的可能性是没有受过欺负孩子的两倍。这些研究成果都表明同胞关系对于个体心理和行为的发展具有长期效应。

综上所述，个体是否遭受社会排斥，以及其道德同一性的发展和道德脱离的水平对于个体的攻击性行为都有显著的影响，而之前的研究均表明同胞关系对于个体的攻击性行为具有重要的预测作用，因此本研究主要关注同胞关系对社会排斥、道德同一性和道德脱离的影响。本研究采用回溯式设计，让被试回忆自己在童年时期与同胞的关系质量，并报告自己在大学时期的社会排斥、道德同一性和道德脱离水平，探讨童年期的同胞关系对个体在大学时期的心理和行为发展特点的影响，以期对同胞关系的长期预测效应进行初步探讨。

二　研究方法

（一）研究对象

采用整群随机抽样的方式，从山东省某高校随机抽取 126 名大学生进行问卷调查，所有大学生均为非独生子女。

（二）研究工具

（1）社会排斥量表（Social Exclusion Scale）：采用由吴慧君等人编制的大学生社会排斥问卷[①]，该问卷分为直接排斥和间接排斥两个分量表，直接排斥 10 个项目，间接排斥 9 个项目，采用 Likert 5 级计分。将各维度的项目分数进行平均即为每个维度的分数。本研究中直接排斥、间接排斥和社会排斥的克伦巴赫 α 系数分别为 0.77、0.86 和 0.88。

（2）同胞关系量表（Sibling Relationship Questionnaire，SRQ）：采用 Furman 和 Buhrmester（1985）开发的《同胞关系问卷》探讨被试的亲密和

---

① 吴慧君、张姝玥、曾宇倩：《大学生社会排斥问卷的编制与信效度检验》，《中国健康心理学杂志》2013 年第 21 期。

冲突同胞关系，其中亲密维度 15 个项目，冲突维度 6 个项目。经检验亲密维度的内部一致性信度为 0.91，冲突维度的内部一致性信度为 0.82。

（3）道德同一性量表（Moral Identity Scale）：采用由 Aquino 和 Reed （2002）编制的道德认同问卷，问卷包括内在化和表征化两个维度共计 10 个项目[①]。问卷采用 Likert 5 级计分，分数越高表示个体的道德认同水平越高。针对我国大学生样本的研究显示，该问卷的信效度良好。在本次研究中，该问卷的内部一致性信度为 0.77。

（4）道德脱离问卷（Moral Disengagement Scale）：采用由王兴超和杨继平修订的道德脱离中文版问卷[②]，问卷包括 8 个维度 29 个项目，分别是道德辩护、有利比较、委婉标签、非人性化、责任归因、扭曲结果、责任转移和责任分散，各维度的项目分数进行平均即可。问卷采用 Likert 5 级计分，得分越高表示个体的道德脱离水平越高。在本研究中，该问卷的内部一致性信度为 0.84。

三　研究结果

（一）描述性统计分析

表 11—1　同胞关系、社会排斥、道德同一性和道德脱离描述性统计分析

	最小值	最大值	平均数	标准差
内在道德	3	5	4.498	0.465
象征道德	1.6	5	3.473	0.607
道德同一性	3	5	3.986	0.434
同胞亲密	1.6	5	3.918	0.694
同胞冲突	1	3.67	1.921	0.698
直接排斥	1	2.48	1.530	0.369
间接排斥	1	2.40	1.446	0.348

---

①　Aquino, K., & Reed, A. II., "The self-importance of moral identity", *Journal of Personality and Social Psychology*, Vol. 83, 2002, pp. 1423 – 1440.

②　王兴超、杨继平：《中文版道德推脱问卷的信效度研究》，《中国临床心理学杂志》2010 年第 18 期。

续表

	最小值	最大值	平均数	标准差
社会排斥	1	3	1.624	0.489
道德脱离	1	3	1.926	0.378

　　社会排斥的两个维度——直接排斥和间接排斥，道德同一性的两个维度——内在道德和象征道德，同胞关系的两个维度——亲密与冲突，以及道德脱离的描述性统计结果见表11—1。从表中可以看出，同胞亲密度的均值大于5级计分的中值3，说明同胞亲密度较高，而同胞冲突的均值得分较低，说明同胞冲突程度较小。道德同一性的两个维度和总分均值都大于5级计分的中值3，表明大学生的道德同一性水平都较高；而社会排斥和道德脱离的均值均小于5级计分的中值3，说明大学生遭受直接和间接社会排斥的可能性都较小，道德脱离水平较低。

(二) 相关分析

　　首先，对同胞关系质量与大学生的道德同一性这两个变量进行相关分析，从表11—2中可以看出，同胞亲密关系与内在道德、象征道德和道德同一性均为显著正相关关系（$p < 0.01$）。同胞冲突关系与道德同一性的各个维度及总分均不存在显著的相关关系。

表11—2　　　　同胞关系质量与大学生的道德同一性的相关关系

	内在道德	象征道德	道德同一性
亲密	0.283**	0.235**	0.316**
冲突	−0.032	−0.120	−0.101

　　注：* 表示 $p < 0.05$；** 表示 $p < 0.01$。

　　表11—3是同胞关系质量与社会排斥的两个维度及总分的相关分析结果，从表11—3中可以看出，同胞亲密与直接排斥和社会排斥呈现显著的负相关，而同胞冲突与社会排斥的各个维度及总分都不存在显著的相关关系。

表 11—3   同胞关系质量与大学生的社会排斥的相关关系

	直接排斥	间接排斥	社会排斥
亲密	− 0. 201 *	− 0. 145	− 0. 194 *
冲突	0. 087	− 0. 123	0. 095

注：* 表示 p < 0. 05；** 表示 p < 0. 01。

表 11—4 是同胞关系与大学生道德脱离的各个维度和总分的相关分析结果，从表中可以看出，同胞亲密和冲突关系与道德脱离的各个维度及总分均不存在显著的相关关系。

表 11—4   同胞关系质量与大学生的道德脱离的相关关系

	道德脱离	道德辩护	委婉标签	有利比较	责任转移	责任分散	扭曲结果	责备归因	非人性化
亲密	− 0. 055	0. 005	− 0. 099	− 0. 052	− 0. 015	0. 032	0. 001	− 0. 073	− 0. 108
冲突	0. 003	− 0. 043	0. 040	0. 040	− 0. 064	− 0. 037	0. 004	0. 089	0. 079

（三）回归分析

结合相关分析的结果，以同胞亲密关系为自变量，以大学生的内在道德、象征道德和道德同一性为因变量，探讨同胞亲密关系对道德同一性的预测作用。从表 11—5 中可以看出，同胞亲密度对大学生的内在道德的预测率为 8%，对象征道德的预测率约为 4. 8%，而对道德同一性的预测率为 9. 3%。同胞亲密对内在道德、象征道德和道德同一性的回归系数均为正值。

表 11—5   同胞亲密关系对大学生的道德同一性的回归作用分析

因变量	R^2	F	P	b	SE	B	t
内在道德	0. 080	10. 771	0. 001	0. 189	0. 058	0. 283	3. 281 **
象征道德	0. 048	7. 250	0. 008	0. 206	0. 076	0. 235	2. 693 **
道德同一性	0. 093	13. 754	0. 000	0. 197	0. 053	0. 316	3. 709 **

注：* 表示 p < 0. 05；** 表示 p < 0. 01。

根据相关分析的结果，以同胞亲密关系为自变量，以直接排斥和社会排斥为因变量，探讨同胞亲密关系对大学生的社会排斥的预测作用。从表11—6中可以看出，同胞亲密度对直接排斥的预测率为3.3%，对社会排斥的预测率约为3%。同胞亲密对直接排斥和社会排斥均存在负向的预测作用，回归系数均为负值。

表11—6　　同胞亲密关系对大学生的社会排斥的回归作用分析

因变量	R^2	F	P	b	SE	B	t
直接排斥	0.033	5.229	0.024	-0.101	0.044	-0.201	-2.287*
社会排斥	0.030	4.840	0.030	-0.103	0.047	-0.194	-2.200*

注：* 表示 $p < 0.05$；** 表示 $p < 0.01$。

四　分析与讨论

本研究采用问卷调查的方法探讨了童年期的同胞关系对个体成年后是否遭受社会排斥、道德同一性的建立以及是否产生道德脱离进行了分析，发现同胞关系对直接排斥和社会排斥具有一定的影响，还会影响个体道德同一性的建立，但是对道德脱离没有作用。这些研究成果表明同胞关系对个体心理和行为发展具有长期的预测作用。

目前我国已经进入了全面"二孩"时代，将来必定会有越来越多的家庭选择生育二孩，因此探讨同胞关系对个体心理和行为发展的影响具有重要的理论和现实意义。同胞关系在个体一生中持续时间最长，超过了亲子关系、同伴关系以及夫妻关系；其次作为家庭系统中非常重要的一种关系，同胞关系会对家庭其他关系及家庭外的人际关系产生影响；再者同胞关系是一种强制性的情感矛盾关系，是一种介于亲子关系般的纵向关系与同伴关系似的横向关系间的斜向交叉关系；另外，同胞关系既包含爱和亲密，也包括冲突和竞争，还兼有出生顺序等因素造成的不平等成分，因此对个体社会心理发展的影响异常复杂。

本研究发现同胞亲密比冲突关系对个体心理和行为的影响作用更大，这与相关研究的观点一致。研究发现冲突而缺乏亲密的同胞关系甚至比同胞之间的情感冷淡更可能使个体抑郁（McHale, Whiteman, Kim, Crouter，2007）①。Buist 和 Vermande（2014）对儿童中期的同胞关系类型与内外部心理和行为问题之间的关系进行分析，发现亲密的同胞关系对个体适应最重要，冲突关系比亲密关系的孩子报告了更多的内外部问题行为，以及更低的学业、社会和一般能力评价，冲突而又缺乏亲密的同胞关系对于个体的负面作用更大②。这与本研究发现亲密的同胞关系对个体道德同一性的建立和是否遭受社会排斥具有重要影响，而冲突的同胞关系没有预测作用的结论一致。亲密的同胞关系与较少的内外部问题行为有关，这与依恋理论的观点一致：早期积极的依恋体验形成了一个工作模型，包括对于自己是值得爱和喜欢的内部形象以及外部世界是值得依赖的，因而能减少焦虑、抑郁、攻击性和行为不良。

同胞关系不仅对当下的心理和行为发展存在重要作用，还具有长期的效应。Samek 和 Rueter（2011）发现越亲密的同胞关系，三年后他们物质滥用的可能性越低，而且这种效应独立于年长同胞是否物质滥用，表明同胞关系在预测青少年物质滥用方面是一种独立的保护性或风险性因素。同胞关系越亲密，同胞之间在适应的结果方面越相似；越不亲密，同胞之间在适应的结果方面的差异越大（Gamble，Yu，Card，2010；Mcgue & Iacono，2009；Rende，Slomkowski，Lloyd-Richardson，Niaura，2005）③。Slomkowski 等（2005）发现同胞之间的社会联系越多，如待在一起，彼此喜爱，有共同的朋友，他们在抽烟等行为方面的相似性越大④。这些结果都支持情感认同对同胞相似性的解释。依恋理论认为与家庭成员的亲密关系能使其抵御不适应问题，因此与家庭成员的亲密关系，使得儿童更

①　McHale，S. M.，Whiteman，S. D.，Kim，J. Y.，& Crouter，A. C.，"Characteristics and correlate of sibling relationships in two-parent African American family"，*Journal of Family Psychology*，Vol. 21，2007，pp. 227 – 235.

②　Buist，K. L.，& Vermande，M.，"Sibling relationship patterns and their associations with child competence and problem behavior"，*Journal of Family Psychology*，Vol. 28，2014，pp. 529 – 537.

③　Rende，R.，Slomkowski，C.，Lloyd-Richardson，E.，& Niaura，R.，"Sibling effects on substance use in adolescence：Social contagion and genetic relatedness"，*Journal of Family Psychology*，Vol. 19，2005，pp. 611 – 618.

④　Slomkowski，C.，Rende，R.，Novak，S.，Lloyd-Richardson，E.，& Niaura，R.，"Sibling effects on smoking in adolescence：Evidence for social influence from a genetically informative design"，*Addiction*，Vol. 100，2005，pp. 430 – 438.

加遵守传统的价值观和活动，自控能力更强，更少参与危险的活动。研究发现年幼同胞对年长同胞的亲密关系感知越低，越可能物质滥用，而且这种关系与年长同胞是否物质滥用无关（Branje，Van Lieshout，Van Aken，Haselager，2004）①。纵向研究发现在控制了亲子关系、同胞和父母的适应状态之后，同胞冲突与抑郁的增加依然显著，同胞亲密与女孩抑郁症状的减少有关（Kim，McHale，Crouter，Osgood，2007）②。McHale，Bissll和 Kim（2009）用聚类的方法根据同胞亲密和冲突的水平建立了三种不同的同胞关系：亲密、疏远和消极③。有消极关系（高冲突低亲密）的同胞之间更容易抑郁，而且不是短期效益，在 30 年的研究中依然发现显著效应（Waldinger，2007）④。

五　结论与建议

本研究对大学生在童年期的同胞关系进行了回忆研究，然后分析童年期的同胞关系对大学生的社会排斥和道德同一性的影响，发现亲密而非冲突的同胞关系对个体道德同一性的建立和是否遭受社会排斥存在重要影响，验证了同胞关系质量对个体心理健康和行为发展存在着长期的重要影响的结论。这就表明在今后的研究中，在深入探索亲子关系、同伴关系对个体的影响机制的同时，也不应忽视同胞关系这一重要的变量。

同胞关系在个体一生中持续时间最长，亲子关系在父母去世之后自然终止，同伴关系是在个体年龄发展到一定阶段才自然出现，夫妻关系

---

① Branje, S. T. , Van Lieshout, C. M. , Van Aken, M. G. , & Haselager, G. T. , "Perceived support in sibling relationships and adolescent adjustment", *Journal of Child Psychology and Psychiatry*, Vol. 45, 2004, pp. 1385 – 1396.

② Kim, J. Y. , McHale, S. M. , Crouter, A. C. , & Osgood, D. W. , "Longitudinal linkages between sibling relationships and adjustment from middle childhood through adolescence", *Developmental Psychology*, Vol. 43, 2007, pp. 960 – 973.

③ McHale, S. M. , Bissell, J. , & Kim, J. , "Sibling relationship, family, and genetic factors in sibling similarity in sexual risk", *Journal of Family Psychology*, Vol. 23, 2009, pp. 562 – 572.

④ Waldinger, R. J. , Vaillant, G. E. , & Orav, E. J. , "Childhood sibling relationships as a predictor of major depression in adulthood: A 30-year prospective study", *American Journal of Psychiatry*, Vol. 164, 2007, pp. 949 – 954.

出现的时间更晚，但是同胞因与个体在年龄方面的相似性，在空间上的接近性等因素而在个体一生中持续时间最长。众多的研究成果表明同胞关系不仅影响个体当下的心理和行为发展，而且具有较强的长期性效应，个体当前的同胞关系对其今后的心理和行为发展具有重要影响。在我国全面"二孩"政策实施的时候，诸多家长因为时间或精力有限，照顾不过来或者经济等其他原因而犹豫着是否要生育二胎，这些研究成果表明同胞关系对于个体发展十分重要，对于个体的影响是亲子关系、同伴关系所不能取代的。

第十二章

童年期的同胞关系对大学生
替代性攻击的影响

——自我控制能力的中介作用

一 问题提出

攻击是指想要去伤害他人的一种不好的行为，是生物界存在的一种极为普通的现象。根据意图的不同可以将攻击行为划分为主动性攻击和反应性攻击两类：主动性攻击以班杜拉的社会学习理论为基础，是指个体在没有受到启动的情况下蓄意发动的攻击性行为；反应性攻击的基础是多拉德（Dollard）的挫折攻击理论，他认为攻击总是来源于挫折，同时挫折也会带来某种形式的攻击。也有研究者表示反应性攻击是由于挫折给个体带来的愤怒的防御反应方式。替代性攻击是众多反应性攻击中的一种特殊类型的攻击形式，它是指个体在受到挫折和愤怒的启动条件下，由于无法直接对启动者表现出攻击行为，转而攻击其他无辜的他人的一种现象。替代性攻击是不理智、靠感觉、打破现有平衡的一种行为，说它不理智是因为打人的人不清楚自己为什么要去打一个无辜的人；靠感觉是说出现这种行为靠的是内心的感觉；打破现有平衡是因为他不是对伤害自己的人进行攻击而是再去伤害一个无辜的不相干的他人。

自我控制是自我的核心功能之一，指个体自主调节行为，并使其与个人价值和社会期望相匹配的能力。自我控制能力使人们克服冲动、习惯或自动化的反应，有意识地掌控自己的行为方向（詹鋆、任俊，2012）[1]。自我控制失败是肥胖、赌博、暴力犯罪和药物滥用等多种个人和社会问题产生的重要原因（于斌、乐国安、刘惠军，2013）[2]。理论和实证都表明自我控制失败对个体冲动性的攻击行为的产生具有重要的作用。

I[3]（I-cubed）理论认为个体在遇到挑衅和激惹（Instigating Trigger）后，抑制攻击的力量（Inhibiting Force）显著小于驱动攻击的力量（Impelling Force）时，就会产生攻击性行为，抑制攻击的力量既包括情境因素，也包括个人抑制努力（Slotter & Finkel，2011）[3]。一般犯罪理论（General Theory of Crime）认为所有的问题行为及犯罪的核心在于缺乏自我控制，只有改善自我控制能力，才能减少攻击和暴力犯罪的发生。如研究发现暴力犯罪更容易出现在需要睡眠的夜晚，而睡眠剥夺与自我控制降低显著相关（Couyoumdjian，Sdoia，Tempesta，Curcio，Rastelliani，2010）[4]；元分析发现自我控制失败对犯罪具有中等程度的效应量（r = 0.27，Pratt & Cullen，2000）[5]。还有研究将自我控制纳入到一般攻击模型（General Aggression Model）中，认为自我控制能力和情境因素可能造成个体的自我损耗，而自我损耗降低了个体抑制攻击的冲动（DeWall，Anderson，Bushman，2011）[6]。

自我控制的人格取向认为自我控制是一种稳定的个体差异，通常采用量表的方式进行测量。采用问卷调查的方法对 388 名大学生进行研究，

① 詹鋆、任俊：《自我控制与自我控制资源》，《心理科学进展》2012 年第 20 期。

② 于斌、乐国安、刘惠军：《自我控制的力量模型》，《心理科学进展》2013 年第 21 期。

③ Slotter, E. B., & Finkel, E. J., "I³ theory: Instigating, impelling, and inhibiting factors in aggression, In M. Mikulincer, & P. R. Shaver (ed.)", *Human Aggression and Violence: Causes, Manifestations, and Consequences*, Washington, D. C.: American Psychological Association, 2011, pp. 35 – 52.

④ Couyoumdjian, A., Sdoia, S., Tempesta, D., Curcio, G., & Rastelliani, E., "The effects of sleep and sleep deprivation on task-switching performance", *Journal of Sleep Research*, Vol. 19, 2010, pp. 64 – 70.

⑤ Pratt, T. C., & Cullen, F. T., "The empirical status of gottfredson and hirscht's general theory of crime", *Criminology*, Vol. 38, 2000, pp. 931 – 964.

⑥ DeWall, C. N., Anderson, C. A., & Bushman, B. J., "The general aggression model: Theoretical extensions to violence", *Psychology of Violence*, Vol. 1, 2011, pp. 245 – 258.

发现自我控制对外显攻击性有显著的负向预测作用（陈怡，2015）。对藏族大学生的研究也发现自我控制能力对问题行为有显著的预测作用（张纪朋、归桑拉姆、马海林，2013）[①]。

自我控制的认知取向比较经典的理论是自我控制资源模型（Resource Model of Self-control），该模型认为自我控制资源在短时间内是有限的，而且具有领域一般性。任何自我控制的行为都会消耗容量有限的资源库中的能量，而使个体的自我控制力量减弱，产生自我损耗现象（Ego-depletion Effect），所以自我控制行为的成败取决于资源库中剩余能量的多少（Baumeister，Vohs，Tice，2007）[②]。自我损耗后会产生各种后效，增加行为的冲动性和攻击性。如自我损耗使个体更加关注自己的利益，减少对他人的同情和亲社会行为（Balliet & Joireman，2010）[③]。使个体为了得到更多的经济利益而做出不符合道德标准的欺骗行为（Gino，Schweitzer，Mead，Ariely，2011）[④]。自我损耗后人们倾向于依赖直觉启发系统做出判断，通过降低目标的价值并忽略他们的感受，诱发产生攻击性行为（Welsh，Ordonez，Snyder，Christian，2013）[⑤]。研究者发现一个平常表现良好的个体，当处于自我损耗的状态时，其表现出攻击性行为的可能性显著增加（任俊、李瑞雪、詹鋆、刘迪、林曼、彭年强，2014）[⑥]。对青少年犯罪的研究发现，自我控制失败是一个重要的预测因素（屈志勇、邹泓，2009）[⑦]；而且自我控制中介了自尊与攻击性行为之间的关系（黄曼、

---

① 张纪朋、归桑拉姆、马海林：《大学生自我控制能力与问题行为的关系》，《教育教学论坛》2013年第50期。

② Baumeister, R. F. , Vohs, K. D. , & Tice, D. M. , "The strength model of self-control", *Current Directions in Psychological Science*, Vol. 16, 2007, pp. 351 – 355.

③ Balliet, D. , & Joireman, J. , "Ego depletion reduces proselfs' concern with the well-being of others", *Group Processes & Intergroup Relations*, Vol. 13, 2010, pp. 227 – 239.

④ Gino, F. Schweitzer, M. E. , Mead, N. L. , & Ariely, D. , "Unable to resist temptation: How self-control depletion promotes unethical behavior", *Organizational Behavior and Human Decision Processes*, Vol. 115, 2011, pp. 191 – 203.

⑤ Welsh, D. , Ordonez, L. , Snyder, D. G. , & Christian, M. S. , "The cumulative effect of minor transgressions on major ones: A self-regulatory approach", *Academy of Management*, 2013.

⑥ 任俊、李瑞雪、詹鋆、刘迪、林曼、彭年强：《好人可能做出坏行为的心理学解释——基于自我控制资源损耗的研究证据》，《心理学报》2014年第46期。

⑦ 屈志勇、邹泓：《家庭环境、父母监控、自我控制与青少年犯罪》，《心理科学》2009年第2期。

史滋福、刘姝，2013）①。

自我控制失败还会使个体产生指向陌生人的攻击行为，研究者首先操纵个体产生自我损耗，然后主试对个体的作业给予非常低的评价而使个体受到侵犯却不能直接报复，接下来考察被试对他人的行为，发现自我损耗的个体在受到侵犯后更可能表现出对第三者的攻击行为（DeWall，Baumeister，Stillman，Gailliot，2007）②。目前基于自我控制资源模型，主要探讨职场中的侵犯对个体在其他场合的替代性攻击倾向。如研究发现领导滥用职权会导致员工情绪耗竭，而使得员工对同事的替代性攻击倾向增大（Wheeler，Halbesleben，Whiteman，2013）③。工作家庭冲突也会造成个体的情绪耗竭，增加员工对同事、领导或者家庭成员的替代性攻击倾向（Liu，Wang，Chang，Shi，Zhou，Shao，2015）④。对职场侵犯的研究发现职场中受到社会阻碍的个体可能为了长远的目标而抑制冲动性和敌意性的情绪和想法，从而造成自我损耗，产生道德推脱并倾向于成为施害者（Lee，Kim，Bhave，Duffy，2016）⑤。

综上所述，自我控制不管是作为一种能力还是作为一种状态性的资源，都对替代性攻击具有显著影响，而个体的自我控制能力受到父母教养方式、家庭结构等因素的影响，然而目前对文献的检索还没有看到同胞关系对自我控制和替代性攻击影响的相关研究。因此本研究采用回溯式方法，让大学生回忆自己在童年时期与同胞的关系，然后采用实证方

---

① 黄曼、史滋福、刘姝：《未成年犯自尊与攻击性的关系：自我控制的中介作用》，《中国临床心理学杂志》2013 年第 21 期。

② DeWall, C. N. , Baumeister, R. F. , Stillman, T. F. , & Gailliot, M. T. , "Violence restrained: Effects of self-regulation and its depletion on aggression", *Journal of Experimental Social Psychology*, Vol. 43, 2007, pp. 62 – 76.

③ Wheeler, A. R. , Halbesleben, R. B. , & Whiteman, M. V. , "The interactive effects of abusive supervision and entitlement on emotional exhaustion and co-worker abuse", *Journal of Occupational and Organizational Psychology*, Vol. 86, 2013, pp. 477 – 496.

④ Liu, Y. , Wang, M. , Chang, C. – H. , Shi, J. , Zhou, L. , & Shao, R. , "Work-family conflict, emotional exhaustion, and displaced aggression toward others: The moderating roles of workplace interpersonal conflict and perceived managerial family support", *Journal of Applied Psychology*, Vol. 100, 2015, pp. 793 – 808.

⑤ Lee, K. , Kim, E. , Bhave, D. P. , & Duffy, M. K. , "Why victims of undermining at work become perpetrators of undermining: An integrative model", *Journal of Applied Psychology*, Vol. 101, 2016, pp. 915 – 924.

法探讨童年期的同胞关系对大学生的自我控制能力和替代性攻击倾向的影响。

二　研究方法

(一) 研究对象

采用整群抽样的方式，从山东省某高校随机抽取 126 名大学生进行问卷调查，所有大学生均为非独生子女。

(二) 研究工具

(1) 替代攻击量表 (Displaced Aggression Scale)：由 Denson 和 Pedersen (2006) 编制[1]，王佳波 (2013) 修订[2]。量表包含愤怒沉思、替代性攻击倾向及复仇计划 3 个维度，共 21 个题目，采用 5 点计分，分数越高说明替代攻击越强。经检验愤怒沉思分量表的内部一致性信度为 0.83，替代性攻击倾向的内部一致性信度为 0.87，复仇计划的内部一致性信度为 0.90，量表的总信度为 0.92。

(2) 同胞关系量表 (Sibling Relationship Questionnaire, SRQ)：采用 Furman 和 Buhrmester (1985) 开发的《同胞关系问卷》探讨被试的亲密和冲突同胞关系，其中亲密维度 15 个项目，冲突维度 6 个项目。经检验亲密维度的内部一致性信度为 0.91，冲突维度的内部一致性信度为 0.82。

(3) 自我控制量表 (Self-control Scale)：本研究采用由 Grasmick (1993) 编制，屈志勇等修订的自我控制问卷[3]，问卷分为 3 个维度，分别是简单化倾向、冲动冒险性和自我情绪性，得分越高表示个体的自我控制能力越低。本研究中量表各维度的克伦巴赫 α 系数分别为 0.51、0.66、0.57，量表总的内部一致性信度为 0.68。

---

① Denson, T. F., Pedersen, W. C., & Miller, N., "The displaced aggression questionnaire", *Journal of Personality and Social Psychology*, Vol. 90, 2006, pp. 1032 – 1051.

② 王佳波：《大学生宽恕倾向与置换性攻击的关系研究》，硕士学位论文，云南师范大学，2013 年。

③ 屈志勇、邹泓：《家庭环境、父母监控、自我控制与青少年犯罪》，《心理科学》2009 年第 2 期。

（三）统计方法

采用 SPSS 22.0 进行描述性统计分析、相关分析和层次回归分析等。

三 研究结果

（一）描述性统计分析

表 12—1   大学生替代性攻击与自我控制能力的描述性统计结果

	最小值	最大值	平均数	标准差
愤怒沉思	1	4.8	2.694	0.794
替代性攻击倾向	1	3.57	1.769	0.665
复仇计划	1	4	1.796	0.696
总的替代性攻击	1	3.43	2.082	0.571
简单化	1.33	4.50	2.758	0.527
冲动冒险	1	4	2.102	0.684
自我情绪	1	4	2.263	0.552
自我控制	1.50	3.30	2.374	0.414

表 12—1 是对替代性攻击和自我控制能力的描述性统计结果，从表中可以看出，个体的替代性攻击各个维度和总分的均值均小于 5 级评分的中值 3，说明个体的替代性攻击不高。而自我控制能力各维度和总分的均值也小于 5 级计分的中值 3，表明个体的自我控制能力相对较高。

（二）相关分析

首先，对同胞关系与大学生的自我控制能力和替代性攻击这三个变量进行相关分析，从表 12—2 中可以看出，同胞亲密关系与大学生的替代性攻击的总分呈现出显著的负相关关系（$p < 0.05$），同胞亲密关系与简单化、冲动冒险和自我控制能力的总分为显著的负相关（$p < 0.01$）。同胞冲突关系与大学生的替代性攻击的总分为显著正相关（$p < 0.05$），同胞冲突关系与简单化、自我情绪和自我控制能力的总分也是显著的正相

关关系。

表12—2　　同胞关系与大学生的自我控制能力及替代性攻击的相关关系

	愤怒沉思	替代性攻击倾向	复仇计划	替代攻击	简单化	冲动冒险	自我情绪	自我控制能力
亲密	-0.163	-0.169	-0.093	-0.185 *	-0.246 **	-0.232 **	-0.120	-0.290 **
冲突	0.142	0.251 **	0.060	0.199 *	0.207 *	0.150	0.278 **	0.289 **

注：* 表示 $p < 0.05$；** 表示 $p < 0.01$。

表12—3 是对大学生自我控制能力与替代性攻击的各维度的相关分析结果，从表12—3 中可以看出，替代性攻击的各个维度以及总分与自我控制的各个维度和总分均为显著的正相关关系（$p < 0.01$）。

表12—3　　大学生的自我控制能力与替代性攻击的相关关系

	简单化	冲动冒险	自我情绪	自我控制能力
愤怒沉思	0.360 **	0.290 **	0.358 **	0.460 **
替代性攻击倾向	0.176 *	0.406 **	0.513 **	0.509 **
复仇计划	0.235 **	0.424 **	0.526 **	0.555 **
替代攻击	0.329 **	0.455 **	0.575 **	0.628 **

注：* 表示 $p < 0.05$；** 表示 $p < 0.01$。

（三）中介效应检验

结合相关分析的结果，以替代性攻击为因变量，以同胞亲密关系和自我控制能力为自变量进行分层回归。从表12—4 中可以看出，同胞亲密关系对替代性攻击的预测作用是负向的（B = -0.185），解释率约为2.6%，加入自我控制后回归模型的解释率增加了约36%，而且同胞亲密关系对替代性攻击的标准化系数变得不再显著（B = -0.003，t = -0.041）。因此自我控制能力在同胞亲密关系对替代性攻击的影响中发挥着完全中介作用。

表12—4　自我控制能力在同胞亲密关系对替代性攻击之间的中介效应检验

	因变量	自变量	R^2	F	P	SE	B	t
第一层	替代攻击	亲密	0.026	4.359	0.038	0.073	-0.185	-2.094 *
第二层	替代攻击	亲密	0.385	40.052	0.000	0.060	-0.003	-0.041
		自我控制				0.101	0.627	8.554 **

注：＊表示 p＜0.05；＊＊表示 p＜0.01。

根据相关分析的结果，以替代性攻击为因变量，以同胞冲突关系和自我控制能力为自变量进行分层回归。从表12—5中可以看出，同胞冲突关系对替代性攻击的解释率约为3.2%，加入自我控制后，回归模型的解释率增加了约35.5%，而且加入自我控制后，同胞冲突关系对替代性攻击的标准化系数值变得不再显著（B＝0.019，t＝0.259）。因此可以看出自我控制能力在同胞冲突关系对替代性攻击的影响中起到了完全中介作用。

表12—5　自我控制能力在同胞冲突关系对替代性攻击之间的中介效应检验

	因变量	自变量	R^2	F	P	SE	B	t
第一层	替代攻击	冲突	0.032	5.100	0.026	0.072	0.199	2.258 *
第二层	替代攻击	亲密	0.385	40.106	0.000	0.060	0.019	0.259
		自我控制				0.101	0.623	8.496 **

注：＊表示 p＜0.05；＊＊表示 p＜0.01。

四　分析与讨论

本研究采用问卷调查的方法探讨了大学生在童年时期的同胞关系质量对个体替代性攻击的影响，以及自我控制能力在其中所发挥的中介作用。结果表明同胞亲密和冲突关系对大学生替代性攻击具有重要影响，而自我控制能力在其中发挥了完全中介作用。

首先，本研究表明同胞关系对个体心理和行为发展具有纵向预测作用。这与相关研究的成果一致。研究者收集了374个家庭父亲、母亲和孩子3次的数据，探讨了同胞关系对青少年发展的影响。在时期1上有积极同胞关系的青少年在时期 2 上有更好的友谊和更高的自尊，而且与时期 3 个体较低的孤独感、抑郁感和较少的不良行为、物质滥用有关。而早期的积极同胞关系更能预测晚期的友谊而不是相反（Yeh & Lempers，2004）[1]。另外，有研究探讨了同胞关系与个体反社会行为的关系，被试主要来自低收入家庭，在 208 个男孩 10 岁的时候评定了同胞关系质量和与母亲的关系，并在其 11 岁和 12 岁的时候测量了他们的反社会行为以及他们同伴的反社会行为，结果发现与母亲的不良关系与同胞冲突显著相关，反过来，同胞冲突是反社会行为的主要预测变量，同胞亲密关系与被试报告的同伴的反社会行为相关，表明在控制了与母亲的不良关系之后，同胞关系质量依然与反社会行为相关（Criss & Shaw，2005）[2]。实证研究发现较高水平的同胞冲突和较低水平的同胞亲密与较高水平的反社会行为和较低的社会能力有关（Ingoldsby，Shaw，Garcia，2001；Stocker，Burwell，Briggs，2002）[3]。

同胞通过三种不同的过程影响反社会行为：榜样（Modeling），共谋（Collusion）和冲突（Conflict）。因此，通过直接参与和榜样作用，同胞会强化个体的反社会行为，并泛化到同伴关系中，这对于青少年的物质滥用起到了直接和增强的作用（Low，Shortth，Snyder，2012）[4]。Stormshak，Comcau 和 Shepard（2004）探讨了不良的同胞和同伴关系对于青少年的物质滥用的预测作用[5]。同胞冲突和同胞亲密关系都与青少年的不良行为有关，而且同伴和同胞的不良行为对于物质滥用的影响是独立的。East 和 Khoo（2005）发现同胞冲突是年幼者物质滥用的预测因素，是家庭风险因

① Yeh, H. C. , & Lempers, J. D. , "Perceived sibling relationships and adolescent development", *Journal of Youth and Adolescence*, Vol. 33, 2004, pp. 133 – 147.

② Criss, M. M. , & Shaw, D. S. , "Sibling relationships as contexts for delinquency training in low-income families", *Journal of Family Psychology*, Vol. 19, 2005, pp. 592 – 600.

③ Ingoldsby, E. M. , Shaw, D. S. , & Garcia, M. M. , "Intra-family conflict in relation to boys' adjustment in school", *Development and Psychopathology*, Vol. 13, 2001, pp. 35 – 52.

④ Low, S. , Shortth, J. W. , & Snyder, J. , "Sibling influences on adolescent substance use: the role of modeling, collusion, and conflict", *Development & Psychopathology*, Vol. 24, 2012, pp. 287 – 300.

⑤ Stormshak, E. A. , Comcau, C. A. , & Shepard, S. A. , "The relative contribution of sibling deviance and peer deviance in the prediction of substance use across middle childhood", *Journal of Abnormal Child Psychology*, Vol. 32, 2004, pp. 635 – 649.

素和行为之间的中介变量①。在 Patterson（1982）的理论中，同胞之间的强制互动是反社会和不良行为的训练基地，而与不良行为的同伴之间的互动增强了这种影响②。同胞关系中的模仿是不良行为发展的重要机制，而同胞关系中的一些特点会增强同胞之间的模仿和榜样效应。首先，同胞之间内隐的权利不对等会让年幼者将年长者视为"榜样"，特别是年龄相近的时候（Whiteman & Christiansen，2008）③。此外，同胞性别相同会增强这种影响。对同胞的认同会增强二者价值观和态度的相似性（Brook，Brook，Richter，Whiteman，2006）④。同胞和同伴对反社会行为包括物质滥用提供了强化作用。共谋或者说训练指的是不良行为包括攻击性、物质滥用等的相互强化。在同胞和同伴关系中都发现了共谋现象，而且对于不良行为的卷入是一个重要的机制（Snyder，Bank，Burraston，2005）⑤。研究发现积极的同胞关系更有利于同胞之间的强化（Dishion，Spracklen，Andrew，Patterson，1996）⑥，但是 Snyder 发现同胞冲突更有利于同胞之间的相互强化。综合以上研究成果可以推测同胞关系对个体的替代性攻击具有显著的预测作用。

五　结论与建议

本研究采用问卷调查的方法对大学生的替代性攻击、自我控制能力

①　East, P. L. , & Khoo, S. T. , "Longitudinal pathways linking family factors and sibling relationship qualities to adolescent substance use and sexual risk behaviors", *Journal of Family Psychology*, Vol. 19, 2005, pp. 571 –580.

②　Patterson, G. R. , *Coercive family process*, Eugene, OR: Castalia, 1982.

③　Whiteman, S. D. , & Christiansen, A. , "Processes of sibling influence in adolescence: Individual and family correlates", *Family Relations*, Vol. 57, 2008, pp. 24 –34.

④　Brook, J. S. , Brook, D. W. , Richter, L. , & Whiteman, M. , "Risk and protective factors of adolescent drug use: Implications for prevention programs", In Z. Sloboda & W. J. Bukoski (eds.), *Hand book of drug abuse prevention*, New York: Plenum Press, 2006, pp. 265 –287.

⑤　Snyder, J. , Bank, L. , & Burraston, B. , "The consequences of antisocial behavior in older male siblings for younger brothers and sisters", *Journal of Family Psychology*, Vol. 19, 2005, pp. 643 –653.

⑥　Dishion, T. J. , Spracklen, K. M. , Andrew, D. W. , & Patterson, G. R. , "Deviancy training in male adolescent friendships", *Behavior Therapy*, Vol. 27, 1996, pp. 373 –390.

和童年期与同胞的关系进行了实证研究，发现童年期的同胞亲密和冲突关系对大学生的自我控制能力和替代性攻击都具有重要影响。同胞亲密关系能够显著负向预测大学生的替代性攻击，而自我控制能力在二者间发挥完全中介作用。同胞冲突关系能够显著正向预测大学生的替代性攻击，而且自我控制能力也发挥了完全中介作用。该研究表明同胞关系对个体的心理和行为发展具有较为长期的效应。因此从小培养个体与同胞之间良好的关系具有重要意义，良好的同胞关系有利于个体情绪理解能力的发展，有利于提高个体应对和分析问题的能力，还有利于个体社会性的发展，而这些能力的良好发展对于个体青少年时期甚至是成人后的心理和行为发展都具有重要影响。

第十三章

总　结

一　总讨论

（一）同胞关系具有显著的文化差异性，体现出较强的本土化特点

不同文化中的同胞关系不同，家庭主义价值观念是重要的影响同胞关系质量的因素。家庭主义价值观不太明显或不重视家庭主义价值观的文化更重视个体独特性，突出个体的价值，如西方社会中的同胞关系更多是爱—恨，关系紧张，反映了西方社会对于竞争和个体主义的强调（Campione-Barr, Lindell, Greer, & Rose, 2014）。而家庭主义价值观较为明显的文化则重视个人对家庭的责任感，同胞关系更加亲密。如在集体主义文化中，同胞对于个体的生活具有重要作用，家庭对同胞互依的规则更加强调，同胞关系更多是自我验证的，相互有责任和义务的，并且通常持续个体的一生（Updegraff & Umaña-Taylor, 2015）。我国属于典型的集体主义文化，重视家庭价值观，如"长兄如父""兄则友弟则恭"等。但是我国长期施行的计划生育政策已然使人们接受了独生子女的家庭生育观念和教养方式，因此兄弟和睦的家庭主义价值观和互相争斗的现实生育状况之间存在着巨大的矛盾，因此我国的同胞关系呈现出较强的本土化特点，西方关于同胞关系的研究成果在应用于我国文化时其外部效度难以保证。本书对我国青少年的同胞关系特点和作用进行了多项实证分析，发现多数个体有着更为亲密的同胞关系；但是不同年龄的同胞关系不同，随着年龄增长同胞之间出现冲突关系的可能性逐渐减小；而且在不同年龄下结构变量对同胞关系的影响作用也不相同；父母的区别对待造成的权利对比在我国同胞关系中并没有那么强烈，对个体心理健康

和行为发展的影响也相对较小。但是也应该注意到这种效应的出现也可能受到其他因素的影响，如实证研究中发现同胞之间的年龄差距普遍较大，某些同胞之间的年龄差甚至达到了十岁以上。

（二）同胞关系受到同胞结构变量和家庭系统因素的影响

同胞关系是一种复杂的情感矛盾关系，受到同胞结构、家庭环境、同胞互动及文化差异等多种因素的影响（McHale，Updegraff，Whiteman，2012），因此很难得到完全一致的结论。目前对同胞结构因素的探讨主要集中于同胞性别组合、年龄差距及年龄发展阶段等几个特征。研究者普遍认为同是女孩的同胞亲密度更高，亲密度最差的当属兄弟关系；现有的研究普遍发现同胞年龄差距较大时同胞之间的冲突关系更少，但是也应注意到随着同胞年龄差距的加大，同胞之间的亲密互动也变得更少，表现出了一定的同胞疏离关系。在本书的研究中也发现同胞性别不同时同胞之间的亲密度最高；年龄差距较大的同胞之间产生冲突的可能性较低。除了这些结构性变量，家庭系统理论认为家庭中任意两个成员间的关系都会对其他关系产生影响。现阶段研究中主要关注的家庭结构变量包括父母文化程度、家庭经济水平等特质性变量，而对家庭的功能性变量的探讨较少。家庭功能既能够反映家庭内部各个成员之间的关系，也是对家庭整体特征的反映。因此本书主要探讨了家庭功能对同胞关系的影响，发现家庭的适应性而非亲密性对同胞亲密关系的建立具有更为重要的作用。但是父母的文化程度对家庭功能具有重要影响，当父母的文化程度在大学本科以上时，家庭的亲密性和适应性都更好。但是可以看出，这些研究都以核心家庭中的全同胞为主要被试，较少涉及其他同胞关系，如再婚家庭、重组家庭中的半同胞关系；另外同胞中有一方存在如身体和心理方面的障碍等，都可能对同胞关系产生重要影响，但是现有研究之中对这些特殊儿童家庭的同胞关系研究较为缺乏。

（三）同胞关系对于个体的心理健康和行为发展具有重要的作用

本书采用问卷调查法对同胞关系影响中学生的学业自我效能感进行了实证研究，发现同胞亲密正向影响，同胞冲突反向影响中学生的学业自我效能感，而自尊在其中发挥着重要的中介作用；亲密的同胞关系影响大学新生的适应水平和孤独感，而且同胞结构变量在其中起到了重要的调节效应。同胞关系超过了亲子关系和同伴关系，在个体一生中的持续时间最长；同胞关系是一种强制性的情感矛盾关系，既包含爱和亲密，也包括冲突和竞争，还兼有出生顺序等因素造成的不平等成分，因此对个体的社会心理发展的影响异常复杂。首先，同胞关系属于依恋关系的一种，拥有积极健康同胞关系的个体将兄弟姐妹视为支持者、指导者和陪伴者，有助于促进个体今后的健康生活，能够显著预测适应的发展，而且作为一种保护性因素能够降低心理和行为问题发生的可能性。其次，个体在与同胞互动的过程中会从同胞那里学到好的或者坏的行为，并通过替代强化将这些行为内化成为个体自身的行为。另外，个体与同胞的冲突关系会泛化到其他情境中如同伴关系，同胞关系是个体攻击性和敌意互动的场所，因而可能促进个体的适应不良（Stauffacher & DeHart，2006）。由此可见各种理论在解释同胞关系的作用方面存在着一定的矛盾。亲密和冲突的同胞关系除了单独影响个体的心理和行为发展外，二者的联合作用也值得关注。冲突而缺少亲密的同胞关系对个体心理和行为发展至关重要。研究发现冲突而缺乏亲密的同胞关系甚至比同胞情感冷淡更可能使个体抑郁（McHale，Whiteman，Kim，Crouter，2007）。而拥有和谐同胞关系的大学生相比情感紧张的大学生来说，拥有更高的自尊和更低的孤独感（Sherman，Lansford，Volling，2006）。Buist 和 Vermande（2014）对儿童中期的同胞关系类型与内外部心理和行为问题之间的关系进行分析，发现亲密的同胞关系对个体适应最重要，冲突关系比亲密关系的孩子报告了更多的内外部问题行为，以及更低的学业、社会和一般能力评价，冲突而又缺乏亲密的同胞关系对于个体的负面作用更大。由此可见尽管亲密和冲突的同胞关系对于个体心理和行为发展都具有重要影响，但亲密性缺乏的同胞关系具有更强的危害性。

（四）同胞关系具有长期的预测效应

在本书中，采用回溯式设计让被试回忆童年时期与同胞之间的关系，然后考察童年期的同胞关系对大学生的心理健康和行为发展的影响，发现童年期的同胞关系能够预测个体在大学时期的道德同一性发展水平，而且对于替代性攻击具有重要的作用，表明同胞关系对于个体心理健康和行为发展具有长期的预测效应。同胞关系的重要性不仅体现在对个体当前心理健康和行为发展的影响，还体现在其对个体的心理和行为发展的长期预测效应。纵向研究在揭示同胞关系的长期效应方面更为有力。研究者追踪了229个健康男性从20岁到50岁的变化，评估他们的同胞关系、亲子关系、家庭抑郁史等方面以及50岁时得抑郁、酗酒、使用情绪镇静药物等，发现即使控制了与父母的关系之后，20岁与同胞的不良关系及家庭抑郁史可以独立地预测50岁时的抑郁症。表明儿童时期与同胞的不良关系是成年后抑郁的独特预测因素（Waldinger，Vaillant，Orav，2007）。纵向研究发现积极的同胞关系能够预测青少年的友谊和自尊发展，而且在随后有较低的孤独感、抑郁感和较少的不良行为与物质滥用（Yeh & Lempers，2004）。同胞之间的欺负行为也具有长期的负面影响，一项长达12年的追踪研究发现那些长期受到同胞欺负的孩子出现抑郁、焦虑和自我伤害的可能性是没有受过欺负孩子的两倍（Bowes，Wolke，Joinson，Lereya，Lewis，2014）。所有这些研究成果都表明同胞关系对于个体的心理和行为发展具有长期的效应。

二 总结论

（一）同胞关系的本土化特点

（1）不同性别组合的同胞关系不同。两个男孩的冲突更多，两个女孩的冲突居中，而一个男孩一个女孩的冲突最少。

（2）同胞性别组合和出生顺序对同胞关系质量具有交互作用。当同胞的性别相同时，被试对哥哥姐姐的亲密度大于对弟弟妹妹的；而当同胞的性别不同时，被试对弟弟妹妹的亲密度反而比对哥哥姐姐的高。当同胞的性别相同时，被试更尊重自己的哥哥姐姐，而当同胞的性别不同时，被试对弟弟妹妹或者哥哥姐姐的尊重程度相似。

（二）同胞关系受到家庭功能的影响

（1）家庭适应性对同胞亲密度存在显著的正向预测作用，而家庭亲密度对同胞亲密度没有显著的预测作用。

（2）家庭功能在一定程度上决定着同胞的亲密度。

（3）良好的家庭功能有助于同胞亲密度的提升。

（三）同胞关系对中学生的心理和行为发展具有重要作用

（1）同胞关系的亲密维度与学业自我效能感的学习能力自我效能感维度和学习行为自我效能感维度均存在显著的正相关。

（2）同胞关系的冲突维度与学业自我效能感的学习能力自我效能感维度和学习行为自我效能感维度均存在显著的负相关。

（3）自尊在同胞亲密与学习能力自我效能感和学习行为自我效能感的关系中存在部分中介作用。

（四）同胞关系对大学新生的适应和孤独感具有重要影响

（1）同胞亲密关系比冲突关系更能预测大学新生的适应和孤独感。

（2）被试性别、同胞性别组合、年龄差距和出生顺序能够调节同胞关系与大学新生适应和孤独感的关系。

（五）同胞关系对个体的心理和行为发展具有长期的预测效应

（1）童年期的同胞关系对大学生道德同一性的建立具有重要影响，还能够预测个体在大学时期是否会遭受社会排斥。

（2）童年期的同胞亲密关系能够显著负向预测大学生的替代性攻击，而自我控制能力在二者间发挥完全中介作用。

（3）童年期的同胞冲突关系能够显著正向预测大学生的替代性攻击，而自我控制能力在二者间发挥完全中介作用。

三　研究意义

（一）理论意义

（1）我国长期以来施行的计划生育政策使得同胞关系一直被研究者所忽视，但是对独生和非独生子女的比较研究很难得出完全一致的结论，如一些研究认为独生子女的适应更好，也有一些研究认为非独生子女的适应更好，还有一些研究认为是否独生对适应水平并没有影响。导致这些研究成果不一致的主要原因除了各个研究的研究对象和研究方法的不同之外，对非独生子女的同胞关系的忽视也是重要的原因之一。同胞关系是非独生子女面临的一种主要的家庭关系，同胞关系的质量对于非独生子女的心理健康和行为发展影响颇大，因此同胞关系的研究为独生和非独生子女的心理和行为发展存在的不一致的结论提供了新的解释路径。

（2）家庭系统理论认为家庭中的任何两种关系之间都存在相互影响，研究者们比较重视的家庭关系包括亲子关系、夫妻关系等，但是对于同胞关系的重视程度不够。然而同胞关系不仅对孩子之间的交往互动产生影响，还会影响亲子关系和夫妻关系，反过来亲子关系和夫妻关系对于同胞关系也存在重要影响。因此对同胞关系的研究扩展了家庭系统理论。

（3）目前关于同胞关系的理论主要来自家庭系统理论、社会比较和社会学习理论等方面，还没有专门针对同胞关系的独特理论体系，我国研究者在相关理论的基础上，提出了初步的整合理论框架，但是效度如何还缺乏实证研究。本书对同胞关系的特点和作用的实证研究在一定程度上表明我国的同胞关系具有较强的本土化特点，而且也表明同胞自身因素和家庭因素都会对同胞关系产生影响，而且同胞关系会通过社会学习、社会比较等机制对个体的心理和行为发展产生影响，在一定程度上表明该整合理论框架是有效的。

（4）同胞关系是一种兼有亲子关系和同伴关系的斜向交叉关系，既包含爱和亲密等成分，也含有冲突和竞争，还有同胞之间的控制与反控制斗争，因此同胞关系对个体心理和行为发展的影响异常复杂，厘清同胞关系的作用机制对于个体心理和行为健康发展具有重要作用。

（5）全面"二孩"政策诞生之后出现了诸多头胎为反抗或抵制二孩而表现出的不良行为，而且二孩的诞生使得家庭结构和教育方式发生了巨大的改变，因此对我国同胞关系的本土化特点及其家庭教育启示的理论分析，能够充实同胞关系的理论框架，并为父母教育方式的转变提供一定的依据。

（二）实践意义

（1）"二孩"政策后越来越多的父母选择生育二孩，但是长期的计划生育已然使人们接受了一个家庭一个孩子的固有观念，因此在二孩出生时头胎可能产生较强的情感波动，会产生担心自己的爱因弟妹出生而减少等焦虑情绪，甚至会采取各种方式进行抵制；另外父母也缺乏相应的经验去平衡两个孩子之间的冲突和矛盾。因此同胞关系的研究是家庭关系研究的重要补充和拓展。消极同胞关系的干预对于个体心理健康发展和家庭和谐具有重要的意义，但是目前对同胞关系的干预主要集中于儿童时期，缺乏对青少年时期的研究，主要的原因是对同胞关系的作用机制尚不清楚。因此本书对同胞关系的本土化特点分析及其作用研究对于揭示同胞关系的作用机制具有一定作用，也为同胞关系的干预措施的提出奠定了基础。

（2）同胞关系不仅对家庭其他关系产生影响，还会扩展到家庭之外的其他人际关系，孩子在与同胞互动的过程中掌握的冲突处理技能，发展的观点采择能力等对于同伴关系甚至是成人后的团队合作都具有重要的影响。因此同胞关系为人际关系的深化研究提供了新的路径。同胞关系作用机制的研究为全面了解家庭系统关系以及家庭外的人际关系提供了新的视角。长久以来儿童青少年时期的研究主要关注亲子关系和同伴关系，而对同胞关系的作用有所忽视，而同胞关系的研究为全面了解个体人际关系发展提供了可能。

（3）30多年的计划生育政策使得研究者们长期忽视了同胞关系的理论和实证研究，虽然在我国农村和部分家庭中仍存在这种重要的家庭关系：同胞关系，但是之前的相关研究主题主要集中于父母对子女的性别偏好而导致的家庭资源的分配倾向。而对同胞关系的研究一直没有得到应有的重视，全面"二孩"政策实行后，越来越多的家庭选择生育二孩，研究者们才开始了对同胞关系的探讨。但是目前的研究主要以文献综述和理论分析为主，少有的几篇实证论文发表的期刊层次较低，在研究对象和研究方法、研究结果等方面都存在着各种各样的问题，因此引用价值不大。本书是一部比较系统地阐述同胞关系的发展特点、影响因素和作用机制的综合性著作，为研究者们今后继续开展同胞关系的相关研究奠定了一定的基础。

四　研究不足

（一）研究对象方面的问题

同胞关系对于儿童和青少年时期的个体来说都具有重要影响，但是本书的研究对象主要是青少年，因而缺乏对儿童的同胞关系分析。而对于年幼的儿童的同胞关系研究具有更为重要的意义。这是因为：第一，我国实行"全面二孩"政策的时间较短，拥有同胞关系的个体年龄普遍较小，集中于儿童时期；第二，儿童时期个体的心理和行为发展较为迅速，家庭是儿童生活和学习的主要场所，家庭系统中的各种因素错综复杂交互作用，因此同胞关系对儿童的心理和行为发展的作用更为显著；第三，儿童时期同胞是个体的主要学习和交往对象，与同胞的互动较之同伴更多，因此具有独特的发展特点；第四，各个研究中仅对同胞关系中的一方进行分析，通过比较被试的出生顺序、性别等变量考察同胞结构变量的作用，这样的研究设计可能无法准确揭示各个变量对同胞关系的复杂影响。另外，本书的研究对象都是青少年本身，除了青少年自身，父母可能更理解同胞关系的特点，因此在今后的研究中需要以家庭为单位进行研究，不仅探讨家庭中的两个孩子，还需要对其父母进行分析，才能在家庭系统理论的基础上，更准确地对同胞关系进行分析和研究。

（二）样本代表性方面的问题

首先，本书中的实证研究被试主要来自山东省地区，尽管据统计，"全面二孩"政策实施以来，山东省二孩生育率处于全国前列，但是山东地区的同胞关系特点是否能够代表全国值得商榷。其次，实证研究中样本量多为几百，虽然已经满足了研究大样本的要求，但是对于同胞关系特点及其作用这类比较宏观的问题，仅有数百被试的样本的代表性仍显不足。再者，本书的研究对象主要是青少年，而目前拥有同胞关系的青少年主要来自农村家庭，因此研究对象中城市和农村的比例相差较大，这也可能导致由此样本得到的结论在推广时存在一定的局限性。另外，本书虽然跨越了青少年发展的较大年龄段，既有中学生，又有大学生，但是各个年龄段之间缺乏内在的联系，样本的同质性也较差，导致不同样本的同胞关系的研究比较零散，缺乏系统性。而且被试年龄呈现出较强的阶段性也是研究的不足之处。

（三）研究方法方面的问题

本书中的实证研究采用的研究方法都是问卷调查法，让被试自陈与同胞的关系或者心理和行为发展特点。自陈法通过让受试者自己提供有关自己的心理和行为发展特点，而经常被用于人格方面等的研究。但是自陈法本身具有一定的缺陷和不足，如被试可能受到社会赞许性效应影响而做出虚假的回答，如在本研究中个体可能会将自己的心理发展水平有意拔高，而不是真实反映；自陈法可能受到个体回忆效应的影响，如在个体回忆过去的生活经历时，积极良好的印象更为深刻，因此对同胞关系的回答可能由于冲突经历的不容易获得而有所忽略；自陈法还可能导致被试敷衍了事或者无法选择最准确的答案而随意做出判断。而且对于年幼的被试来说，自陈法可能并不适用。因此，今后需要采用更加多元化的方法，如父母报告法、观察法和访谈法等，这样才能更为准确地了解同胞关系的发展特点和影响作用。

（四）研究设计方面的问题

首先，本书中的实证研究均采用横断设计，横断设计只能揭示同胞关系与个体的心理和行为发展存在相关关系，但是无法准确说明它们的发展先后关系和因果作用，如同胞关系可能影响个体的自尊水平，而自尊较低的个体的同胞关系可能更差。因此在今后需要采用纵向设计才能更为清晰地揭示同胞关系与心理和行为发展特点的先后顺序和因果关系。其次，本书通过比较不同年龄段的同胞关系的特点来探讨同胞关系随年龄发展的特点，但是不同年龄段的同胞关系的差异可能是多种因素综合作用的结果，如样本的同质性问题等，而且也无法说明同胞关系的年龄发展趋势特点。因此在今后需要结合横断设计和纵向设计的优点，采用聚合交叉设计，才能更为准确地揭示同胞关系的年龄发展趋势和特点。再者，同胞关系不仅对当前心理和行为特点存在影响，还具有一定的长期效应，但是这种长期效应需要采用持续纵向追踪研究方能得到更为准确的结论，但是本书的实证研究皆为横断研究，因此在揭示同胞关系的长期效用方面存在一定不足。另外，本书在说明同胞关系的长期效应时采用的是回溯设计，通过让被试回忆童年期的同胞关系进行分析，该种设计虽然在一定程度上能够说明同胞关系的长期预测作用，但是被试的回忆是否准确，期间可能存在的额外影响因素等都使得结论的得出需要格外谨慎。

（五）研究理论方面的问题

首先，本书以本土化研究理论为基础，提出同胞关系具有较强的文化差异性，因此需要探讨我国同胞关系的特点和作用。而在对同胞关系的本土化特点及其作用进行研究时采用的是遗传和环境视角的相关理论，虽然在一定程度上验证了同胞关系的整合理论框架的准确性，但是没有提出同胞关系的独特理论也是本书的一大不足。其次，本书虽然提出了同胞关系的文化差异性，但是目前对同胞关系的文化特点研究表明虽然各种文化下的同胞关系不同，但是同胞关系对于个体心理和行为发展的作用有两种相反的理论观点，而这些观点的验证需要进行跨文化的比较研究，而本书虽然对我国同胞关系的特点和作用进行了较为全面的分析，但是缺乏与不同文化下的同胞关系的比较，因此在文化价值模型或文化等值模型的理论验证上并没有做出实质性的贡献。

五　研究展望

（一）同胞关系的理论研究

目前关于同胞关系的理论观点主要从遗传和环境两方面入手，遗传视角将同胞关系视为基因相关关系，以亲缘选择理论为主要代表。环境视角对同胞关系的研究较多，如重视同胞相似性的社会学习理论，关注同胞权利对比的社会比较理论等。但是这些理论观点在解释同胞关系方面都存在一定的不足，而且并不能得到完全一致的结论。

同胞亲密与心理病理问题：依恋理论。根据依恋理论，与同胞的关系可以看作是一种依恋关系或情感联结。安全的依恋能够增强孩子的安全感，是对不适应的一种保护因素。婴幼儿时期的安全依恋对于积极的自我形象和社会世界形象形成具有重要作用。不安全的依恋倾向于使孩子认为自己不值得爱，产生焦虑和抑郁情绪，认为社会世界不值得信任，产生行为问题、药物滥用及攻击性的可能性增加。因此可以假设与同胞亲密的关系对于内外部心理行为问题都有重要作用。同胞之间缺乏亲密感对于外部问题也有重要作用，但是结论并不一致。一些研究发现较高的同胞亲密与较少的外部问题相关，积极的同胞关系与良好的情绪关系和亲社会行为正相关。而另一些研究发现亲密支持的同胞关系是外部问题的一个风险因素，然而该研究主要针对的是临床被试，被试的同胞都有较高的攻击性。这些样本中孩子和其同胞之间有相关模仿攻击性因而亲密的同胞关系与行为问题具有显著正相关。而且这类关系主要出现在两个男孩之间，而对于姐妹不显著。

同胞冲突与心理病理：社会学习理论。社会学习理论认为消极的同胞关系能够泛化到其他情境中。同胞冲突增加了反社会行为和犯罪活动的发生。此外，研究发现同胞冲突的个体更少可能与他人讨论自己和他人的问题，因此在观点采择和同情心上有缺陷，而增加了外部行为问题的可能性。相关研究发现较高的同胞冲突是儿童和青少年出现外部问题的风险因素。冲突的同胞关系也可能是内部问题的风险因素。拥有冲突同胞关系的孩子更可能体验到无助感，因为他们不喜欢打架但是又觉得冲突无法改变。这些感受导致消极的归因，最终导致抑郁的出现。相关研究证实了冲突与内部行为问题之间的关系，而且也研究发现同胞关系越冲突，抑郁症状会随时间累积增加。

父母不同对待方式与心理病理：社会比较理论。不同的对待方式指的是孩子认为父母对一个孩子比另一个孩子更喜爱、更严格等。孩子倾向于与他人进行比较并在比较过程中获得自尊，而同胞比较更容易。如果父母对待一个孩子比另一个孩子更好，孩子可能认为会产生"我不够好"的想法。因此同胞比较产生不公正感、不安全感和焦虑。不同对待方式与内部行为问题的结果并不一致，一些研究并没有发现显著的效应，而另一些研究发现与抑郁有关。不同对待方式对外部行为问题作用更大。研究发现受到不公正对待的孩子更可能激怒他们的父母以弥补关注的缺失。

综上所述，可以发现目前并没有专门针对同胞关系的理论研究，而是从其他关系的角度对同胞关系进行理论分析，这些理论观点在解释同胞关系方面虽然具有一定的效用，但是不能对所有的同胞关系现象进行全面分析，因此需要加强同胞关系的理论分析和研究。

(二) 同胞关系的跨文化比较研究

目前研究者普遍认可文化对于同胞关系存在重要影响，不同文化下的同胞关系呈现出不同的特点，但是同胞关系对于个体心理和行为的影响是否一致却存在两种相反的理论观点 (Lamborn & Felbab, 2003)[①]。一种是文化价值模型 (Cultural Values Model)，认为文化或人种的差异导致同胞关系质量对个体心理和行为的影响作用不同，也就是说亲密与冲突的同胞关系对个体心理发展的影响模式并不相同，在某些文化下积极的同胞关系是一种保护性因素，而在另一些文化下却未必如此。另一种是文化等值模型 (Cultural Equivalence Model)，认为尽管不同文化下的同胞关系存在差异，但是同胞关系对于个体的影响在不同文化中却是相同的，即尽管不同文化下的同胞关系呈现出不同的特点，但是积极和消极同胞关系对个体心理发展的影响却是一样的。目前对同胞关系的跨文化比较研究并不多见，Buist (Buist, Paalman, Branje, Deković, Reitz, Verhoeven, et al., 2014[②]; Buist, Verhoeven, Hoksbergen, ter Laak, Watve, Paranjpe, 2017[③]) 及其同事对摩洛哥、印度和荷兰的青少年进行跨文化比较，发现摩洛哥青少年的同胞关系质量比荷兰青少年更高，但是同胞关系质量对焦虑、抑郁和外部行为的影响在摩洛哥和荷兰青少年中没有差异；另外，印度青少年比荷兰青少年有更高的同胞亲密度，然而同胞关系与个体内外部心理和行为问题之间的关系在印度和荷兰青少年中也是相似的。2017 年，Buist 及其同事 (Buist, Metindogan, Coban, et al., 2017[④]) 对四

---

① Lamborn, S. D., & Felbab, A. J., "Applying ethnic equivalence and cultural values models to African-American teens' perceptions of parents", *Journal of Adolescence*, Vol. 26, 2003, pp. 601 – 618.

② Buist, K. L., & Vermande, M., "Sibling relationship patterns and their associations with child competence and problem behavior", *Journal of Family Psychology*, Vol. 28, 2014, pp. 529 – 537.

③ Buist, K. L., Verhoeven, M., Hoksbergen, R., Laak, J., Watve, S., & Paranjpe, A., "Associations of perceived sibling and parent-child relationship quality with internalizing and externalizing problems: comparing Indian and Dutch early adolescents", *Journal of Early Adolescence*, Vol. 37, 2017, pp. 1163 – 1190.

④ Buist, K. L., Metindogan, A., Coban, S., et al., "Cross-cultural differences in sibling power balance and its concomitants across three age periods", *Journal of General and Family Medicine*, Vol. 156, 2017, pp. 87 – 104.

个不同民族下的三个年龄段的同胞关系进行了跨文化比较研究。三个年龄段分别是：儿童早期、儿童晚期和青少年时期。儿童早期的比较研究由 123 名土耳其和荷兰儿童的妈妈进行，儿童晚期的样本主要是 124 名印度儿童和 129 名荷兰儿童，青少年时期的样本由 165 名摩洛哥民族和 165 名荷兰民族的青少年组成。对三个年龄段的同胞权利对比关系和内外部问题行为进行了研究，发现不同民族样本下的同胞权利对比和问题行为的关系十分相似，唯一的区别是相对于土耳其民族来说，荷兰民族的同胞权利对比对外部行为的作用系数更大。以上这些研究成果都支持了文化等值模型。但是仅从鲜有的数篇研究中即得出文化等值模型是正确的结论还为时尚早。今后的研究中还要继续加强同胞关系的跨文化的比较研究。

（三）同胞关系的本土化研究

对我国同胞关系的研究进行分析发现同胞关系的研究非常缺乏。近年来随着"二孩"政策的全面放开，我国越来越多的研究者开始关注这一长期被忽视的家庭关系——同胞关系。由于中西方文化的差异，国外关于同胞关系的研究很难完全外推到我国的集体主义文化下，如我国长期存在重男轻女的传统思想，"哥妹和姐弟"等异性别组合的关系可能更差。

另外，我国目前的子女群体中独生子女仍然是最大的群体，因此独生和非独生子女之间的行为差异仍然是研究的重点，但是之前的研究并没有得出独生和非独生子女之间的一致性差别，这种矛盾性结果很大的原因在于并没有考虑非独生子女的同胞关系。而且我国长期施行的计划生育政策已然使人们接受了一个家庭一个孩子的生育观念，不管是父母还是孩子在生育二胎时都面临着心理的巨大挑战，出现头胎为抵制二胎或争夺父母关注而产生的冲突可能性也会更大。但是我国的集体主义文化强调家庭和睦和父慈子孝，传统文化和现实观念之间的差异导致父母在处理二孩的冲突时面临着较大的挑战。这些都是我国同胞关系的独特特点，因此进行同胞关系的本土化研究十分必要。

（四）同胞关系的终生发展特点分析

同胞关系在个体一生发展过程中呈现出稳定性和可变性的双重特点。如随着年龄增长同胞之间的兴趣点逐渐转移到同伴关系中，同胞之间的关系从儿童早期的控制与被控制关系逐渐变得平等，同胞之间不再是控制与被控制关系，而是成为相互支持的伙伴关系等。但是从文献总结可以看出目前对同胞关系的研究主要集中在儿童和青少年时期。同胞关系在个体一生中持续时间最长，超过了亲子关系、同伴关系、夫妻关系等，因此对成年后甚至是老年人的同胞关系的研究具有更为重要的意义。成年后个体虽然角色发生转变，但是同胞关系对于其依然存在重要影响，此时期的同胞关系由于个体的成人角色，个体关系的中心转移到朋友、爱人方面，与父母和同胞的关系独立起来而变得不同。White 对 9000 名被试的纵向研究发现，同胞支持（接近、联系、给予帮助）在成年早期有所减少，但是在成年中期同胞接近和联系比较稳定，70 岁之后同胞之间的互帮互助增多。Scharf 发现成年后的同胞之间的相处时间变得较少，他们之间的冲突减少，亲密增多，而且同胞之间的关系与其与父母的关系比青少年时期更小。可见目前对同胞关系持续终生发展的研究关注较少，在今后需加强对同胞关系终生发展特点的分析。但是同胞关系影响因素复杂，各个因素之间存在较强的交互作用，因此在研究中应进行综合考虑。

（五）特殊家庭的同胞关系研究

本书所有的研究对象均来自父母双方相同的全同胞家庭，而同胞关系不仅限于全同胞，还有可能因家庭结构的影响而形成其他类型，如父母只有一方相同的半同胞，父母重组家庭而形成的毫无血缘关系的组合同胞；还有领养而形成的同胞类型。这些同胞关系由于血缘关系较远，但是又生活在相同的家庭环境中，而面临着更多的问题和冲突。另外，父母双方离婚也会对家庭结构造成影响，而使得同胞的生活环境发生了巨大变化，如单亲家庭、组合家庭等。目前我国的离婚率相对较高，许多一二线城市的离婚率接近于发达国家水平，因此对于这种特殊家庭结构或者独特类型的同胞关系的研究也十分必要。

除了特殊的家庭结构之外，同胞中一方存在生理、疾病等方面的特殊性，如自闭症障碍、残疾、首发精神分裂症等，这些特殊儿童由于生理、疾病等方面的特殊性，需要同胞在较大程度上卷入对这些特殊儿童的照顾和帮助。很多儿童从出生起即肩负着继父母逝去之后对特殊同胞的终生看护责任，这种特殊类型的同胞关系目前数量也较为庞大，因此对于一方属于特殊儿童的同胞关系的研究也具有十分重要的意义。

（六）同胞关系的干预措施研究

综合目前的研究来看研究者普遍认为消极的同胞关系对于个体心理和行为发展存在负向影响，家长们也认为孩子之间的争吵和冲突是最重要最复杂的家庭事务。而且我国文化属于典型的集体主义文化，比较重视家庭和亲情关系，同胞亲密而非冲突更受到鼓励，因此如何采用适当且科学的干预措施促进同胞关系质量的积极健康发展也是家长和学者们的关注重点。"兄弟姐妹乐趣计划"（More Fun with Sisters and Brothers，MFWSB）是目前比较流行的针对同胞关系改进的社交技能训练计划。该项目旨在通过训练个体的情绪调节能力而减少同胞冲突，促进同胞关系良性发展（Kennedy & Kramer，2008）[1]。研究发现该干预计划的施行不仅有利于同胞关系质量的发展，还能促进父母的情绪调节能力（Ravindran，Engle，McElwain，Kramer，2015）[2]。也有研究者认为同胞之间的冲突不可避免，而冲突解决方式对同胞的心理健康更为重要，因此该项目主要教授父母如何引导同胞采用建设性的冲突解决方式而不是愤怒和攻击的相关技能和方法（Smith & Ross，2007）[3]。"同胞是特别的"（Siblings are Special，SAS）计划是针对儿童及其父母的干预项目，该项目通过教授儿

---

[1] Kennedy, D. E. , & Kramer, L. , "Improving emotion regulation and sibling relationship quality: The more fun with sisters and brothers program", *Family Relations*, Vol. 57, 2008, pp. 567–578.

[2] Ravindran, N. , Engle, J. M. , McElwain, N. L. , & Kramer, L. , "Fostering parents' emotion regulation through a sibling-focused experimental intervention", *Journal of Family Psychology*, Vol. 29, 2015, pp. 458–468.

[3] Smith, J. , & Ross, H. , "Training parents to mediate sibling disputes affects children's negotiation and conflict understanding", *Child Development*, Vol. 78, 2007, pp. 790–805.

童问题解决的方式和情绪管理的技能促进同胞之间的良性互动；另外基于家庭系统理论，该项目还有一系列针对整个家庭的培训，如父母在孩子互动过程中如何发挥积极作用等（Feinberg et al.，2012）[1]。实证研究发现该项目的实行不仅能够提高同胞关系质量，对亲子关系及个体的自尊和学业能力等都有积极促进作用（Feinberg et al.，2013）[2]。Kramer（2010）提出培养积极成功的同胞关系可以通过让同胞们积极参与建设性的活动，这些活动可以增强同胞之间的团结意识，改善同胞的情绪理解能力、观点采择能力、情绪调节能力、行为控制能力等[3]。另外，国外对寄养家庭同胞关系质量的改进方法对促进我国同胞关系质量的提高也具有一定的借鉴意义（Kothari et al.，2017）[4]。但是这些研究主要以儿童时期的同胞关系干预为主，缺乏对青少年时期同胞关系干预的有效措施。可能的原因是目前尚未得出确定的同胞关系及其作用的理论，对于同胞关系的作用机制研究仍然不足，因此未来要加强同胞关系作用机制的研究并采取有针对性的干预措施。

目前研究者们主要从提高孩子的人际交往能力以及父母的冲突处理策略角度探讨同胞关系的干预措施，这些方法以家庭系统理论为出发点，不仅需要所有家庭成员卷入，而且耗费大量的时间方可见效，因此推广和应用价值不高。而且这些研究主要以儿童时期的同胞关系干预为主，缺乏对青少年时期同胞关系干预的有效措施。而青少年时期个体产生心理和行为问题的可能性更多，因此如何对青少年的同胞关系进行改善，发挥同胞关系对消极问题行为的抵制作用是今后研究者们关

---

① Feinberg, M. E., Solmeyer, A. R., & Mchale, S. M., "The third rail of family systems: sibling relationships, mental and behavioral health, and preventive intervention in childhood and adolescence", *Clinical Child & Family Psychology Review*, Vol. 15, 2012, pp. 43 – 57.

② Feinberg, M. E., Solmeyer, A. R., Hostetler, M. L., Sakuma Kari-Lyn, Jones, D., & McHale, S. M., "Siblings are special: initial test of a new approach for preventing youth behavior problems", *Journal of Adolescent Health*, Vol. 53, 2013, pp. 166 – 173.

③ Kramer, L., "The essential ingredients of successful sibling relationships: An emerging framework for advancing theory and practice", *Child Development Perspectives*, Vol. 4, 2010, pp. 80 – 86.

④ Kothari, B. H., McBeath, B., Sorenson, P., Bank, L., Waid, J., Webb, S. J., et al., "An intervention to improve sibling relationship quality among youth in foster care: results of a randomized clinical trial", *Child Abuse & Neglect*, Vol. 63, 2017, pp. 19 – 29.

注的重点。

　　另外，目前关于同胞关系的干预研究主要针对的是父母而非同胞本身，干预的目的是缓解同胞关系的冲突和敌意，通过教授父母冲突处理的策略来降低孩子之间敌对的可能，但是消极同胞关系的减少并不意味着积极同胞关系的增加，二者不是非此即彼的关系。因此今后应该聚焦于如何促进积极同胞关系的培养。再者，目前的干预项目主要以临床样本或者个案为主，很少开展实验研究，设置对照组检验干预措施的效果，当然也没有对干预措施长期效果的检验。

附　　录

附录1

《同胞关系问卷》完整版及其计分方式

1. 你和你的兄弟姐妹为彼此做好事。

2. 妈妈对待你比对你的兄弟姐妹更好。

3. 你的兄弟姐妹不知道事情怎么做的时候，你给他一些指示。

4. 你不知道事情怎么做的时候，你的兄弟姐妹给你一些指示。

5. 你告诉你的兄弟姐妹该干什么。

6. 你的兄弟姐妹告诉你该干什么。

7. 爸爸对待你比对你的兄弟姐妹更好。

8. 你和你的兄弟姐妹彼此关心。

9. 你和你的兄弟姐妹共处并一起完成事情。

10. 你和你的兄弟姐妹互相侮辱对方，出口伤人。

11. 你和你的兄弟姐妹喜欢同样的东西。

12. 你和你的兄弟姐妹会告诉对方彼此的一切。

13. 你和你的兄弟姐妹想方设法超过或者击败对方。

14. 你崇拜和尊重你的兄弟姐妹。

15. 你的兄弟姐妹崇拜和尊重你。

16. 你和你的兄弟姐妹因不一致而发生口角。

17. 你和你的兄弟姐妹互相合作。

18. 相比你的兄弟姐妹，你更能得到妈妈的关注。

19. 你的兄弟姐妹不能独自完成一件事情的时候，你帮助他。

20. 你不能独自完成一件事情的时候，你的兄弟姐妹帮助你。

21. 你安排你的兄弟姐妹做事情。

22. 你的兄弟姐妹安排你做事情。

23. 相比你的兄弟姐妹，你更能得到爸爸的关注。

24. 你和你的兄弟姐妹互相喜爱。

25. 你和你的兄弟姐妹能够一起开心地玩耍。

26. 你和你的兄弟姐妹对彼此吝啬。

27. 你和你的兄弟姐妹有共同之处。

28. 你和你的兄弟姐妹分享秘密和私人感受。

29. 你和你的兄弟姐妹互相竞争。

30. 你尊敬你的兄弟姐妹，并为他（她）感到骄傲。

31. 你的兄弟姐妹尊敬你，并为你感到骄傲。

32. 你和你的兄弟姐妹彼此发火并争吵。

33. 你和你的兄弟姐妹彼此共享。

34. 相比你的兄弟姐妹，妈妈更支持你。

35. 你的兄弟姐妹不会的事情，你教他（她）。

36. 你不会的事情，你的兄弟姐妹教你。

37. 你命令你的兄弟姐妹。

38. 你的兄弟姐妹命令你。

39. 相比你的兄弟姐妹，爸爸更支持你。

40. 你和你的兄弟姐妹之间有牢固的感情。

41. 你和你的兄弟姐妹的自由时间在一起度过。

42. 你和你的兄弟姐妹用卑劣的方式互相烦扰对方。

43. 你和你的同胞相似。

44. 你和你的兄弟姐妹相互诉说一些事情，而这些事情是你们不想让其他人知道的。

45. 你和你的兄弟姐妹想方设法把事情做得比对方更好。

46. 你高度评价你的兄弟姐妹。

47. 你的兄弟姐妹高度评价你。

48. 你和你的兄弟姐妹吵架。

同胞关系维度	数量	题　　目
亲密	21	1, 8, 9, 11, 12, 14, 15, 17, 24, 25, 27, 28, 30, 31, 33, 40, 41, 43, 44, 46, 47
冲突	9	10, 13, 16, 26, 29, 32, 42, 45, 48
权利对比	12	3, 4, 5, 6, 19, 20, 21, 22, 35, 36, 37, 38
竞争	6	2, 7, 18, 23, 34, 39

附录2

《同胞关系问卷》简版及其计分方式

1.　我和我的兄弟姐妹为彼此做好事。

2.　我和我的兄弟姐妹彼此关心。

3.　我和我的兄弟姐妹共处并一起完成事情。

4.　我和我的兄弟姐妹互相侮辱对方，出口伤人。

5.　我和我的兄弟姐妹喜欢同样的东西。

6.　我和我的兄弟姐妹会告诉对方彼此的一切。

7.　我和我的兄弟姐妹想方设法超过或者击败对方。

8.　我崇拜和尊重我的兄弟姐妹。

9.　我的兄弟姐妹崇拜和尊重我。

10.　我和我的兄弟姐妹因不一致而发生口角。

11.　我和我的兄弟姐妹互相合作。

12.　我和我的兄弟姐妹互相喜爱。

13.　我和我的兄弟姐妹能够开心地玩耍。

14.　我和我的兄弟姐妹对彼此很吝啬。

15.　我和我的兄弟姐妹有共同之处。

16.　我和我的兄弟姐妹分享秘密和私人感受。

17.　我和我的兄弟姐妹互相竞争。

18.　我尊敬我的兄弟姐妹，并为他（她）感到骄傲。

19.　我的兄弟姐妹尊敬我，并为我感到骄傲。

20.　我和我的兄弟姐妹彼此发火并争吵。

21.　我和我的兄弟姐妹彼此共享。

同胞关系维度	数量	题　　　目
亲密	15	1，2，3，5，6，8，9，11，12，13，15，16，18，19，21
冲突	6	4，7，10，14，17，20

附录 3

《家庭功能量表》

1. 在有难处的时候，家庭成员都会尽最大的努力相互支持。

2. 在我们的家庭中，每个成员都可以随便发表自己的意见。

3. 我们家的成员比较愿意与朋友商讨个人问题而不太愿意与家人商讨。

4. 每个家庭成员都参与做出重大的家庭决策。

5. 所有家庭成员聚集在一起进行活动。

6. 晚辈对长辈的教导可以发表自己的意见。

7. 在家里，有事大家一起做。

8. 家庭成员一起讨论问题，并对问题的解决感到满意。

9. 家庭成员与朋友的关系比与家庭成员之间的关系更密切。

10. 在家庭中，我们轮流分担不同的家务。

11. 家庭成员之间都熟悉每个成员的亲密朋友。

12. 家庭状况有变化时，家庭平常的生活规律和家规很容易有相应的改变。

13. 家庭成员自己做决策时，喜欢与家人一起商量。

14. 当家庭中出现矛盾时，成员间相互谦让取得妥协。

15. 在我们家，娱乐活动都是全家一起去做的。

16. 在解决问题时孩子们的建议能够被接受。

17. 家庭成员之间的关系是非常密切的。

18. 我们家的家教是合理的。

19. 在家时每个成员习惯单独活动。

20. 我们家喜欢用新方法去解决遇到的问题。

21. 家庭成员都能按照家庭所做的决定去做事。

22. 在我们家，每个成员都分担家庭义务。

23. 家庭成员喜欢在一起度过业余时间。

24. 尽管家里有人有这样的想法，家庭的生活规律和家规还是难以改变。

25. 家庭成员都很主动地向家里其他人谈自己的心里话。

26. 在家里，家庭成员可以随便提出自己的要求。

27. 在家庭中，每个家庭成员的朋友都会受到极为热情的接待。

28. 当家庭产生矛盾时家庭成员会把自己的想法藏在心里。

29. 在家里，我们更愿意分开做事，而不太愿意和全家人一起做。

30. 家庭成员可以分享彼此的兴趣和爱好。

附录 4

《实际亲密度子量表》

1.　你愿意与同胞有福同享、有祸同当。

2.　你愿意将自己心中的秘密向同胞倾诉。

3.　你对同胞的个性、兴趣以及生活习惯非常了解。

4.　当生活中遇到如意或不如意时，你总是会寻求同胞的开解和支持。

参考文献

中文参考文献

［1］［美］贝蒂·卡特、莫妮卡·麦戈德里克主编：《成长中的家庭治疗师眼中的个人、家庭与社会》（第三版），世界图书出版公司北京公司 2007 年版。

［2］［美］威廉·威尔莫特、乔伊斯·霍克：《人际冲突》，上海社会科学院出版社 2011 年版。

［3］［日］依田明：《家庭关系心理学》，蒋乐群、朱永新译，天津人民出版社 1987 年版。

［4］岑萃：《中学生学业自我效能感发展特点及其与学业成绩、父母教养方式的相关研究》，硕士学位论文，西南师范大学，2005 年。

［5］陈斌斌、施泽艺：《二胎家庭的父母养育》，《心理科学进展》2017 年第 7 期。

［6］陈斌斌、王燕、梁霁、童连：《二胎进行时：头胎儿童在向同胞关系过渡时的生理和心理变化及其影响因素》，《心理科学进展》2016 年第 24 期。

［7］陈斌斌、赵语、韩雯等：《手足之情：同胞关系的类型、影响机制及对儿童心理发展的作用机制》，《心理科学进展》2017 年第 12 期。

［8］程苏、刘璐、郑涌：《社会排斥的研究范式和理论模型》，《心理科学进展》2011 年第 19 期。

［9］池丽萍、辛自强：《家庭功能及其相关因素研究》，《心理学探新》2001 年第 21 期。

［10］杜欣：《大学生性别角色、自尊与适应状况的关系研究》，硕士学位

论文，河北师范大学，2015年。

[11] 董颖红：《同胞关系对大学新生适应的影响》，《心理技术与应用》2017年第7期。

[12] 董颖红、陈迪、付美云：《同胞关系对儿童青少年心理和行为发展的影响》，《中国学校卫生》2018年第7期。

[13] 段陆生、王志军、李永鑫：《大学生自尊与学习倦怠相关性分析》，《临床心身疾病杂志》2008年第14期。

[14] 傅茂笋、寇增强：《大学生适应量表的初步编制》，《中国心理卫生杂志》2004年第18期。

[15] 方晓义、沃建中、蔺秀云：《中国大学生适应量表的编制》，《心理与行为研究》2005年第3期。

[16] 黄曼、史滋福、刘姝：《未成年犯自尊与攻击性的关系：自我控制的中介作用》，《中国临床心理学杂志》2013年第21期。

[17] 焦卉：《大学生自尊状况及心理干预研究》，硕士学位论文，云南师范大学，2006年。

[18] 姜卓君：《初中生家庭功能与同伴关系的研究——情绪调节自我效能感的中介作用》，东北师范大学，硕士学位论文，2014年。

[19] 梁宇颂：《大学生成就目标、归因方式与学业自我效能感的研究》，硕士学位论文，华中师范大学，2000年。

[20] 卢春莉：《大学生心理适应能力问卷的编制及应用分析》，硕士学位论文，山西大学，2004年。

[21] 李惠：《家庭动力与大学新生适应的关系——定量与定性研究》，硕士学位论文，同济大学，2007年。

[22] 刘以榕：《华侨大学境外大学生人格特征与家庭环境的关系研究》，《江苏社会科学》2007年第2期。

[23] 李建明、郭霞：《家庭功能的研究现状》，《中国健康心理学杂志》2008年第16期。

[24] 陆杰华、韦晓丹：《大龄二孩家庭亲子/同胞关系的调适机理》，《河北学刊》2017年第6期。

[25] 宁良强、张梅：《高职生学业自我效能感特点及其与学习成绩的关系》，《职业技术教育》2010年第17期。

[26] 钱珍：《初中生父母教养方式、学业归因、学业自我效能感与学业成绩的关系研究》，硕士学位论文，华中师范大学，2008 年。

[27] 潘朝霞：《大学生心理分离与学校适应：父母教养方式的调节作用》，硕士学位论文，河南大学，2009 年。

[28] 屈志勇、邹泓：《家庭环境、父母监控、自我控制与青少年犯罪》，《心理科学》2009 年第 2 期。

[29] 饶燕婷、张红霞、李晓铭：《家庭环境与大学生抑郁和疏离感的关系》，《心理发展与教育》2004 年第 20 期。

[30] 任俊、李瑞雪、詹鋆、刘迪、林曼、彭年强：《好人可能做出坏行为的心理学解释——基于自我控制资源损耗的研究证据》，《心理学报》2014 年第 46 期。

[31] 佘丹丹：《大学新生适应性调查及适应不良群体的干预研究》，硕士学位论文，河北大学，2011 年。

[32] 宋梅：《同胞意愿：从儿童视角看"二孩"——基于 108 名大班幼儿的访谈》，《上海教育科研》2016 年第 8 期。

[33] 陶沙：《从生命全程发展观论大学生入学适应》，《北京师范大学学报》（社会科学版）2000 年第 2 期。

[34] 汤家彦、姜国瑞：《大学生人际信任与家庭亲密度，家庭适应性的关系》，《中国健康心理学杂志》2009 年第 3 期。

[35] 王佳波：《大学生宽恕倾向与置换性攻击的关系研究》，硕士学位论文，云南师范大学，2013 年。

[36] 王文婷：《高中生同胞关系与孤独感的关系：同伴关系的中介作用》，硕士学位论文，鲁东大学，2014 年。

[37] 魏雪峰：《问题解决与认知模拟——以数学问题为例》，中国社会科学出版社 2017 年版。

[38] 温忠麟、侯杰泰、张雷：《调节效应与中介效应的比较和应用》，《心理学报》2005 年第 37 期。

[39] 王小新、苗晶磊：《大学生学业自我效能感、自尊与学习倦怠关系研究》，《东北师范大学学报》（哲学社会科学版）2012 年第 1 期。

[40] 王兴超、杨继平：《中文版道德推脱问卷的信效度研究》，《中国临床心理学杂志》2010 年第 18 期。

[41] 吴杰、王云强、郭本禹：《同性相斥还是异性相吸》，《西北人口》2017 年第 4 期。

[42] 王中杰、王宇中、赵江涛、贾黎斋、郭娜、张海涛：《夫妻的人格特质及其匹配类型与婚姻质量》，《中国心理卫生杂志》2014 年第 28 期。

[43] 吴慧君、张姝玥、曾宇倩：《大学生社会排斥问卷的编制与信效度检验》，《中国健康心理学杂志》2013 年第 21 期。

[44] 温忠麟、张雷、侯杰泰、刘红云：《中介效应检验及其应用》，《心理学报》2004 年第 36 期。

[45] 尹霞云、寇天宇、黎志华：《童年期同胞关系对成年初期人际关系，生活满意度的影响研究》，《湖南科技大学学报》（社会科学版）2016 年第 19 期。

[46] 于斌、乐国安、刘惠军：《自我控制的力量模型》，《心理科学进展》2013 年第 21 期。

[47] 张志学：《家庭系统理论的发展与现状》，《心理学探新》1990 年第 1 期。

[48] 曾小英：《大学生学业自我效能感、自尊与学习倦怠的关系再探》，《成都师范学院学报》2014 年第 12 期。

[49] 邹小勤：《我国大学生学校适应研究》，博士学位论文，厦门大学，2013 年。

[50] 郑磊：《同胞性别结构，家庭内部资源分配与教育获得》，《社会学研究》2013 年第 66 期。

[51] 张雪丽：《"单独二胎"新计生政策下儿童同胞关系及相关因素研究》，硕士学位论文，四川医科大学，2015 年。

[52] 张艳青：《师范专科生的自我调节学习问题探讨》，《成才之路》2008 年第 7 期。

[53] 张杰：《大学生同胞关系及其对人际关系的影响》，硕士学位论文，鲁东大学，2016 年。

[54] 张凯悦：《家庭功能与人际适应的关系：情绪调节自我效能感、自我调控的中介作用》，硕士学位论文，哈尔滨师范大学，2015 年。

[55] 曾波：《"全面二胎"下同胞竞争效应及家庭教育应对的研究》，

《中小学心理健康教育》2017 年第 7 期。

[56] 庄妍:《"二孩"家庭儿童同胞关系调查》,《中国校医》2017 年第
10 期。

[57] 赵靖:《中美家庭价值观对比》,《北方文学旬刊》2012 年第 8 期。

[58] 邹荣、陈旭:《家庭情景中的儿童关系攻击行为研究述评》,《江苏
教育学院学报》(社会科学版)2012 年第 1 期。

[59] 詹鋆、任俊:《自我控制与自我控制资源》,《心理科学进展》2012
年第 20 期。

[60] 张晓青、黄彩虹、张强、陈双双、范其鹏:《"单独二孩"与"全面
二孩"政策家庭生育意愿比较及启示》,《人口研究》2016 年第
40 期。

[61] 赵凤青、俞国良:《同胞关系及其与儿童青少年社会性发展的关
系》,《心理科学进展》2017 年第 5 期。

[62] 张纪朋、归桑拉姆、马海林:《大学生自我控制能力与问题行为的
关系》,《教育教学论坛》2013 年第 50 期。

[63] 张晓娟、芦珊、刘松涛等:《不同年龄段青少年同胞关系的调查》,
《中国健康心理学杂志》2018 年第 2 期。

英文参考文献

[1] Andsager, J. L., Bemker, V., Choi, H. L., & Torwel, V., "Per-
ceived similarity of exemplar traits and behavior effects on message evalua-
tion", *Communication Research*, Vol. 33, 2006.

[2] Aguilar, B., O'Brien, K. M., August, G. J., Aoun, S. L., & Hekt-
ner, J. M., "Relationship quality of aggressive children and their sib-
lings: A multiinformant, multimeasure investigation", *Journal of Abnor-
mal Child Psychology*, Vol. 29, 2001.

[3] Aquino, K., & Reed, A. II., "The self-importance of moral identity",
Journal of Personality and Social Psychology, Vol. 83, 2002.

[4] Allison, M., & Ryan., "Peer groups as a context for the socialization of
adolescents motivation, engagement and achievement in school", *Educa-
tional Psychologist*, Vol. 35, 2011.

[5] Allen, J. P., Uchino, B. N., & Hafen, C. A., "Running with the Pack: Teen Peer-Relationship Qualities as Predictors of Adult Physical Health", *Psychological Science*, Vol. 26, 2015.

[6] Bronfenbrenner, U., *Two worlds of childhood: U. S. and U. S. S. R*, Russell Sage Foundation, 1970.

[7] Bandura, A., "Self-efficacy: Toward a unifying theory of behavior change", *Psychological Review*, Vol. 84, 1977.

[8] Bandura, A., "Failure in self-regulation: Energy depletion or selective disengagement", *Psychological Inquiry*, Vol. 7, 1996.

[9] Buist, K. L., "Sibling relationship quality and adolescent delinquency: a latent growth curve approach", *Journal of Family Psychology*, Vol. 24, 2010.

[10] Bronfenbrenner, U., Interacting systems in human development: Research paradigms: Present and future, In N. Bolger, A. Caspi, G. Downey, & M. Moorehouse (ed.), *Persons in context: Developmental processes*, NY: Cambridge University Press, 1988.

[11] Brook, J. S., Brook, D. W., Richter, L., & Whiteman, M., Risk and protective factors of adolescent drug use: Implications for prevention programs, In Z. Sloboda & W. J. Bukoski (eds.), *Hand. book of drug abuse prevention*, New York: Plenum Press, 2006.

[12] Bank, L., Burraston, B., & Snyder, J., "Sibling conflict and ineffective parenting as predictors of adolescent boys' antisocial behavior and peer difficulties: Additive and interactional effects", *Journal of Research on Adolescence*, Vol. 14, 2004.

[13] Bandura, A., Caprara, G. V., Barbarabelli, C., Pastorelli, C., & Regalia, C., "Sociocognitive self-regulatory mechanisms governing transgressive behavior", *Journal of Personality and Social Psychology*, Vol. 80, 2001.

[14] Bascoe, S. M., Davies, P. T., & Cummings, E. M., "Beyond warmth and conflict: The developmental utility of a boundary conceptualization of sibling relationship process", *Child Development*, Vol.

83, 2012.

[15] Buist, K. L., Deković, M., & Prinzie, P., "Sibling relationship quality and psychopathology of children and adolescents: a meta-analysis", *Clinical Psychology Review*, Vol. 33, 2013.

[16] Button, D. M., & Gealt, R., "High risk behaviors among victims of sibling violence", *Journal of Family Violence*, Vol. 25, 2010.

[17] Beavers, R., Hampson, R., "The Beavers systems model of family functioning", *The Association for Family Therapy*, Vol. 22, 2000.

[18] Balliet, D., & Joireman, J., "Ego depletion reduces proselfs' concern with the well-being of others", *Group Processes & Intergroup Relations*, Vol. 13, 2010.

[19] Buist, K. L., Metindogan, A., Coban, S., et al., "Cross-cultural differences in sibling power balance and its concomitants across three age periods", *Journal of General and Family Medicine*, Vol. 156, 2017.

[20] Buist, K. L., Paalman, C. H., Branje, S. J., Deković, M., Reitz, E., Verhoeven, M., et al., "Longitudinal effects of sibling relationship quality on adolescent problem behavior: A cross-ethnic comparison", *Cultural Diversity and Ethnic Minority Psychology*, Vol. 20, 2014.

[21] Bandura, A., & Schunk, D. H., "Cultivating competence, self-efficacy, and intrinsic interest through proximal self-motivation", *Journal of Personality and Social Psychology*, Vol. 41, 1981.

[22] Bank, L., & Snyder, J., Sibling intervention for conduct-problem children: Improved behavior with siblings and peers, In J. Snyder (Chair), *Social contexts for preventative interventions*, Paper symposium presented at the Conference for the Society for Prevention Research, Quebec, QC. 2004.

[23] Brody, G., Stoneman, Z., & Burke, M., "Child temperaments, maternal differential behavior, and sibling relationships", *Developmental Psychology*, Vol. 23, 1987.

[24] Brody, G. H., Stoneman, Z., & McCoy, L. K., "Forecasting sibling relationships in early adolescence form child temperaments and family

processes in middle childhood", *Child Development*, Vol. 65, 1994.

[25] Buist, K. L., & Vermande, M., "Sibling relationship patterns and their associations with child competence and problem behavior", *Journal of Family Psychology*, Vol. 28, 2014.

[26] Buist, K. L., Verhoeven, M., Hoksbergen, R., Laak, J., Watve, S., & Paranjpe, A., "Associations of perceived sibling and parent-child relationship quality with internalizing and externalizing problems: comparing Indian and Dutch early adolescents", *Journal of Early Adolescence*, Vol. 37, 2017.

[27] Baumeister, R. F., Vohs, K. D., & Tice, D. M., "The strength model of self-control", *Current Directions in Psychological Science*, Vol. 16, 2007.

[28] Branje, S. T., Van Lieshout, C. M., Van Aken, M. G., & Haselager, G. T., "Perceived support in sibling relationships and adolescent adjustment", *Journal of Child Psychology and Psychiatry*, Vol. 45, 2004.

[29] Bowes, L., Wolke, D., Joinson, C., Lereya, S. T., & Lewis, G., "Sibling Bullying and Risk of Depression, Anxiety, and Self-Harm: A Prospective Cohort Study", *Pediatrics*, Vol. 134, 2014.

[30] Cicirelli, V. G., "Sibling relationships in cross-cultural perspective", *Journal of Marriage & Family*, Vol. 56, 1994.

[31] Campione-Barr, N., "The changing nature of power, control, and influence in sibling relationships", *Journal of Theoretical Social Psychology*, Vol. 156, 2017.

[32] Chester, D. S., & DeWall, C. N., "Combating the sting of rejection with the pleasure of revenge: A new look at how emotion shapes aggression", *Journal of Personality and Social Psychology*, Vol. 112, 2017.

[33] Cooley, J. L., Fite, P. J., Rubens, S. L., & Tunno, A. M., "Peer victimization, depressive symptoms, and rule-breaking behavior in adolescence: The moderating role of peer social support", *Journal of Psychopathology and Behavioral Assessment*, Vol. 37, 2015.

[34] Campione-Barr, N. , Greer, K. B. , Schwab, K. , & Kruse, A. , "Differing domains of actual sibling conflict discussions and associations with conflict styles and relationship quality", *Social Development*, Vol. 23, 2014.

[35] Crowne, S. S. , Gonsalves, K. , Burrell, L. , McFarlane, E. , & Duggan, A. , "Relationship between birth spacing, child maltreatment, and child behavior and development outcomes among at-risk families", *Maternal and Child Health Journal*, Vol. 16, 2012.

[36] Campione-Barr, N. , Lindell, A. K. , Greer, K. B. , & Rose, A. J. , "Relational aggression and psychological control in the sibling relationship: mediators of the association between maternal psychological control and adolescents' emotional adjustment", *Development & Psychopathology*, Vol. 26, 2014.

[37] Campione-Barr, N. , Lindell, A. K. , Giron, S. E. , Killoren, S. E. , & Greer, K. B. , "Domain differentiated disclosure to mothers and siblings and associations with sibling relationship quality and youth emotional adjustment", *Developmental Psychology*, Vol. 51, 2015.

[38] Criss, M. M. , & Shaw, D. S. , "Sibling relationships as contexts for delinquency training in low-income families", *Journal of Family Psychology*, Vol. 19, 2005.

[39] Campione-Barr, N. , Smetana, J. G. , "Who said you could wear my sweater? Adolescent siblings' conflicts and associations with relationship quality", *Child Development*, Vol. 81, 2010.

[40] Coleman-Minahan, K. , & Scandlyn, J. N. , "The role of older siblings in the sexual and reproductive health of Mexican-origin young women in immigrant families", *Culture Health & Sexuality*, Vol. 19, 2017.

[41] Couyoumdjian, A. , Sdoia, S. , Tempesta, D. , Curcio, G. , & Rastelliani, E. , "The effects of sleep and sleep deprivation on task-switching performance", *Journal of Sleep Research*, Vol. 19, 2010.

[42] Craine, J. L. , Tanaka, T. A. , Nishina, A. , & Conger, K. J. , "Understanding adolescent delinquency: The role of older siblings' delin-

quency and popularity with peers", *Merrill-Palmer Quarterly*, Vol. 55, 2009.

[43] Canale, N., Vieno, A., Griffiths, M. D., Siciliano, V., Cutilli, A., & Molinaro, S., "I am becoming more and more like my eldest brother: the relationship between older siblings, adolescent gambling severity, and the attenuating role of parents in a large-scale nationally representative survey study", *Journal of Gambling Studies*, Vol. 33, 2017.

[44] Derkman, M. S., *Siblings: the implications of siblings for adolescents' adjustment and parent-child relationships*, Doctoral dissertation, 2011.

[45] DeWall, C. N., Anderson, C. A., & Bushman, B. J., "The general aggression model: Theoretical extensions to violence", *Psychology of Violence*, Vol. 1, 2011.

[46] DeWall, C. N., Baumeister, R. F., Stillman, T. F., & Gailliot, M. T., "Violence restrained: Effects of self-regulation and its depletion on aggression", *Journal of Experimental Social Psychology*, Vol. 43, 2007.

[47] DeWall, C. N., Baumeister, R. F., Chester, D. S., et al., "How often does currently felt emotion predict social behavior and judgment? A meta-analytic test of two theories", *International Society for Research on Emotion*, Vol. 8, 2016.

[48] Defoe, I. N., Keijsers, L., Hawk, S. T., Branje, S., Dubas, J. S., Buist, K., et al., "Siblings versus parents and friends: longitudinal linkages to adolescent externalizing problems", *Journal of Child Psychology & Psychiatry*, Vol. 54, 2013.

[49] Doughty, S. E., McHale, S. M., & Feinberg, M. E., "Sibling experiences as predictors of romantic relationship qualities in adolescence", *Journal of Family Issues*, Vol. 36, 2015.

[50] Denson, T. F., Pedersen, W. C., & Miller, N., "The displaced aggression questionnaire", *Journal of Personality and Social Psychology*, Vol. 90, 2006.

[51] DeWall, C. N., & Richman, S. B., "Social exclusion and the desire to reconnect", *Social and Personality Psychology Compass*, Vol. 5, 2011.

[52] Dishion, T. J. , Spracklen, K. M. , Andrew, D. W. , & Patterson, G. R. , "Deviancy training in male adolescent friendships", *Behavior Therapy*, Vol. 27, 1996.

[53] Dunn, J. , Slomkowski, C. , & Beardsall, L. , "Sibling relationships from the preschool prriod through middle childhood and early adolescence", *Developmental Psychology*, Vol. 30, 1994.

[54] Dunn, J. , Slomkowski, C. , Bcardsall, L. , & Rende, R. , "Adjustment in Middle Childhood and Early Adolescence: Links with Earlier and Contemporary Sibling Relationships", *The Journal of Child Psychology and Psychiatry*, Vol. 35, 1994.

[55] Derkman, M. M. , Scholte, R. H. , Van der Veld, W. M. , & Engels, R. C. , "Factorial and construct validity of the Sibling Relationship Questionnaire", *European Journal of Psychological Assessment*, Vol. 26, 2010.

[56] DeWall, C. N. , Twenge, J. M. , Gitter, S. A. , et al. , "It's the thought that counts: The role of hostile cognition in shaping aggressive responses to social exclusion", *Journal of Personality and Social Psychology*, Vol. 96, 2009.

[57] Eriksen, S. , & Gerstel, N. , "A labor of love or labor itself: Care work among adult brothers and sisters", *Journal of Family Issues*, Vol. 23, 2002.

[58] East, P. L. , & Khoo, S. T. , "Longitudinal pathways linking family factors and sibling relationship qualities to adolescent substance use and sexual risk behaviors", *Journal of Family Psychology*, Vol. 19, 2005.

[59] Elshout, M. , Nelissen, M. A. , Beest, I. V. , et al. , "Situational precursors of revenge: Social exclusion, relationship type, and opportunity", *Personal Relationships*, Vol. 24, 2017.

[60] Epstein, M. , & Ryan, C. E. , "The McMaster approach to families: Theory assessment, treatment and research", *Journal of Family Therapy*, Vol. 22, 2000.

[61] Festinger, L. , "A theory of social comparison processes", *Human*

Relations, Vol. 7, 1954.

[62] Furman, W., & Buhrmester, D., "Children's perceptions of the personal relationships in their social networks", *Developmental Psychology*, Vol. 56, 1985.

[63] Feinberg, M. E., McHale, S. M., Crouter, A. C., & Cumsille, P., "Sibling differentiation: sibling and parent relationship trajectories in adolescence", *Child Development*, Vol. 74, 2003.

[64] French, D. C., Rianasari, M., Pidada, S., Nelwan, P., & Buhrmester, D., "Social Support of Indonesian and U. S. Children and Adolescents by Family Members and Friends", *Merrill-Palmer Quarterly*, Vol. 47, 2001.

[65] Feinberg, M. E., Solmeyer, A. R., Hostetler, M. L., Sakuma Kari-Lyn, J. D., & McHale, S. M., "Siblings are special: initial test of a new approach for preventing youth behavior problems", *Journal of Adolescent Health*, Vol. 53, 2013.

[66] Feinberg, M. E., Solmeyer, A. R., Mchale, S. M., "The third rail of family systems: sibling relationships, mental and behavioral health, and preventive intervention in childhood and adolescence", *Clinical Child & Family Psychology Review*, Vol. 15, 2012.

[67] Fraley, R. C., & Tancredy, C. M., "Twin and sibling attachment in a nationally representative sample", *Personality & Social Psychology Bulletin*, Vol. 38, 2012.

[68] Graham, A. A., & Coplan, R. J., "Shyness, sibling relationships and young children's socioemotional adjustment at preschool", *Journal of Research in Childhood Education*, Vol. 26, 2012.

[69] Gass, K., Jenkins, J., Dunn, J., "Are sibling relationships protective? A longitudinal study", *Journal of Child Psychology and Psychiatry*, Vol. 48, 2007.

[70] Gini, G., Pozzoli, T., & Hymel, S., "Moral disengagement among children and youth: A meta-analytic review of links to aggressive behavior", *Aggressive Behavior*, Vol. 40, 2014.

[71] Garcia, M. M. , Shaw, D. S. , Winslow, E. B. , & Yaggi, K. E. , "Destructive sibling conflict and the development of conduct problems in young boys", *Developmental Psychology*, Vol. 36, 2000.

[72] Gino, F. Schweitzer, M. E. , Mead, N. L. , & Ariely, D. , "Unable to resist temptation: How self-control depletion promotes unethical behavior", *Organizational Behavior and Human Decision Processes*, Vol. 115, 2011.

[73] Gamble, W. C. , & Yu, J. J. , "Young children's sibling relationship interactional types: Associations with family characteristics, parenting, and child characteristics", *Early Education and Development*, Vol. 25, 2014.

[74] Gamble, W. C. , Yu, J. J. , & Card, N. A. , "Self-representations in early adolescence: Variations in sibling similarity by sex composition and sibling relationship qualities", *Social Development*, Vol. 19, 2010.

[75] Gamble, W. C. , Yu, J. J. , & Kuehn, E. D. , "Adolescent sibling relationship quality and adjustment: sibling trustworthiness and modeling, as factors directly and indirectly influencing these associations", *Social Development*, Vol. 20, 2011.

[76] Hart, S. L. , & Behrens, K. Y. , "Affective and behavioral features of jealousy protest: Associations with child temperament, maternal internal interaction style, and attachment", *Infancy*, Vol. 18, 2013.

[77] Hollifield, C. , & Conger, K. , "The Role of Siblings and Psychological Needs in Predicting Life Satisfaction During Emerging Adult-hood", *Emerging Adulthood*, Vol. 3, 2015.

[78] Howe, N. , Karos, L. K. , &Aquan-Assee, J. , "Sibling relationship quality in early adolescence: child and maternal perceptions and daily interactions", *Infant and Child Development*, Vol. 20, 2011.

[79] Harper, J. M. , Padilla-Walker, L. M. , & Jensen, A. C. , "Do siblings matter independent of both parents and friends? Sympathy as a mediator between sibling relationshio quality and adolescent outcomes", *Journal of Research on Adolescence*, Vol. 26, 2016.

[80] Jeannin, R. , & van Leeuwen, K. , "Associations between direct and indirect perceptions of parental differential treatment and child socio-emotional adaptation", *Journal of Child and Family Studies*, Vol. 24, 2015.

[81] Jenkins, J. , Rashbash, J. , Leckie, G. , Gass, K. , & Dunn, J. , "The role of maternal factors in sibling relationship quality: A multilevel study of multiple dyads per family", *Journal of Child Psychology and Psychiatry*, Vol. 53, 2012.

[82] Jensen, A. C. , & Whiteman, S. D. , "Parents' differential treatment and adolescents' delinquent behaviors: Direct and indirect effects of difference score and perception based measures", *Journal of Family Psychology*, Vol. 28, 2014.

[83] Ingoldsby, E. M. , Shaw, D. S. , & Garcia, M. M. , "Intra-family conflict in relation to boys' adjustment in school", *Development and Psychopathology*, Vol. 13, 2001.

[84] Jodi, K. , Bridges, M. , Kim, J. , Mitchell, A. , & Chan, R. , "Relations among relationships: A family systems perspective", *Monographs of the Society for Research on Child Development*, Vol. 64, 1999.

[85] Johnson, R. , Duncan, D. , Rothman, E. , et al. , "Fighting with siblings and with peers among urban high school students", *Journal of Interpersonal Violence*, Vol. 30, 2015.

[86] Jenkins, J. , Rasbash, J. , Lechie, G. , Gass, K. , & Dunn, J. , "The role of maternal factors in sibling relationship quality: A multilevel study of multiple dyads per family", *Journal of Child Psychology and Psychiatry*, Vol. 53, 2012.

[87] Kramer, L. , "The essential ingredients of successful sibling relationships: An emerging framework for advancing theory and practice", *Child Development Perspectives*, Vol. 4, 2010.

[88] Kramer, L. , "Learning emotional understanding and emotion regulation through sibling interaction", *Early Education and Development*, Vol. 25, 2014.

[89] Kunz, J. , "Parental divorce and children's interpersonal relationships: A meta-analysis", *Journal of Divorce & Remarriage*, Vol. 34, 2011.

[90] Killoren, S. E. , De Jesús, S. A. , Updegraff, K. A. , & Wheeler, L. A. , "Sibling relationship quality and Mexican-origin adolescents' and young adults' familism values and adjustment", *International Journal of Behavioral Development*, Vol. 41, 2017.

[91] Kramer, L. , & Kowal, A. K. , "Sibling relationship quality from birth to adolescence: the enduring contributions of friends", *Journal of Family Psychology*, Vol. 19, 2005.

[92] Kennedy, D. E. , & Kramer, L. , "Improving emotion regulation and sibling relationship quality: The more fun with sisters and brothers program", *Family Relations*, Vol. 57, 2008.

[93] Kim, J. Y. , McHale, S. M. , Crouter, A. C. , & Osgood, D. W. , "Longitudinal linkages between sibling relationships and adjustment from middle childhood through adolescence", *Developmental Psychology*, Vol. 43, 2007.

[94] Kim, J. , McHale, S. M. , Osgood, D. W. , & Crouter, A. C. , "Longitudinal course and family correlates of sibling relationships from childhood through adolescence", *Child Development*, Vol. 77, 2006.

[95] Kelly, A. B. , O'Flaherty, M. , Connor, J. P. , Homel, R. , Toumbourou, J. W. , Patton, G. C. , et al. , "The influence of parents, siblings and peers on pre-and early-teen smoking: a multilevel model", *Drug and Alcohol Review*, Vol. 30, 2011.

[96] Kenneth, S. , Kendler, M. D. , Ohlsson, H. , Sundquist, K. , & Sundquist, J. , "Within-family environmental transmission of drug abuse: A Swedish national study", *JAMA Psychiatry*, Vol. 70, 2013.

[97] Kothari, B. H. , McBeath, B. , Sorenson, P. , Bank, L. , Waid, J. , Webb, S. J. , et al. , "An intervention to improve sibling relationship quality among youth in foster care: results of a randomized clinical trial", *Child Abuse & Neglect*, Vol. 63, 2017.

[98] Killoren, S. E. , & Roach, A. L. , "Sibling Conversations about dDating

and sexuality: sisters as confidants, sources of support, and mentors",
Family Relations, Vol. 63, 2014.

[99] Kothari, B. H., Sorenson, P., Bank, L., & Snyder, J., "Alcohol and substance use in adolescence and young adulthood: The role of siblings", *Journal of Family Social Work*, Vol. 17, 2014.

[100] Keeton, C. P., Teetsel, R. N., Dull, N. S., & Ginsburg, G. S., "Parent psychopathology and children's psychological health: Moderation by sibling relationship dimensions", *Journal of Abnormal Child Psychology*, Vol. 43, 2015.

[101] Lu, H. J., & Chang, L., "Kinship effect on subjective temporal distance of autobiographical memory", *Personality and Individual Difference*, Vol. 47, 2009.

[102] Lamborn, S. D., & Felbab, A. J., "Applying ethnic equivalence and cultural values models to African-American teens' perceptions of parents", *Journal of Adolescence*, Vol. 26, 2003.

[103] Lee, K., Kim, E., Bhave, D. P., & Duffy, M. K., "Why victims of undermining at work become perpetrators of undermining: An integrative model", *Journal of Applied Psychology*, Vol. 101, 2016.

[104] Lee, T. R., Mancini, J. A., & Maxwell, J. W., "Sibling relationships in adulthood: contact patterns and motivations", *Journal of Marriage and the Family*, Vol. 52, 1990.

[105] Lecce, S., Pagnin, A., & Pinto, G., "Agreement in children's evaluation of their relationships with siblings and friends", *European Journal of Developmental Psychology*, Vol. 6, 2009.

[106] Lamb, M. E., & Sutton-Smith, B., *Sibling relationships: their nature and significance across the lifespan*, New York: Psychology Press, 2014.

[107] Low, S., Shortth, J. W., & Snyder, J., "Sibling influences on adolescent substance use: the role of modeling, collusion, and conflict", *Development & Psychopathology*, Vol. 24, 2012.

[108] Liu, Y., Wang, M., Chang, C.-H., Shi, J., Zhou, L., & Shao,

R. , "Work-family conflict, emotional exhaustion, and displaced aggression toward others: The moderating roles of workplace interpersonal conflict and perceived managerial family support", *Journal of Applied Psychology*, Vol. 100, 2015.

[109] Margolin, G. , Effects of domestic violence on children, In P. K. Trickett & C. J. Schellenbach (ed.), *Violence against children in the family and the community*, Washington, D. C, : American Psychological Association, 1998.

[110] Milevsky, A. , "Compensatory patterns of sibling support in emerging adulthood: variations in loneliness, self-esteem, depression and life satisfaction", *Journal of Social and Personal Relationships*, Vol. 22, 2005.

[111] Marotta, A. K. , *The Relationship between Sibling Relationship Quality and Psychological Outcomes in Emerging Adulthood*, New York: Columbia University, 2015.

[112] McHale, S. M. , Bissell, J. , & Kim, J. , "Sibling relationship, family, and genetic factors in sibling similarity in sexual risk", *Journal of Family Psychology*, Vol. 23, 2009.

[113] McHale, S. M. , Crouter, A. C. , & Whiteman, S. D. , "The family contexts of gender development in childhood and adolescence", *Social Development*, Vol. 12, 2003.

[114] Munn, P. , & Dunn, J. , "Temperament and the developing relationship between siblings", *International Journal of Behavioral Development*, Vol. 12, 1989.

[115] McGue, M. , & Iacono, W. G. , Siblings and the socialization of adolescent deviance: An adoption study approach, In K. McCartney & R. Weinberg (eds.), *Experience and development: A festschrift to honor Sandra W. Scarr.* London, UK: Taylor & Francis, 2009.

[116] Moser, R. P. , & Jacob, T. , "Parental and sibling effects in adolescent outcomes", *Psychological Reports*, Vol. 91, 2002.

[117] Milevsky, A. , & Levitt, M. , "Sibling support in early adolescence:

Buffering and compensation across relationships", *European Journal of Development Psychology*, Vol. 2, 2005.

[118] Mota, C. P., & Matos, P. M., "Does sibling relationship matter to self-concept and resilience in adolescents under residential care", *Children and Youth Services Review*, Vol. 56, 2015.

[119] Mcguire, S., McHale, S. M., & Updegraff, K., "Children's perceptions of the sibling relationship in middle childhood: connections within and between family relationships", *Personal Relationships*, Vol. 3, 1996.

[120] Martin, J., & Ross, H., "Sibling aggression: Sex differences and parents' reactions", *International Journal of Behavioral Development*, Vol. 29, 2005.

[121] Mooya, H., Sichimaba, F., & Bakermans-kranenburg, M., "Infant-mother and infant-sibling attachment in Zambia", *Attachment & Human Development*, Vol. 18, 2016.

[122] Milevsky, A., Smoot, K., Leh, M., & Ruppe, A., "Familial and contextual variables and the nature of sibling relationships in emerging adulthood", *Marriage & Family Review*, Vol. 37, 2005.

[123] MacKinnon-Lewis, C., Starnes, R., Volling, B., & Johnson, S., "Perceptions of parenting as predictors of boys' sibling and peer relations", *Developmental Psychology*, Vol. 33, 1997.

[124] McHale, S. M., Updegraff, K. A., Tucker, C. J., & Crouter, A. C., "Step in or stay out? Parents' roles in adolescent siblings' relationships", *Journal of Marriage & Family*, Vol. 62, 2000.

[125] McHale, S. M., Updegraff, K. A., & Whiteman, S. D., "Sibling relationships and influences in childhood and adolescence", *Journal of Marriage and Family*, Vol. 74, 2012.

[126] McHale, S. M., Updegraff, K. A., Jackson-Newsom, J., Tucker, C. J., & Crouter, A. C., "When does parents' differential treatment have negative implications for siblings", *Social Development*, Vol. 9, 2000.

[127] McHale, S. M., Whiteman, S. D., Kim, J. Y., & Crouter, A. C.,

"Characteristics and correlate of sibling relationships in two-parent African American family", *Journal of Family Psychology*, Vol. 21, 2007.

[128] Noller, P., "Sibling relationships in adolescence: learning and growing together", *Personal Relationships*, Vol. 12, 2005.

[129] Noller, P., Conway, S., Blakeley-Smith, A. Sibling relationships in adolescent and young adult twin and nontwin siblings: Managing competition and comparison, In: J. P. Forgas, J. Fitness, (ed.) *Social relationships: Cognitive, affective, and motivational processes*, New York: Psychology Press, 2008.

[130] Natsuaki, M. N., Ge, X. J., Reiss, D., & Neiderhiser, J. M., "Aggressive behavior between siblings and the development of externalizing problems: Evidence from a genetically sensitive study", *Developmental Psychology*, Vol. 45, 2009.

[131] Noland, V. J., Liller, K. D., McDeermott, R. J., & Seraphine, A. E., "Is adolescent sibling violence a precursor to college dating violence?" *American Journal of Health Behavior*, Vol. 28, 2004.

[132] Noller, P., & Northfield, K., Young adult sibling relationships: Relationship quality and individual adjustment, Paper presented at the *Annual Conference of the Society of Australasian Social Psychologists*, Perth, Australia. 2000.

[133] Olsen, D. H., "Circumplex model of marital and family systems", *Journal of Family Therapy*, Vol. 22, 2000.

[134] Patterson, G. R. *Coercive family process*, *Eugene*, OR: Castalia, 1982.

[135] Pratt, T. C., & Cullen, F. T., "The empirical status of gottfredson and hirscht's general theory of crime", *Criminology*, Vol. 38, 2000.

[136] Pike, A., Coldwell, J., & Dunn, J. F., "Sibling relationships in early/middle childhood: links with individual adjustment", *Journal of Family Psychology*, Vol. 19, 2005.

[137] Perricone, G., Fontana, V., Burgio, S., & Polizzi, C., "Sibling relationships as a resource for coping with traumatic events", *SpringerPlus*, Vol. 3, 2014.

[138] Paciello, M., Muratori, P., Ruglioni, L., Milone, A., Buonanno, C., Capo, R., et al., "Personal values and moral disengagement promote aggressive and rule-breaking behaviors in adolescents with disruptive behaviour disorders: A pilot study", *International Journal of Offender Therapy and Comparative Criminology*, Vol. 61, 2017.

[139] Poon, K. T., & Teng, F., "Feeling unrestricted by rules: Ostracism promotes aggressive responses", *Aggressive Behavior*, Vol. 43, 2017.

[140] Riggio, H. R., "Relations between parental divorce and the quality of adult sibling relationships", *Journal of Divorce & Remarriage*, Vol. 36, 2001.

[141] Reed, AlI., & Aquino, K. F., "Moral identity and the expanding circle of moral regard toward out-groups", *Journal of Personality and Social Psychology*, Vol. 84, 2003.

[142] Russell, D. W., & Cutrona, C. E., *Development and evolution of the UCAL Loneliness Scale*, Unpublished manuscript, Center for Health Services Research, College of Medicine, University of Iowa. 1988.

[143] Ravindran, N., Engle, J. M., McElwain, N. L., & Kramer, L., "Fostering parents' emotion regulation through a sibling-focused experimental intervention", *Journal of Family Psychology*, Vol. 29, 2015.

[144] Recchia, H. E., & Howe, N., "Associations between social understanding, sibling relationgship qulity, and siblings' conflict strategies and outcomes", *Child Development*, Vol. 80, 2009.

[145] Rajchert, J., Konopka, K., & Huesmann, L. R., "It is more than thought that counts: The role of readiness for aggression in the relationship between ostracism and displaced aggression", *Current Psychology*, Vol. 36, 2017.

[146] Riordan, D. V., Morris, C., Hattie, J., & Stark, C., "Interbirth spacing and offspring mental health outcomes", *Psychological Medicine*, Vol. 42, 2012.

[147] Ross, H., Ross, M., Stein, & Trabasso, "How Siblings Resolve Their Conflicts: The Importance of First Offers, Planning, and Limited Oppo-

sition", *Child Development*, Vol. 77, 2006.

[148] Rende, R., Slomkowski, C., Lloyd-Richardson, E., & Niaura, R., "Sibling effects on substance use in adolescence: Social contagion and genetic relatedness", *Journal of Family Psychology*, Vol. 19, 2005.

[149] Smith, T. E., "School grades and responsibility for younger siblings: An empirical study of the teaching function", *American Sociological Review*, Vol. 49, 1984.

[150] Smith, T. E., "Academic achievement and teaching younger siblings", *Social Psychology Quarterly*, Vol. 53, 1990.

[151] Smith, T. E., "Growth in academic achievement and teaching younger siblings", *Social Psychology Quarterly*, Vol. 56, 1993.

[152] Sanders, R., *Sibling relationships: Theory and issues for practice*, New York: Palgrave Macmillan, 2004.

[153] Szabo, N., *Families in motion: Changes with the arrival of a second child*, Utrecht University, the Netherland, 2012.

[154] Stocker, C. M., Burwell, R. A., & Briggs, M. L., "Sibling conflict in middle childhood predicts children's adjustment in early adolescence", *Journal of Family Psychology*, Vol. 16, 2002.

[155] Snyder, J., Bank, L., & Burraston, B., "The consequences of antisocial behavior in older male siblings for younger brothers and sisters", *Journal of Family Psychology*, Vol. 19, 2005.

[156] Stormshak, E. A., Bullock, B. M., & Falkenstein, C. A., "Harnessing the power of sibling relationships as a tool for optimizing socialemotional development", *New Directions for Child and Adolescent Development*, Vol. 126, 2009.

[157] Stormshak, E. A., Comcau, C. A., & Shepard, S. A., "The relative contribution of sibling deviance and peer deviance in the prediction of substance use across middle childhood", *Journal of Abnormal Child Psychology*, Vol. 32, 2004.

[158] Stauffacher, K., & DeHart, G. B., "Crossing social contexts: relational aggression between siblings and friends during early and middle

childhood", *Journal of Applied Developmental Psychology*, Vol. 27, 2006.

[159] Stocker, C., Dunn, J., & Plomin, R., "Sibling relationships: links with child temperament, maternal behavior, and family structure", *Child Development*, Vol. 60, 1989.

[160] Slotter, E. B., & Finkel, E. J., I³ theory: Instigating, impelling, and inhibiting factors in aggression, In M. Mikulincer, & P. R. Shaver (ed.), *Human Aggression and Violence: Causes, Manifestations, and Consequences*, Washington, D. C,: American Psychological Association, 2011.

[161] Salmon, C. A., & Hehman, J. A., The evolutionary psychology of sibling conflict and siblicide, In T. K. Shackelford & R. D. Hansen (Eds.), *The evolution of violence*, New York, US: Springer, 2014.

[162] Sage, L., Kavussanu, M., & Duda, J., "Goal orientations and moral identity as predictors of prosocial and antisocial functioning in male association football players", *Journal of Sports Sciences*, Vol. 24, 2006.

[163] Samek, D. R., Keyes, M. A., Iacono, W. G., & McGue, M., "Peer Deviance, Alcohol Expectancies, and Adolescent Alcohol Use: Explaining Shared and Nonshared Environmental Effects Using an Adoptive Sibling Pair Design", *Behavior Genetics*, Vol. 43, 2013.

[164] Solmeyer, A. R., Killoren, S. E., McHale, S. M., & Updegraff, K. A., "Coparenting around siblings' differential treatment in Mexican-origin families", *Journal of Family Psychology*, Vol. 25, 2011.

[165] Sherman, A. M., Lansford, J. E., & Volling, B., "Sibling relationships and best friendships in young adulthood: Warmth, conflict, and well-being", *Psychophysiology*, Vol. 13, 2006.

[166] Solmeyer, A. R., McHale, S. M., & Crouter, A. C., "Longitudinal associations between sibling relationship qualities and risky behavior across adolescence", *Developmental Psychology*, Vol. 50, 2014.

[167] Shanahan, L., McHale, S. M., Crouter, A. C., & Osgood, D. W., "Linkages Between Parents' Differential Treatment, Youth Depressive

Symptoms, and Sibling Relationships", *Journal of Marriage and Family*, *Vol.* 70, 2008.

[168] Samek, D. R., McGue, M., Keyes, M., & Iacono, W. G., "Sibling facilitation mediates the association between older and younger sibling alcohol use in late adolescence", *Research on Adolescence*, Vol. 25, 2015.

[169] Smith, J., & Ross, H., "Training parents to mediate sibling disputes affects children's negotiation and conflict understanding", *Child Development*, Vol. 78, 2007.

[170] Siddiqui, A., & Ross, H., "Mediation as a method of parent intervention in children's disputes", *Journal of Family Psychology*, Vol. 18, 2004.

[171] Samek, D. R., & Rueter, M. A., "Considerations of elder sibling closeness in predicting younger sibling substance use: Social learning versus social bonding explanations", *Journal of Family Psychology*, Vol. 25, 2011.

[172] Slomkowski, C., Rende, R., Conger, K. J., Simons, R. L., & Conger, R. D., "Sisters, brothers, and delinquency: Evaluating social influence during early and middle adolescence", *Child Development*, Vol. 72, 2001.

[173] Slomkowski, C., Rende, R., Novak, S., Lloyd-Richardson, E., & Niaura, R., "Sibling effects on smoking in adolescence: Evidence for social influence from a genetically informative design", *Addiction*, Vol. 100, 2005.

[174] Scharf, M., Shulman, S., & Avigad-Spitz, I., "Sibling relationships in emerging adulthood and in adolescence", *Journal of Adolescent Research*, Vol. 20, 2005.

[175] Song, J. H., & Volling, B. L., "Coparenting and children's temperament predict firstborns' cooperation in the care of an infant sibling", *Journal of Family Psychology*, Vol. 29, 2015.

[176] Stocker, C. M., & Youngblade, L., "Martial conflict and parental

hostility: Links with children's sibling and peer relationships", *Journal of Family Psychology*, Vol. 13, 1999.

[177] Tucker, C. J. , Barber, B. L. , & Eccles, J. S. , "Advice about life plans and personal problems in late adolescent sibling relationships", *Journal of Youth and Adolescence*, Vol. 26, 1997.

[178] Teti, D. M. , Gibbs, E. D. , & Bond, A. , Sibling interaction, birth spacing, and intellectual linguistic development, In P. G. Zukow (ed.), *Sibing interaction across cultures: Theoretical and methodological issues*, New York: Springer-Verlag, 1989.

[179] Tippett, N. , & Wolke, D. , "Aggression between siblings: Associations with the home environment and peer bullying", *Aggressive Behavior*, Vol. 41, 2015.

[180] Updegraff, K. A. , McHale, S. M. , & Crouter, A. C. , "Adolescents' sibling relationship and friendship experiences: Developmental patterns and relationship linkages", *Social Development*, Vol. 11, 2002.

[181] Teubert, D. , & Pinquart, M. , "The association between coparenting and child adjustment: A meta-analysis", *Parenting*, Vol. 10, 2010.

[182] Updegraff, K. A. , & Umaña-taylor, A. J. , "What can we learn from the study of Mexican-origin families in the United States", *Family Process*, Vol. 54, 2015.

[183] Volling, B. L. , "Family transitions following the birth of a sibling: An empirical review of changes in the firstborn's adjustment", *Psychological Bulletin*, Vol. 138, 2012.

[184] Voorpostel, M. , & Blieszner, R. , "Intergenerational solidarity and support between adult siblings", *Journal of Marriage and Family*, Vol. 70, 2008.

[185] Voorpostel, M. , van der Lippe, T. , Dykstra, P. , "Similar or different? The importance of similarities and differences for support between siblings", *Journal of Family Issues*, Vol. 28, 2007.

[186] Van Der Kaap-Deeder, J. , Vansteenkiste, M. , Soenens, B. , & Mabbe, E. , "Children's daily well-being: the role of mothers',

teachers', and siblings' autonomy support and psychological control", *Developmental Psychology*, Vol. 53, 2017.

[187] Vandell, D. L., & Wilson, K. S., "Infants' interactions with mother, sibling and peer: Contrasts and relations between interaction systems", *Child Development*, Vol. 58, 1987.

[188] White, L., "Sibling relationships over the life course: A panel analysis", *Journal of Marriage and Family*, Vol. 63, 2001.

[189] Whiteman, S. D., Becerra, J. M., & Killoren, S. E., "Mechanisms of sibling socialization in normative family development", *New Directions for Child and Adolescent Development*, Vol. 126, 2009.

[190] Whiteman, S. D., Bernard, J. M., & McHale, S. M., "The Nature and Correlates of Sibling Influence in Two-Parent African American Families", *Journal of Marriage and Family*, Vol. 72, 2010.

[191] Wesselmann, E. D., Butter, F. A., Williams, K. D., et al., "Adding injury to insult: Unexpected rejection leads to more aggressive responses", *Aggressive Behavior*, Vol. 36, 2010.

[192] Whiteman, S. D., & Christiansen, A., "Processes of sibling influence in adolescence: Individual and family correlates", *Family Relations*, Vol. 57, 2008.

[193] Wheeler, A. R., Halbesleben, R. B., & Whiteman, M. V., "The interactive effects of abusive supervision and entitlement on emotional exhaustion and co-worker abuse", *Journal of Occupational and Organizational Psychology*, Vol. 86, 2013.

[194] Walton, K. M., & Ingersoll, B. R., "Psychosocial adjustment and sibling relationships in siblings of children with autism spectrum disorder: Risk and protective factors", *Journal of Autism and Developmental Disorders*, Vol. 45, 2015.

[195] Whiteman, S. D., Jensen, A. C., & Maggs, J. L., "Similarities in adolescent siblings' substance use: testing competing pathways of influence", *Journal of Studies on Alcohol & Drugs*, Vol. 74, 2013.

[196] Whiteman, S. D., Jensen, A. C., & Maggs, J. L., "Similarities and

differences in adolescent siblings' alcohol-related attitudes, use, and delinquency: evidence for convergent and divergent influence processes", *Journal of Youth and Adolescence*, Vol. 43, 2014.

[197] Whiteman, S. D., Jensen, A. C., Mustillo, S. A., & Maggs, J. L., "Understanding sibling influence on adolescents' alcohol use: social and cognitive pathways", *Addictive Behaviors*, Vol. 53, 2016.

[198] Whiteman, S. D., McHale, S. M., & Crouter, A. C., "Competing Processes of Sibling Influence: Observational Learning and Sibling Deidentification", *Social Development*, Vol. 16, 2007.

[199] Wheeler, L. A., Killoren, S. E., Whiteman, S. D., Updegraff, K. A., McHale, S. M., & Umaña-Taylor, A. J., "Romantic relationship experiences from late adolescence to young adulthood: The role of older siblings in Mexican-origin families", *Journal of Youth and Adolescence*, Vol. 45, 2016.

[200] Welsh, D., Ordonez, L., Snyder, D. G., & Christian, M. S., "The cumulative effect of minor transgressions on major ones: A self-regulatory approach", *Academy of Management*, 2013.

[201] Waite, E. B., Shanahan, L., Calkins, S. D., Keane, S. P., & O'Brien, M., "Life events, Sibling warmth, and youths' adjustment", *Journal of Marriage and Family*, Vol. 73, 2011.

[202] Whiteman, S. D., Solmeyer, A. R., & McHale, S. M., "Sibling relationships and adolescent adjustment: Longitudinal associations in two-parent African American families", *Journal of Youth and Adolescence*, Vol. 4, 2015.

[203] Waldinger, R. J., Vaillant, G. E., & Orav, E. J., "Childhood sibling relationships as a predictor of major depression in adulthood: A 30-year prospective study", *American Journal of Psychiatry*, Vol. 164, 2007.

[204] Whiteman, S. D., Zeiders, K. H., Killoren, S. E., Rodriguesz, S. A., & Updegraff, K. A., "Sibling Influence on Mexican-Origin Adolescents' Deviant and Sexual Risk Behaviors: The Role of Sibling

Modeling", *Journal of Adolescent Health*, Vol. 54, 2014.

[205] Yu, J. J. , & Gamble, W. C. , "Pathways of Influence: Marital Relationships and Their Association with Parenting Styles and Sibling Relationship Quality", *Journal of Child and Family Studies*, Vol. 17, 2008.

[206] Yeh, H. C. , & Lempers, J. D. , "Perceived sibling relationships and adolescent development", *Journal of Youth and Adolescence*, Vol. 33, 2004.

[207] Yang, C. , Zhang, T. , Li, Z. , Heeramun-Aubeeluck, A. , Liu, N. , Huang, N. , et al. , "The relationship between facial emotions recognition and executive functions in first-episode patients with schizophrenia and their siblings", *BMC Psychiatry*, Vol. 15, 2016.